山地户外运动产业研究

杨毅 著

中国纺织出版社

图书在版编目（CIP）数据

山地户外运动产业研究 / 杨毅著 . -- 北京：中国纺织出版社，2018.5
ISBN 978-7-5180-4185-5

Ⅰ . ①山… Ⅱ . ①杨… Ⅲ . ①山地—运动竞赛—体育产业—研究 Ⅳ . ① G895

中国版本图书馆 CIP 数据核字（2017）第 252925 号

责任编辑：武洋洋　　　　责任印制：储志伟

中国纺织出版社出版发行
地址：北京市朝阳区百子湾东里 A407 号楼　邮政编码：100124
销售电话：010-67004422　传真：010-87155801
http：//www.c-textilep.com
E-mail：faxing@e-textilep.com
中国纺织出版社天猫旗舰店
官方微博 http：//www.weibo.com/2119887771
虎彩印艺股份有限公司印刷　各地新华书店经销
2018 年 5 月第 1 版第 1 次印刷
开本：787 × 1092　1/16　印张：12.125
字数：220 千字　　定价：66.00 元

前　言

户外运动起源于欧洲，风靡欧美近两个世纪。从19世纪至今，全世界的人们开始走向户外享受休闲游憩体验。自第二次世界大战以后，户外活动的数量和规模快速发展。成千上万的人们开始参加背包旅行、越野滑雪、皮划艇、自行车、徒步、攀岩和探洞等活动，人们翻山下海参与到各种户外活动中以获得快乐。户外运动派生出众多探险、休闲等活动，之后在20世纪80年代传入我国。近年来，随着经济的发展、人们生活水平的提高，户外运动在我国蓬勃发展，尤其在一些自然资源较为丰富的地区。但总体而言，户外运动在我国发展尚处于初级阶段，发展起步晚、认识不充分、行业管理不规范等问题突出。相对于国外户外运动的发展，尤其是和欧美发达国家成熟的发展管理体系相比，我国户外运动的发展还有很长的路要走。

《山地户外运动产业研究》主要对国内外户外运动产业的发展现状进行了详细的分析对比，分别从政策条件、社会条件、资源条件、市场发展情况和人才培养情况等方面进行总结概括，并在此基础上指出发达国家成熟的户外运动发展经验给我国户外运动产业的发展所带来的启示，从而提出我国户外运动产业优化发展的策略。在分析国外户外运动产业的发展情况时，《山地户外运动产业研究》主要选举了一些发达国家作为典型案例，例如美国、日韩、欧洲部分国家，这些国家户外运动的发展已经趋于成熟，对我国户外运动的发展具有深远的学习和参考价值。《山地户外产业研究》全书分为八个章节，从山地户外运动产业的概念界定与内涵分析为出发点，对山地户外运动的起源与发展、山地户外运动人员参与情况进行了分析研究；对影响中国户外运动发展的因素、国内外户外运动产业发展进行了对比研究以及对其给我国带来的启示做了阐述，最后本书对我国山地户外运动产业的前景作了展望，并由此提出对我国户外运动发展的建议和对策。

编　者

2017年4月

目 录

第一章　导论

第一节　问题的提出

一、休闲与现代生活

人类社会进入工业化社会后，经济实力的增强、科学技术的进步、城市化水平的大幅度提高，一方面给人类带来了极大的物质财富，另一方面却因对经济利益最大化的不断追求而导致人们精神生活贫乏。现代都市（尤其是大都市）高容量、高密度的建筑实体，狭小的共享空间，城市川流不息的物质流（车流和物流），使人们在闲暇之余固锁在自己封闭的住宅空间内，作为社会主体的人与人之间缺乏必要的交流。人们在失去了心灵休整和陶冶的同时，也丧失了城市空间社会、文化和心理价值。人们在寻求精神家园的时候，逐渐在休闲活动中得到满足、感到舒适，在休闲中与人交流、并获得自我肯定，以及成功地融入社会，甚至在某种程度上，使客观上单调乏味、令人厌倦的工作变得有意义。休闲成为生活中重要的一部分，并作为一种突出的社会现象日益受到人们的关注。休闲质量的高低对于人和社会的健康发展均有重要影响，如何利用这些闲暇时间参与休闲，提高生活质量，成为一个事关人生意义和生命质量的重要问题。

我国改革开放 20 多年来，经济发展取得了重大的成就，经济总产值年增长速度之快为世人瞩目。在未来中国社会，将有越来越多的人口可以过上物质需求可以得到相对满足的生活。另外，我国从 1995 年开始实行 5 天工作制，1999 年开始实行春节、“五一”、“十一”三个长假日。一年当中，中国有 114 天是法定休息日，这就是说，一年中我们有 1/3 的时间都在休假，这给人们的休闲生活带来了更多的发展条件。现在，人们的闲暇生活日益丰富多彩，人们的休闲方式也日益趋于个性化。无论是卡拉 OK，还是迪斯科和蹦迪；无论是激烈的健身，还是祥和的泡吧；无论是通俗的电视，还是高雅的收藏；也无论是轻松的旅游，还是惊险的探险，它们更侧重于发挥个性、实现自我。个人无须从群体中争取那有限的满足，只要你愿意，随时随地都能以自娱达到休闲的目的。

二、体育成为一种重要的休闲方式

近些年随着经济和社会的发展，人们的生活水平和生活质量得到不断的改善，体育——作为一种文化现象，其价值、功能和作用正在为现代社会的人们越来越多地认识。体育活动具有健身、竞技、游戏、娱乐、教育等属性，具有改善和发展人的身心健康，提高人体技能水平的作用，这些属性和作用恰恰是休闲活动所需要的。以强身健体、愉悦身心为主要目标的多种多样的体育活动，进入了人们的余暇生活，体育活动逐渐成为人们休闲生活的一种方式。随着体育进入人们的余暇生活，它已成为现代文明生活方式的一种时尚的标志，在人类社会文化生活中发挥着越来越大的作用。“体育与休闲的结合并不是体育的一种新的形式，而是在时代背景下，人们对工业文明带来的体育异化现象的反思，是体育以人为本的回归。这种结合不仅昭示了体育的美好前景，也给我们体育工作者带来了全新的课题：充分发挥体育的休闲参与价值，为我国人民综合素质的提高和社会的文明进步贡献绵帛之力，是我们的历史使命和义不容辞的责任。”

1. 现代人的生活方式

全球性的市场经济浪潮影响着现代人追求效率与务实的思维方式。现代人的价值评判标准更倾向于现实生活的成败苦乐，财富与事业为现代人所重视，加上人口增多、资源匮乏，又令现代人的生存竞争日渐加剧。人们所承受的工作压力和生活压力也越来越大。日益紧张的生活环境及竞争环境诱发各种身心疾病。如偏头痛、便秘、高血压、心脏病以及神经过敏、神经衰弱、精神分裂、狂躁忧郁等精神性疾病。人类社会经济发展与进步的终极目标是最大限度地满足个人需要，使社会中的绝大多数个人达到心理的最大愉悦。现代社会的经济发展速度是惊人的，人们的生活水平日益在提高。然而现代工业社会中的某些不尽人意的现象如扭曲的价值观、单纯的拜金主义和物质享乐主义，并不能使人们达到身心健康的目的。现代人已开始寻求身心的解放和回归自然。管理学大师皮特·德鲁曾指出：随着工资的稳步增长和工作时间的不断缩减，人们会将财富积累的一半用于创造休闲。

2. 健康生活方式各要素及休闲体育

生活方式与人们的健康息息相关，生活方式的变化，包括生活内容、生活领域、生活节奏的改变，都会引起个人，乃至社会的健康问题。生活方式的改变可能给健康带来正面或反面的影响。曾有这样一则报道：某发达国家由于财政原因决定停止研制某种飞机，致使数以万计的工程技术人员和工人失业，给许多家庭造成了经济上和情绪上的紧张。据美国流行病学所做的医学调查表明，生活方式是影响人们健康的首要原因。美国 20 世纪 70 年代的死因构成中，来自卫生制度方面的原因占 10%，来自生理因素和环境因素的各占 20%，而来自生活方式的原因则高达 50%。因此拥有健康的生活方式就显得尤其重要。而健康的生活方式往往体现在良好的行为习惯、合理的生活时间、和谐的生活节奏、合适的生活空间及理性的生活消费。而这一切要素往往与休闲体育活动紧密相连。

（1）良好的行为习惯及休闲体育

行为习惯是生活方式的重要组成部分，也是生活方式的外部体现。良好的行为习惯促进身体健康，有利于人们对体育的参与；不良的行为习惯降低健康水平，抑制人们对体育的参与。美国每年大约有 200 万人死于不健康的生活方式，主要表现为酗酒、吸烟、吸毒、生活无规律、营养失控、体育运动不足等不良的行为习惯。其中饮食习惯不良和体育运动不足已成为美国人们死因的第二大因素。据2004年美国疾病防治中心的统计，美国每年死于体育活动不足的人口大约有400 000，有三分之二的美国人超重或肥胖，15%的青少年超重或肥胖，这个数据已经比1980年翻了三番。人们对体育的兴趣爱好、体育习惯和体育行为也是生活方式的重要构成部分。随着全民健身计划的深入及闲暇时间的增多，越来越多的人会参与到休闲体育活动中来，也就有利于人们形成良好的行为习惯。

（2）合理的生活时间及休闲体育

生活时间通常用时间来度量生存活动的过程。按照一昼夜的生存活动周期，可以把人一天的全部时间支出分为工作（学习）时间和业余时间。工作（学习）时间是指为生产和扩大再生产社会生活的物质和精神条件所必需的那一部分时间。业余时间的组成比较复杂，不等于余暇时间。它包括了与工作有关联的时间（如上下班路途往返），满足生理需要（睡眠、吃饭）的时间、家务劳动时间和余暇时间。余暇时间，亦称自由时间，指在一昼夜的全部时间结构里划出一切必要时间后所剩余的那部分个人“可以自由支配的时间”，这种时间不能直接被生产劳动所吸收，而是用于娱乐和休息的，然而这部分时间在人类创造精神文明方面起着重要的作用。而余暇时间的长短和支配余暇时间的质量直接影响到人们的生活方式。我国已经从每周48小时的工作时间过渡到每周40小时，余暇时间有了一定的增加，如何合理健康地安排余暇时间，关系着一个人的身心健康。而参加放松身心的休闲体育活动是人们度过余暇时间的一个较有意义的选择。

（3）和谐的生活节奏及休闲体育

随着人类对自然界开发的广度和深度增加，人类社会外部环境的日益“人化”，社会自身结构更加复杂和多样，社会运动的时间节奏越来越充分地展现出由慢到快的变化趋势。生活节奏加快是我们获得越来越多余暇时间必定要付出的代价，生活节奏加快的积极意义在于提高了生命的效率，使尽可能多的社会成员经过高速的协调配合，能为社会创造出更多的物质财富和精神财富。然而，生活节奏的加快，也确实会给不适者带来许多健康方面的麻烦。快节奏的生活使人们的心理变得很浮躁，感情变得很冷漠。现代生产方式中高技术的运用往往忽略了人们情感的平衡，单调的工业生产也常使人情绪不佳，感到寂寞、无聊，而现代生活方式使家庭逐渐缩小，亲属间情感疏远，给社会带来许多情感问题。体育运动和娱乐活动是人们调整自身、顺应新的生活节奏的重要辅助手段。它们可以克服人们对快节奏生活的抵触、恐惧、怨烦和焦虑等心理障碍，可以稳定心理情绪，抑制身心紧张，以增强人们在快节奏生活中的自信心。另外休闲体育活动是一种极富感情色彩的高尚活动，在活动中，人与人之间的交流得到加强，身心得到了放松，休闲体育活动成为快速生活节奏的心理调节器。

（4）合适的生活空间及休闲体育

生活空间是我们生活方式不可忽视的一个要素，也是生活质量提高的重要前提。生活空间过于狭窄时，就会感到拥挤，进而让人感到压抑与窒息。然而生活空间过大，也会让人感到空旷、孤独，因此生活空间必须适度。当生活空间过小时，人们会厌倦单调的室内生活，向往回归自然。而休闲体育运动不仅可以扩展自己的生活空间，充实自己的生活内容，而且更可以加大人们宏观的运动区域，回到大自然的怀抱中去。人们可以登山、攀岩、探险、横渡、漂流……在人类现实生活中没有一项其他活动能比得上体育运动给人那么大的活动空间。

（5）理性的生活消费及休闲体育

生活消费，指使用物质资料以满足人们的物质生活和文化生活需要。人类要生存、享受和发展就必须搞好生活消费。根据社会学理论，生活消费主要是人们的消费水平和消费结构。消费水平，指家庭占有社会产品和劳务的多少。它与家庭的人均收入和总收入有关，也与物价水平有关。因此消费水平也就直接关系到人们对体育的投入。消费结构，指人们在消费行为中，所消费的不同类型的消费资料的比例关系。体育在消费结构中的地位不仅取决于消费水平，而且还与人们的体育价值观念和体育态度有关。我们通常把用于体育的个人支出称为体育消费。体育消费是用于改善社会健康状况、优化生活方式、提高生活质量的重要消费。因此，理性的生活消费应该适当地兼顾体育消费。随着生活水平的提高和余暇时间的增多，愈来愈多的人开始投身到众多的休闲体育运动中去，体育消费的增加和发展，促进了消费结构的优化和合理化。体育消费可以满足不同年龄、性别的各种需要。近年来，老年人的健康消费中体育消费有不断增长的趋势，就业年龄人群为了适应日益激烈的竞争要求和减轻由于生活节奏的加快而造成的心理压力，也在增加体育健身消费。

三、现代人对户外休闲的需求

现代社会高效率、快节奏的生活方式使现代人在工作中经常处于激烈竞争和超负荷运行的高度紧张状态中，城市化使人们和大自然交流的机会越来越少。于是，厌倦了都市人造森林生活的人们，开始把目光瞟向了城市郊区和各种自然资源。远离城市的喧嚣，摆脱工作和生活中的压力，到轻松愉快的自然环境中娱乐身心，充分享受自然山水和新鲜空气给人的身心带来的愉悦和轻松，成为现代人的需求。伴随着人们花钱买健康的消费观念的日益形成，由于在户外的广阔空间里，人们的精神和体质可得到双重收获，因此，越来越多的人愿意花钱到户外寻求一种自我实现和自我表达。另外，中国假期时间的延长为人们的户外生活提供了可能。富裕起来的人们，除了生活必须支出外，有了剩余的积蓄，开始投资户外健康休闲与运动。此外，中国城市化进程的加速及各大建设项目向景观型与功能型的转型，以游览观光、休闲娱乐为主体的公众性休闲场所及各大高级住宅区及别墅群项目纷纷启动，大量兴建的宾馆、体育馆、办公大楼、商店、花园、泳池、海滩、公园、高尔夫球场、网球场、咖啡厅、茶座、高档休闲娱乐场所、私人住宅、企事业单位休闲场所等对户外家具及用品产生强烈需求，也使户外休闲运动空间范围大大增加，为户外用品生产企业创造了商机。经调查，现代人对户外休闲的需求趋势主要有五点。

1. 原生态户外休闲成为国际公认的旅游休闲元素

从国际经验来看，真正被国际社会普遍认可的旅游国际元素，一个是原生态、一个是运动休闲。世界旅游强国的成功恰恰在于它将纯美的自然环境清新宁静地展现出来能与户外运动休闲度假有机融合，最大限度地满足了人们对低调奢华休闲目的地的需求，并通过他们的行为方式和口碑传播进一步引领大众，使之成为全球公认的世界旅游休闲天堂。

2. 体医结合大健康概念成共识，推动健康关口前移，户外运动迎来历史发展极佳时机

历史上将以防治传染病和寄生虫病为主要目标的历程称为第一次公共卫生革命。从20世纪60年代起，把疾病的预防重点从控制传染病转向对慢性非传染性疾病的防治，也即第二次公共卫生革命。健康的影响因素包括生物学因素、行为生活方式因素、物质环境与社会环境因素和卫生服务因素，这些因素以多层面上交互作用的社会生态学模式，影响着个体和群体的健康。从人群健康的角度出发，社会经济与物质环境因素是起着根本决定性作用的上游因素，这些因素又间接影响着中游心理和行为生活方式和下游生物和生理因素，成为“原因背后的原因”。第三次公共卫生革命是以社会生态学模式的综合干预措施来提高人群健康和对生活质量的健康促进，又称为新公共卫生运动。它注重部门合作、社会参与和个体健康生活方式的促进，通过健康促进，使居民从对健康的传统理解转向对健康的生命质量的关注，关注生命、享受生活，同时提高整个社会对健康活动的参与意识。户外运动是天然的抗忧郁剂，是许多现代生活问题的解毒剂！第三个趋势：城市绿道、登山步道、骑行驿站、户外营地等公共基础设施建设催生新的户外需求。从2009年在浙江宁海修建第一条登山健身步道开始，我去年底参加宁海休闲大会时了解到，宁海县户外运动参与率高达54%，比很多一线城市都要发达！目前全国已经完成13条登山步道，在建4条。

步道的建成，将从根本上解决户外安全的问题，也能使更多的人，能够方便自主地参加户外运动。国家旅游局近期公布的五项旅游行业标准中，也专门规定了绿道旅游的基本要求、组成要素、设置要求、植物景观要求、设施设备要求、导向系统要求、代码要求及服务要求等，从2015年4月1日起实施。户外营地和骑行驿站的建设是46号文件中重点提及的户外公共设施，也是下一步重点工作之一。根据我最近了解到的数据，2015年各省市规划中的露营地数据为：北京165个、上海暨长三角地区400—500个、山东180个、四川100个、江苏100个、吉林40个、黑龙江25个、宁夏7个；累计全国各地区共规划1 000个左右的露营地，据预测在未来不到3年的时间里，国内有望形成100亿元以上的房车露营地消费市场。

3. 冬奥会、丝绸之路等重大主题将助推户外运动需求释放

2022年冬奥会的举办城市将在2015年7月31日正式确定，哈萨克斯坦阿拉木图和中国北京成为2022年冬奥会候选城市，冬奥会概念将对我国冰雪户外运动起到空前助推作用，国务院46号文件中也着重指出要发展冰雪户外运动，黑龙江省冰雪产业研究院正式成立，也是顺应这一宏大主题的举措。随着2005年“美丽中国——丝绸之路旅游年”的开幕，户外主题休闲旅游作为开放性、综合性产业，在“一带一路”国家战略中具有先联先通的独特优势，应当主动作为、先动先行，努力实现“互联互通，户外先通”。

4. 多元化需求、梯次消费格局将涌现

人在不同生命周期中将会有与之相适应的休闲方式。虽然户外休闲活动受到身份、地位、财富等多方面的约束，但不同社会阶层的人们只要心态平和、从容睿智，就能各得其所，找到适合自己并绽放生命快乐的户外运动休闲方式。正如林语堂所言：休闲生活并不是富有者和成功者独享的权利，而是一种宽怀心理的产物。具体来说可能有下列需求倾向更加强烈地涌现出来：

(1) 回归自然的需求

现代化过程中，工业取代农业，城市取代农村，人工环境取代自然环境，使人们远离自然而产生回归愿望外，环境恶化引发的环保意识，也使以阳光、空气、水等自然力增进健康的绿色自然户外运动大行其道。根据户外活动接触自然环境的种类，可将亲近自然的户外运动分为亲空类、亲水类、亲绿类、亲土类等。举例来说：第一，亲空类：滑翔运动、热气球运动、跳伞运动等；第二，亲水类：海水浴、冲浪运动、帆船、帆板、潜水等；第三，亲绿类：森林浴、原始林地探险等；第四，亲土类：登山运动、定向运动、野营等。

(2) 挑战自我的需求

现代社会变迁使人们的生活方式、生活意识、休闲模式发生很大变化。个性发展、自我实现已经成为休闲生活的主要诉求。反映在运动方面，以挑战自我、实现自我为主要目标的极限运动受到推崇。人们通过追求刺激和成就感，放松身心、解放自我、建立信心、发展个性。这类休闲体育主要包括：第一，野外挑战运动：野外生存锻炼、定向越野运动、野外探险、野外攀岩等；第二，超级马拉松运动：百公里跑、24 小时跑等；第三，漂流运动等；第四，蹦极运动等。

(3) 社会交往的需求

与之相应的家庭户外休闲、社区或俱乐部休闲等户外运动业态将获得稳定增长。这里有必要分享几个概念：休闲社会、休闲社区和休闲家庭，尤其后两个休闲业态值得关注。休闲家庭以培养家庭成员积极从容的心态及促进家庭成员和睦相处为目的，将大部分闲暇时间与家庭成员从事高品质的休闲活动结合在一起的文明家庭新模式。这在欧美国家是常态休闲方式，值得我们学习和重视。休闲社区是指志同道合的人基于共同的喜好和经历，灵活而有效地采用多种社会性工具和社会性供给聚集起来，共同分享、合作，集体开展休闲活动，并获得理想的休闲绩效的社会网络，所以我们有驴友、摄友等等。

(4) 追求健康的需求

根据央视的调查显示，健康超过金钱成为影响幸福的第一要素。现代社会工作和社会压力较传统更大，人们需要通过休憩、保健等手段来恢复身心。生活意识的变化使人们对美的追求更加强烈，体格健美成为各年龄段人群追求的目标。健身、健心、健美刚性需求不断扩大。户外运动是重要的积极休闲生活方式，具有无可比拟的健身、健心价值。未来社会人们将更加追求健康，健康保障将成为人们生活价值观中首要追求的目标。

(5) 户外教育的需求

户外运动属于必须通过学习进行的休闲活动。户外运动作为人类的走、跑、跳、攀登、爬越等基本生活技能的游戏性表现形式，已成为一门学问。怎样玩得有乐趣、玩得有助于健康、玩得科学，就必须学习科学的运动知识，掌握正确的运动方法。

(6) 交叉融合的需求

休闲活动交叉融合增强了户外运动的文化性、娱乐性与人性化、生活化，最终加强了户外运动的参与性。未来户外休闲的发展，这种趋势将进一步加强，从而使户外运动融入人们休闲生活的方方面面，更加普及化与经常化。

显然，这些方面的需求在不同时期或多或少地都始终存在于我们生活中，可以肯定的是，随着休闲社会的来临，人民的生活水平、家庭收入的逐步提高、健身意识不断增强，特别是互联网等信息渠道的拓展，使人们有条件和机会更多接触国外已经成熟的户外休闲理念，户外休闲方式逐步在我国兴起。同时伴随新型城镇化进程的深入和局部经济圈的形成，越来越多的城乡居民的生活方式将发生改变，作为生活方式中的重要一环，户外休闲运动将越来越受到人们的重视。户外运动休闲产业不仅是拉动内需、促进消费的全新增长点，而且是改善经济结构、促进经济转型的重要元素，户外运动休闲不仅是数量 GDP，还是质量 GDP，更是提升全社会劳动力品质的精神 GDP。

四、户外运动产业的迅速发展

西方的户外运动是伴随着工业化和城市化逐步兴起的，它强调利用森林、山地、湖泊、水库、海滩等自然资源开展体育活动，由于其独特的休闲性成为人们乐此不疲的追求。“二战”以后，各国政府十分重视户外运动的开展，因此户外运动热潮在西方各国一直居高不下。如户外探险运动在欧美和包括亚洲的日韩等国家非常普及，像日本有近三分之一的人参与探险运动，而韩国号称有近一半的人热衷于户外。它体现了人类返璞归真、回归自然、保护环境的美好愿望，因此已被世界各国誉为“未来体育运动”。曾有人预测，在未来国际大众体育的发展过程中，户外运动将成为国际大众体育的主流。20 世纪 80 年代初，户外运动从欧美国家传入我国。在中国，户外运动的发展并不算快，毕竟中国“有钱有时间又喜欢亲近自然”的人还不是很多。但是，近些年，随着我国国民经济水平的提高，尤其是都市“有钱有时间又喜欢亲近自然”的“驴友”一族的形成，在一些探险活动的带动下，户外运动的发展势头非常迅猛。据有关资料显示，我国以登山、攀岩、野营、远足等为主体的大众性户外运动俱乐部至 2001 年底已经发展到 150 多家，主要集中在北京、广州、深圳、上海、成都等经济发达地区和大中城市，拥有会员近万人，每年组织数万人次参加各种形式的户外运动。户外运动正在中国形成一股浪潮。然而，与户外运动的如火如荼相比，其理论研究却极度贫乏，甚至人们对户外运动的概念都仍然处在模糊认识的阶段。另外，虽然户外运动在中国发展速度很快，但是由于户外运动传入中国的时间并不长，这种高速背后则掩藏着许多的困惑和不足。户外运动毕竟属于“舶来品”，在中国的土地上和中国的文化领域里，如何更好地开展户外运动，使户外运动更好地发展，成为当前应该思考的重要问题。围绕着这一主要问题，《山地户外运动产业研究》进一步提出以下几个问题：第一，什么是户外运动，这一新兴事物或现象具有什么特征，它存在的意义和价值在哪里？第二，目前国内户外运动开展的现状到底如何？存在什么主要问题？第三，如何在中国更好地发展户外运动，针对中国户外运动中存在的问题，应该采取什么相应的对策？第四，我国户外产业的基本思路是什么？

1. 户外运动内容的多样性，决定了户外产业的发展

户外运动，是指在自然场地开展的体育活动。换言之，就是在非专用场地上进行的体育活动。以此，可以区分户外运动与“貌似”户外运动的高尔夫等“在户外但不属于户外运动”的一些体育项目。按照此认识，户外运动大致上可以分为空中、水上、陆地三个大的群组，包含若干项目。因此，户外运动其实是一个运动项目群，而不是某一个单项的体育项目。户外运动，按其性质可分为休闲（健身）类（露营、健身性徒步等）、挑战类（自然岩壁攀爬、挑战性徒步等）、竞赛类（登山比赛、探险越野赛等）和探险类（极端地形、特殊条件下的户外活动，如高海拔、无人区、极地活动等）四大类。由此可见，户外运动是一个门类众多、层次齐全的体育运动项目群，可以吸收接纳各种层次、年龄、职业、兴趣爱好的人群，因此具有广泛的群众基础。就体育产业而言，门类众多、层次齐全、参与面广是构成体育产业的三个必备要素。门类众多，决定了专业技术设施装备（产品）的多样化；层次齐全，决定了大众型到专业型不同层次的需求；而参与面广，决定了刺激生产和消费的产业基本动力。而产业是指由利益相互联系的、具有不同分工的、由各个相关行业所组成的业态总称。由户外制造业、销售业、服务业组成的与户外相关的行业，就构成了户外产业。因此，户外运动的发展，必然带动户外产业的发展。

2. 不同层次的户外运动的商业价值

(1) 探险类

探险类户外运动是少数户外精英从事的项目。由于其所从事的活动难度大、专业性强，因而容易受到社会、媒体的广泛关注，从而具有“新闻价值”，并诞生“英雄”。而“新闻价值”和“户外英雄”往往能够带来巨大的产业价值。具有新闻价值的事件经过大众媒体的报道与传播，能够引起社会和大众的广泛关注，由此产生商业价值。专业英雄人物所推崇的理念、知识、技术以及装备等，容易被一般的户外爱好者所接受和传播；专业英雄人物的英雄事迹，又会激励更多人投入到户外运动中去，从而持续地推动户外产业的发展。

（2）竞赛类

竞赛是体育活动最典型的特征之一。在对户外产业的影响上，竞赛与探险类基本相同：既具有“新闻价值”，又可诞生“户外英雄”。当然，不同级别的户外赛事，新闻价值和户外英雄的影响力是不同的。

以上两种户外活动的类型，不具有群众参与性，而是通过新闻事件和英雄人物的社会影响，转化为商业价值，从而为户外产业的发展做出贡献。

（3）挑战类：是指在后勤有充分保障和危险因素得到有效控制的前提下，接近或超过人体的体力或精神极限的户外活动。显然，挑战类户外活动也具有新闻价值，并可以造就英雄。不过，和探险性活动不同，挑战性户外运动是很多人都能参加的活动，因此它还同时具备群众性。由于参加挑战活动的一般都是长期参与户外活动的人群，因而这些活动还具有“半专业”的性质，甚至不乏社会名流的加入，因此，其商业价值巨大，是最能推动户外产业发展的活动类型之一。

（4）休闲（健身）类：此类活动参与人数众多，具有广泛的群众基础，对户外产业的

发展具有巨大的，尤其是潜在的推动作用。但因为此类活动比较缺乏新闻价值和典型人物，又与专业户外有一定距离，因此，其现实的商业价值有限。

3. 国内外户外产业发展概况

（1）美国户外产业情况

根据美国户外产业协会（outdoor industry association，OIA）2012 年公布的数据，OIA 统计了 10 种在未平整的（原始的）道路上进行的户外运动，包括自行车、摩托车、健行（攀岩攀冰）、露营（房车及帐篷营地、木屋）、越野汽车、水上运动、雪上运动、钓鱼、打猎、野生动植物观赏。

①概况：创造就业岗位：610 万个；消费：6 460 亿美元；联邦财政收入：399 亿美元；地方财政收入：397 亿美元；户外人口：1.4 亿；户外装备（1 207 亿）/旅行及相关支出（5 248 亿）≈1 比 4。

②与美国其他行业的比较

据美国经济分析局的数据，户外休闲业的年度消费额在金融服务业和保险业、门诊医疗服务行业之后居第三位：金融服务业和保险业：7 800 亿；门诊医疗服务业：7 670 亿；户外休闲业：6 460 亿；汽油及其他燃料业：3 540 亿；汽车及配件业：3 400 亿；药品业：3 310 亿；家用设施业：3 090 亿。

③户外产业在美国经济中的比重（据美国经济分析局）：

制造业：20%；住宿和餐饮业：12%；租赁贸易：10%；艺术、娱乐和休闲业：8%；批发贸易：7%；金融保险业：6%；房地产：5%；储运业：4%；高科技服务：4%；信息业：3%；其他：21%。

④就业比较：（单位：人）

户外休闲业：610 万；金融保险业：580 万；建筑业：550 万；储运业：430 万；教育业：350 万；信息业：250 万；汽油燃料业：210 万；房地产业：200 万。

（2）我国户外产业基本情况：

2011 年，出货总额：54.3 亿元；零售总额：107.6 亿元；年度品牌数量：717 个，国内品牌：334 个；国外品牌：367 个；品牌数量同比分别增长 29.42%、45.85%、12.92%。（数据来源：中国纺织品协会户外用品分会，2012）

（3）基本认识：

①户外产业规模巨大，包含装备产业和户外服务业，基本比例为 1 比 4。

②我国处于户外产业发展的初期，产业以制造业、销售业为主，没有形成有规模的服务业。产业链发展不均衡。

③我国发展户外产业前景广阔，今后应尤其注重户外服务业的发展。

第二节　研究的目的和国内外研究现状综述

一、研究的目的

《山地户外运动产业研究》对户外运动产业的研究，具有重要的理论和实践意义。首先，通过对户外运动基本理论问题的深入探讨，包括户外运动的内涵，以及其理论体系的构建，这些都填补了户外运动基本理论问题研究的空白，并为该书后半部分的实践分析打下了良好的理论基础。其次，《山地户外运动产业研究》立足于休闲理论视角，将户外运动当成一种新兴的休闲现象进行分析，并结合社会学、管理学、经济学、文化学以及发展学等学科理论，从多学科多视角对户外运动现象进行深刻剖析。第三，《山地户外运动产业研究》除理论分析以外，还做了大量的实践调查，充分做到了理论与实践的结合。第四，经过深入的理论分析和实践调查后，论文最后总结出一些关于中国户外运动的对策和建议，以指导户外运动及其产业实践。

户外运动属于非奥运项目，也是群众体育项目，仅仅依靠政府的经费支持，无异于杯水车薪，是绝对搞不好的。户外运动的发展，必然会带动户外产业的发展。反之，户外运动的发展，必须依靠户外产业的发展。因此，发展户外产业，是更好地发展户外运动的基础和前提。《山地户外运动产业研究》力图在以下理论问题上有所创新，其主要意义在于屡清我国发展户外产业（服务业）的基本思路。我们应该自觉地把关注、推动户外产业的发展，作为发展户外运动的重要工作来对待。户外产业包括制造业、销售业和服务业。

1. 健全户外服务业的产业链，为户外运动爱好者提供全方位的服务

户外服务业包括信息咨询业、技术服务业和后勤服务业三个领域。目前国内的户外服务业领域，主要以技术服务为主。在信息咨询业和后勤服务业不发达的今天，技术服务业要想生存和发展，则主要依靠定制技术培训来完成。这就是为什么目前国内的户外俱乐部（企业）主要以拓展培训为主要内容的原因。信息咨询业，需要整理推出全国版图、甚至是世界版图上的户外运动信息资源，并架设起消费者（户外运动爱好者）和技术服务机构、后勤保障机构的桥梁。后勤保障业，需要按照全新的户外运动理念，重塑户外生活的形象——不仅仅是艰苦的、凑合的，可以按照消费者的需求，提供各种不同档次和级别的后勤服务。

2. 建立健全户外运动的公共服务体系

户外运动的公共服务体系，包括“硬件”和“软件”两方面。基础设施、项目条件是“硬件”，管理、服务是“软件”。总体来说，公共服务体系应包括信息咨询机构、基地（活动区）、俱乐部（技术服务机构）、后勤服务机构、营地（生活区）、技术人员六个方面。户外运动不同于旅游，它不是靠“新、奇、特”吸引人，不是一次性的消费，它是由兴趣爱好或者说生活习惯驱动，因此环境、服务质量就成为户外服务业的根本。

户外运动与户外产业是相互依存、共同发展的关系。户外运动的发展，带动了户外产

业的发展；反之，户外运动必须依靠户外产业的发展，才能有新的发展。这就要求我们在做户外运动时，能够从产业的角度，考虑运动的可持续发展动力，从而创立新的运动模式及新的运动操作模式，更好地发展户外运动。

二、国内外现状综述

1. 国外研究现状综述

西方的休闲思想与东方的休闲思想有所不同，西方人更强调借助于休闲活动，寻求浓烈和刺激的感官享受并通过具有极大张力的活动形式，充实和完善以自我为主题的人格意识。因此，相对于中国语言的“户外运动”，国外更多的是用“特种旅游”或“探险旅游”来表达。“特种旅游”在我国用的并不多，而“探险旅游”比较常见。因此，通过对国外有关探险旅游的文献进行了搜集和整理。国外对探险旅游的研究较为全面和成熟，涵盖了概念分析、理论基础、风险管理、体系构建、产品市场、企业运作等各个方面的研究。研究的范围也从发达国家传统探险目的地延伸到全球视野的新兴探险旅游目的地。

（1）国外探险旅游理论概述

国外有多位专家对探险旅游的概念作过科学界定。Proton（1979）认为探险旅游是指人类为迎接自然、生理世界诸如山川、空气、对流、波浪等的挑战而参与的活动总称。Buckley（2006）认为探险旅游是有人引导的商业旅游，它的主要吸引物是依托自然环境特征的、需要特殊体育或者类似设备支持的、令游客激动的室外活动。通过阅读大量文献发现，Buckley 对探险旅游的这一界定得到我国学界的普遍认可，在国内学术论文中被引用过多次。而加拿大旅游委员会把探险旅游定义为，发生在非同一般的、异国他乡的、遥远与荒野的旅游目的地的活动，涉及一些非传统的交通与各种难度的活动。

（2）国外探险旅游安全管理研究

在对探险旅游风险产生的原因分析及风险评估研究上，克利夫特等人（Clift et al, 1997）、维克斯和佩奇（Walks & Page，2003）通过对苏格兰的专题研究，提供了一系列探险活动及事故数据的回顾，得出最危险的探险旅游活动是骑马、四轮越野车和雪上运动，对于活动的研究要点则集中在登山、滑雪及潜水运动方面。佩奇等学者（Page，Bentley & Walker，2005）用对比研究方法调查了新西兰和苏格兰探险旅游的安全体验。这一比较方法有助于帮助分析在不同范围下旅游发展和变化的区别和联系，这种空间上的横向比较研究为理论的应用提供了更普遍的意义。

（3）国外探险旅游产业发展与管理

国外探险旅游产业起步时间较早，经过几十年的发展，行业管理已经形成比较完善的管理体系，户外俱乐部，探险旅游企业等都有着自己成功的运作模式，涌现出不少国际知名企业。同时，户外用品行业的发展也一直处于领先的地位。纵观西方发达国家探险旅游的先进经验，企业运作、教育培训、风险管理、产品运营、政府规制、社会监管、保险救援等方面都有完善可行的管理方式，这为国外探险旅游的繁荣发展提供了重要的先决条件。

2. 国内研究现状综述

西方发达国家对户外运动的研究较为成熟而我国在这方面正处于起步阶段，虽然近年来发展迅速，但理论研究还很缺乏。在 CNKI 数据库中，可以通过搜索“户外运动”“探险旅游”等关键词，发现以“户外运动”“探险旅游”等词为研究主题的博士论文共有 3 篇，硕士论文也只有数百篇，且大部分是在 2010 年之后发表的，而在 2005 年以前，与户外运动相关的论文数量屈指可数。我国对户外运动的研究主要集中在概念界定、户外俱乐部的运作、户外产业研究、户外风险管理研究等方面。

第二章　山地户外运动产业的概念界定与内涵分析

山地项目主要是依托山地资源开展户外运动，一般利用山地的险、峻、恶、高、远、难等特点开展户外活动。山地户外运动代表性项目有登山、攀岩、探险、山涧徒步、沙漠徒步、越野挑战、高山速降、高山探险、野营等。该项目极富挑战性，是人类挑战自我、超越极限的最佳选择。通过陆上体育旅游活动，能够锻炼人的意志品质，培养人的坚强毅力，增强人的智慧胆识，以及激发人战胜自我、战胜困难、战胜孤独与寂寞的顽强精神。正因为如此，山地户外项目深受人们的青睐。山地项目资源比较丰富，发展的时间较长，参加的人数也较多，是户外运动拓展的一个重要方向。

第一节　山地户外运动概念的界定

一、运动领域内的户外活动相关概念

我国最早从体育运动领域内提出的户外运动定义是1993年中国登山协会的王凤桐提出的，即探险户外运动是“人类到离开正常、现实生存空间的在其他领域进行的一些带有探险性质的体育活动”。后来中国登山协会的李舒平提出了新的户外运动定义，这一定义至今影响甚远，为国内诸多户外运动研究者所引用。经过这么多年的发展和探讨，国内学者30余人次提出多个户外运动定义，但都多是在前人的基础上稍加修改而成，实质上并无太大变化，大同小异，缺乏开创性，并且多仅是抓住了户外运动的局部特征。至今也没有一个令大多数人都能接受的定义，多数学者在认识户外运动时多是抓住了局部特征，所以才使得对户外运动概念的理解和界定具有多重观点。从运动的角度来界定户外运动概念，可分为以下三类。

1. 字面释义中心论

字面释义中心论的观点，认为“户外运动=自然环境+体育运动”。大都是对“户外运动”一词字面意思的阐述，基本上都认为户外运动就是在户外自然环境中开展的体育运动。其代表性的定义有：陶宇平认为：户外运动是指在自然场地（非专用场地）开展的体育活动。此定义也没有指出户外运动与其他体育运动的本质区别，仅指出了户外运动与其他体育运

动在开展范围上的不同。通过分析作者的意图，此定义中所说的自然场地是指非特意为运动目的所准备的场地，但也不是纯自然环境的场地，其中就包含了半人工化环境中的场地。持有相似观点的有余宗贤和宋天华（2006）、董立（2010）、郑向敏，范向丽和肖蓓（2010）。李萍认为：户外运动是指一切利用非人工场地（不是为了运动而建立的场地）所进行的带有一定运动强度、探索性、挑战性的体育运动项目总和。此定义指出了户外运动开展的场所和部分限定因素。非人工场地是指基本上不受人为因素影响的场地；带有一定的运动强度就将部分静态性的户外活动，如观鸟和摄影等，排除在外；探索性和挑战性也就暗示了户外运动具有一定的难度，富有一定的探险性。苗耀祥认为：户外运动是指在自然场地进行的一组集体运动项目群，包括山地运动、峡谷运动、野外生存（含露营）以及荒漠运动。此定义把户外运动看作是一组集体运动项目群，指出了户外运动开展的地点。此定义并没有深入发掘户外运动与其他体育运动的本质区别，也仅指出了外显的区别。从国内外户外运动发展的实际情况来看，并不是所有的户外运动项目都是集体运动项目，例如徒步等，所以说此定义把户外运动看作是一组集体运动项目群欠妥。夏征农认为：户外体育指人们利用户外的空间、阳光、新鲜空气等自然条件进行的体育活动。此定义认为户外运动是在户外开展的、并且是依赖自然条件进行的。持有相似观点的还有黄学思（2008）等。

户外运动（Outdoor Sport）是指在户外开展的体育运动。国外关于户外运动的定义极少，从此定义中可以看出户外运动泛指在户外开展的体育运动。此定义并没有指出户外运动与其他体育运动的本质区别，仅指出了外在的区别，也即开展活动范围的不同。字面释义中心论的观点大都停留在对“户外运动”一词字面意思反复阐述的阶段，仅指出了户外运动与其他体育运动的外在区别，而未能指出本质区别，具有一定的时代性和局限性。体育运动既可以在室内开展，又可以在户外环境中开展。如果仅以开展的地域来区分户外运动和体育运动，那么在自然场地中踢一场足球也就属于户外运动了，那就更加体现不了户外运动和体育运动的本质区别。

2. 探险中心论

探险中心论的观点，认为“户外运动 = 自然环境 + 探险 + 运动”，强调户外运动富有探险性质或者体验探险的性质。其中，这一类观点源自于中国登山协会的李舒平。李舒平认为：户外运动是以一组以自然环境为场地（非专用场地）的带有探险性质或体验探险的体育项目群。此定义把户外运动看作是在自然环境场地中进行的带有一定探险性质的体育项目群。

在目前，户外运动实践并不都是在自然环境中开展的、并不都具有探险性质或体验探险的性质，所以说此定义具有一定的局限性；另外，把户外运动看作是一组体育项目群具有一定的合理性，因为户外运动并不是某一具体运动项目的名称，而是指包括露营、登山和徒步等一系列运动的名称。董范认为：户外运动是指以健身和提高竞技水平为目的，一组以自然环境和人工非运动目的的建筑物（如公路、楼房、塔、桥梁等）为场地的、带有探险性质或体验探险的体育运动项目群。此定义指出了户外运动开展的目的（健身和竞技）、地点（自然环境和人工非运动目的的建筑物）、探险性等。把开展户外运动的目的限制为健身和竞技，强调了生理价值和社会价值，而忽视了心理价值，如愉悦身心、放松自我等。张建伟认为：户外活动是指以自然环境为活动区域，带有体验、探险性质的一项体育活动。此定义指出了户外活动开展的活动区域（自然环境）和特征等。此定义将户外活动看作是一种带有探险性质的体育活动，大多数的户外活动尤其是在自然环境中开展的更具有探险性质，但将户外活动限制为是带有探险性质的体育活动具有一定的局限性。从表面上看，与“字面释义中心论”相比，“探险中心论”似乎对户外运动特征的挖掘更深些，即“探险性质或体验探险”。但是仔细考究起来，发现在自然环境中开展体育运动必然带有探险的性质，无需再在户外运动定义中反复明示。“探险中心论”首次把户外运动看作是一组体育项目群具有一定的合理性，认识到了户外运动更大程度上是一个集合概念。相比之下，要比“字面释义中心论”更为进步些。

3. 自然中心论

自然中心论的观点，认为“户外运动 = 自然环境 + 贴近自然 + 运动”。其核心内容是指户外运动是与自然界的关系是紧密相连的，与自然环境关系较密。认为户外运动是在户外自然环境中开展的，强调运动过程中与自然环境的密切关系。其代表性的定义有：王莉等（2005）认为：户外运动指在野外或在自然环境中进行的、与自然界紧密结合的新兴体育运动，这些运动包括登山、攀岩、远足、山地穿越、野营、溯溪、漂流、荒岛生存、山地自行车、山地越野、探洞、滑雪、攀冰、羽翼滑翔、独木舟、骑马等。此定义指出了户外运动开展的地点（野外或在自然环境中）、与自然环境的关系（与自然界紧密结合）等，也指出了户外运动是新兴的体育运动。此定义具有时代性，在户外运动新兴的阶段可以说户外运动是一种新兴的体育运动，随着时间的流逝户外运动不再是一种新兴的体育运动了。然而，目前的户外运动有很大一部分是在半人工化的环境中进行的，例如在基础建设较为齐全的自然风景区和有居民居住的山野等，所以说此定义完全将户外运动限制在野外或自然环境中过于狭隘，在一定程度上脱离了实际。李香君认为自然、感受自然的运动，比如登山、攀岩、漂流、滑雪、野营等各种户外活动。此定义指出了户外运动开展的范围（室外）、目的（健身和休闲）、与自然的关系（贴近自然）等。

从目的来看，此定义无形中把户外运动看作是户外休闲运动。吴耿安和郑向敏认为：户外运动是与大自然紧密结合进行的体育活动，它的活动场地应是指大自然环境和那种不以体育活动为目的而建造的各种人文景点。此定义指出了户外运动开展地点和与大自然的关系等。其活动场所不仅包括自然环境，也包括不以运动为目的而改造的各种半人工化环境。陶宇平等认为：户外运动是指在非人工的自然环境中通过参与者自身努力而使自己的身心得到锻炼，使自己能够贴近自然、感受自然的运动。此定义指出户外运动是在非人工的自然环境中进行的，也就是在不受人为因素干扰或人为因素干扰极少的自然环境中进行；是贴近自然和感受自然的运动，强调了参与者与自然环境关系的密切；还着重强调户外运动参与者通过自身的努力而获得锻炼，偏向于自助性户外运动，在一定程度上将商业性色彩较为浓重的户外运动排除在外。综合上述，“自然中心论”的观点也指出了户外运动是在户外自然环境中开展的，更加强调了与自然环境的密切联系，所以说与“字面释义中心论”和“探险中心论”相比，“自然中心论”的观点更加科学和全面。但此类观点对户外运动概念的研究还不够透彻，仅停留在自然环境对开展户外运动的意义，未能深入明确户外运动中应该对待自然环境的态度。正是对待自然环境的态度还不明确，这在一定程度造成了部分人群在开展户外运动过程中对自然环境和自然资源的各式破坏和过度使用等。随着户外运动的深入发展，也出现了一些细化的户外运动相关概念，如高校山地户外运动、冬季户外运动和山地户外运动。

目前，国内从运动的角度来界定户外运动概念主要可分为字面释义中心论、探险中心论和自然中心论等三类。其中，字面释义中心论的观点层次水平较低，停留在对字面意思反复阐述的阶段；探险中心论的观点指出了户外运动开展的环境，但将户外运动限定为带有探险性质的体育运动还有争议之处；自然中心论也指出了户外运动开展的环境，强调了户外运动与自然环境的密切联系，但还不够深入，缺乏对待环境的态度。

二、游憩领域内的户外活动相关概念

游憩领域内的户外活动相关概念主要有户外游憩、户外冒险游憩、户外消遣、荒野游憩、森林游憩和河流游憩等。

1. 户外游憩概念

人们利用闲暇时间进行游憩活动，在一定阶段几乎无一例外地包括户外游憩。户外游憩一词作为休闲研究的一部分已经有超过 50 年的历史。在此期间，户外游憩的很多定义不断涌现。不像休闲研究中的其他术语一样，“户外游憩”一词被广为接受并被统一使用，但户外游憩一直没有一个统一的定义。有一些传统的户外游憩活动逐步移入到室内或在人工设施上开展。例如室内攀岩和室内激流皮划艇等。正是由于这些活动开始模糊户外游憩和其他游憩活动的区别，它们已不再是典型的户外游憩活动。随着户外游憩活动及游憩设施的室内化，从实践上越来越增加了区分户外游憩和其他游憩活动的难度及复杂性。可将现有的户外游憩概念归纳为以下几类 .

（1）综合论

“综合论”的观点认为,“户外游憩 = 城市环境中的户外游憩 + 自然环境中的户外游憩”，将城市中的开展的户外游憩和在自然环境中开展的户外游憩都看作是户外游憩。例如在 1962 年的美国户外游憩资源审查委员会的报告中认为：户外游憩尚未被规章制度、以前的法规条文或行政法规所定义。但全国计划中也应用着非常宽泛的解释。全国计划有意认为：户外游憩不仅包括那些在都市和人造环境的户外空间中开展的活动，也包括传统观点认为的那些与自然环境有密切联系的活动。早期的户外游憩概念基本上都属于“综合论”的观点，是户外游憩处在初步发展阶段的产物，具有较强的时代性。虽然“综合论”的观点比较综合，但还是指出了两种不同形态的户外游憩，即自然环境中的户外游憩和城市环境中的户外游憩，这对以后户外游憩概念的深入细化研究奠定了一定的基础。

（2）自然环境中心论

“自然环境中心论”的观点认为，“户外游憩 = 与自然环境紧密相连 + 游憩活动”。其核心内容指户外游憩是与自然环境紧密相连的，依赖于自然环境，且通过使用自然环境或者与自然环境互动产生游憩体验。印第安纳大学的卡尔森认为：户外游憩是任何一种在休闲时间内，愉悦地在户外或室内追求与自然资源相联系的知识、使用和欣赏等。然而，此定义强调的是自然资源相关，将那些对需要改变自然景观的游憩活动排除在外，如滑雪和高尔夫。另外，此定义将在室内环境中追求与自然资源相联系的知识、使用和欣赏等的活动也囊括在户外游憩的范畴之内，使许多户外爱好者难以接受如此宽泛的户外游憩定义。其实也不难理解，若将户外游憩限制在户外自然环境中开展的，就会将在室内开展的为在户外环境中游憩而做准备的相关活动排除在外，那么户外游憩不再是一个完整的活动，而是由很多片断组成的活动。例如，为了在海边游玩而在室内游泳池学习游泳技能的过程，可以看作是户外游憩的一部分，因为没有室内游泳池学习的过程，怎能在海边畅游。因此，游憩活动开展的地点并不是决定其是否属于户外游憩的唯一决定因素。还要看其在室内或人工环境中开展的目的是什么，如果目的是为了在户外自然环境中更好的开展游憩而做准备，那么可以说是属于户外游憩；否则，则不属于户外游憩的范畴。

希瑟慕斯认为：户外游憩通常被用来描述那些在自然环境中开展的且主要依靠环境来获得满意度的游憩活动。此定义在当时的情况下认识到了环境在户外游憩的重要作用是难能可贵的。户外游憩体验主要依靠并来源于环境，户外游憩体验的过程就是参与者与环境互动的过程，这是户外游憩的重要特征之一。莱纳和莱纳认为：户外游憩是活动和户外环境之间的相互作用，以此为个人带来身体、心理、情感和社会的价值。这也从侧面说明了户外游憩体验的过程是参与者与环境互动的过程。易卜拉欣和科德斯户外游憩被定义为参与者因为自身缘故在自由时间内参加有组织的，且参与者和自然环境之间有一定相互作用的活动。此定义也可理解为，户外游憩是参与者在自由时间内、自愿参加有组织的，且参与者和自然环境有相互关系的活动。与前面其他定义有一个明显的区别是此定义强调的是有组织的活动，就将个人纯粹自发的无组织的活动排除在外。按照此定义，如果一名户外游憩参与者独自一人到野外进行徒步就不属于户外游憩的范畴。事实上，很多户外游憩参与者喜欢独自一人开展户外游憩活动以体验孤独感和宁静等。很明显此定义适合用于界定有关组织机构开展的户外游憩活动。

科特雷尔和科特雷尔认为：户外游憩（Outdoor Recreation）包括那些在户外发生的且与资源使用相联系的任何游憩活动或一系列可供选择的游憩活动。从此定义中可以看出，户外游憩活动开展的地点是在户外。那么此定义的范围就比较宽广，只要是在户外开展的且与资源使用相联系的游憩活动都可以称之为户外游憩。柯劳斯将户外游憩定义为：那些可在户外进行，直接关联或倚赖大自然，且使用者直接接触这些自然要素的游憩体验与活动。柯劳斯的定义中提到了两个直接，一是直接依赖于大自然，二是使用者直接接触自然要素。强调了参与者是直接从自然环境中获得相关的体验，将在户外空间开展的依赖于模拟自然环境的游憩活动排除在外，例如室外人工岩壁攀岩。另外，此定义还认识到了户外游憩不仅是一种活动，还是一种体验。透过户外游憩的活动表象，看到了户外游憩给参与者所带来的体验。摩尔和德赖弗指出：户外游憩就是在自然环境中产生且必须依赖自然环境的游憩活动所带来的游憩体验。此定义将户外游憩活动的区域直接限制在自然环境当中，将在其他户外环境当中开展的户外游憩活动排除在外。此定义认为户外游憩就是一种游憩体验，而这种游憩体验是通过参与游憩活动来实现的，把游憩活动看作是实现户外游憩体验的工具。普拉默指出：户外游憩（Outdoor Recreation）可定义为在自由时间内自愿参加在户外开展的且突出人与自然环境有互动关系的活动。此定义虽然指出了户外开展的时间、地点、参与者的意愿和与自然环境的关系等，但把户外游憩看作是一种活动，使户外游憩涵盖的范围过于庞大。按照此定义也可以将户外竞技运动归为户外游憩的一种，因为户外竞技运动也是在户外开展的、自由时间、自愿参加、与自然环境有一定的互动关系。但户外竞技运动的价值取向和户外游憩的价值取向是截然不同的，户外竞技运动是不择手段通过比赛获得优异的成绩，而户外游憩追求的是放松和娱乐等。“自然环境中心论”的观点指出了户外游憩是在自然环境中开展的，也强调了与自然环境的密切联系，尤其是强调通过使用自然资源或者与自然环境互动才产生游憩体验。但未能说明这种互动对游憩者和自然环境的性质，也能对自然环境造成负面影响。

（3）字面释义中心论

“字面释义中心论”的观点认为，“户外游憩 = 户外 + 游憩活动”。而这仅是对“户外游憩”一词字面意思的阐述，认为户外游憩就是在户外环境中开展的游憩活动。克劳森和尼奇在《户外游憩经济学》一书中，将户外游憩定义为仅仅是在户外开展的典型的游憩活动。此定义的前提是游憩者在远离居所较远的陆地或水域开展的游憩活动并且包括几个发展阶段。此多发展阶段的户外游憩概念将户外游憩分为期望、旅行、当下体验、归途和回忆等阶段。克劳森和尼奇在其书中将户外游憩又细分为三类：第一，资源指向型游憩，也称之为资源为本的游憩，在很大程度上是借助自然资源或在自然环境当中开展的；第二，中间型游憩。主要在与自然相近的环境中开展，但会受到人类活动的影响；第三，使用者指向型游憩。主要是指以人工设施为依托，且常在非自然或开发较为成熟的自然区域开展的。德赖弗和布朗认为：户外游憩特指在远离人类居所和远离都市的绿色开放空间开展的休闲活动。

通过分析可以看出，此定义也是将户外游憩看作是休闲活动，这一点无可厚非。而户外游憩活动开展的区域是在绿色开放空间内，将缺乏绿色的冰川、雪原、沙漠和海洋等都排除在外，可以理解为活动区域是在远离人类居所和远离都市的绿色植被覆盖的陆地。可能在当时的历史阶段，此定义具有一定的合理性。从现在户外游憩发展的实际来看，户外游憩活动的区域不仅是在绿色开放空间内开展的，也常在冰川、雪原、沙漠和海洋等非绿色空间中开展。

克努森认为：户外游憩实际上全部包括那些在公园和其他开放地区开展的有意义的休闲活动。活动内容从在运动场地开展的活动到荒野穿越和露营。此定义对户外游憩开展的活动区域限制较少，只要是公园或其他开放的地区开展的均可。在国外，公园包括小区游园、社区公园、区域性公园、全市性公园和国家公园及各种主题公园等，公园是开展户外游憩活动的主要场所，种类繁多的公园能够满足不同人群的不同户外游憩的需求。此定义强调了户外游憩活动的性质是有意义的，将消极的、有破坏性的和负面影响的户外游憩活动排除在外；但忽略了环境对于户外游憩活动的重要意义。皮格兰和詹金斯在《户外游憩管理》一书中，将户外游憩定义为是发生在城市和乡村户外环境中的游憩活动。

在中国国内亦有相似的观点，户外游憩就是在户外进行的游憩活动。这两个定义本质上没有什么差异，都认为只要是在户外环境中开展的游憩活动都属于户外游憩。此类定义并没有深入探讨户外游憩活动的特征或本质，从形式逻辑学上看仅是对字义的重复叙述，犯了循环定义的错误。从定义中也看不出到底什么是户外游憩。“字面释义中心论”的观点仅是对“户外游憩”一词字面意思的阐述，未能指出户外游憩和其他活动的本质区别，具有很强的局限性。

（4）目的中心论

“目的中心论”的观点认为，“户外游憩 = 目的 + 户外活动”，认为户外游憩就是以休闲娱乐为目的的户外活动。人们从事户外游憩也都有着鲜明的目的性，根据各自目的的不同，选择不同的户外游憩项目或活动方式。福特认为：户外游憩是指在休闲时间内参加的以实现单纯的娱乐或其他实际价值为目的的一系列非常宽泛的户外活动。普瑞斯特认为：户外游憩是在休闲时间内参加的以纯粹的娱乐或其他实际价值为目的的一系列宽泛的户外活动。福特和普瑞斯特的定义极为相似，都说明了户外游憩是在休闲时间内开展的、以娱乐或其他实际价值为目的、活动地点在户外、活动项目是一系列的；但也忽略了环境对于户外游憩活动的重要意义。国内学者王传伟等人在研究中指出：户外游憩（Outdoor Recreation），也称野外游乐、野外游憩、户外游乐，是指在闲暇时间内开展的，通过使用自然资源以达到享受和娱乐目的的户外休闲活动。此定义存在诸多不足之处，有画蛇添足之嫌。此定义把户外游憩看作在闲暇时间内开展的、通过资源使用、以享受和娱乐为目的的一种户外休闲活动。不容置疑的是休闲活动是在闲暇时间内进行的，多是以享受和娱乐为目的的。那么在定义中可以把户外游憩看作是一种户外休闲活动，那么就再没有必要在文中点明户外游憩是在闲暇时间内进行以享受和娱乐为目的的，纯粹是多此一举。但此定义也有可取之处，较为全面的说明了户外游憩开展的时间、地点、目的和自然资源的关系等。

孙永生和史登登认为：户外游憩是个体在闲暇时间内通过自愿参与而实现休闲娱乐、调节身心和发展兴趣爱好等目的的户外运动。此定义将户外游憩看作是户外运动的一种，强调了户外游憩的身体活动成分，将纯粹的户外观赏和户外摄影等静态的游憩活动排除在外，具有一定的合理性。另外，此定义还指明了户外游憩活动开展的时间、参与者意愿和目的等。该定义虽然没有直接体现出户外游憩开展的活动场所和与自然环境的关系，但户外运动的定义中有提到了“是以自然环境或模拟自然环境为主要活动场地”。可以看出户外游憩开展的场所并不局限于自然环境或模拟自然环境，甚至包括人工环境，这就能够将户外游憩的在室内的准备阶段和回忆阶段等都包含在内，保证了户外游憩活动的完整性和连续性；也突出了户外游憩与自然环境的密切联系。“目的中心论”的观点强调了从事户外游憩活动的目的性，但也相对地忽略了自然环境对户外游憩的重要意义以及与自然环境的关系。通过对户外游憩概念的分析得知，户外游憩是一种主要在室外开放空间中开展的、自愿参加的、人与自然有密切联系的、活动依赖于自然环境、有积极意义的游憩活动。户外游憩开展的活动地域，不仅包括具有“荒野、原始和自然”特征的大片开阔地、山地、湖泊、森林和平原等，也包括乡村和城市的户外开放空间；但完整的户外游憩活动过程还包括准备部分、旅途和回忆等，这些过程并不都是在户外发生的。户外游憩大都强调人与自然的密切关系。

2. 户外消遣概念

对于很多常人来说，户外游憩和户外消遣都是相似的，两者也存在着可互换使用的情况。户外消遣包括徒步、攀岩、攀冰、越野滑雪、原始地露营（主要是区分于露营车露营）、漂流、探洞等等。这些活动也都是人与自然环境密切相关的，特别是那些能够提供不舒服、危险和独特体验的自然环境。

福特认为：户外消遣一般指在远离电话、紧急救援和都市舒适环境中开展的非机械性的户外游憩活动。无独有偶，普瑞斯特也持有和福特相似的观点：户外消遣一般是指在远离人迹的区域开展的非机械性的户外游憩活动。两者均把户外消遣看作是一种户外游憩活动，都是在远离人迹的环境中开展的，并且强调是非机械性的活动。可以很明显看出户外消遣与户外游憩的区别，户外消遣将开展活动的区域限定在远离人迹的环境中，类似于荒野的环境；户外消遣强调的是非机械性的活动。西蒙·普瑞斯特和迈克尔·盖斯认为：户外消遣是单纯依靠人力开展的户外游憩活动。此定义亦是把户外消遣看作是一种户外游憩活动，强调的是依靠人力开展的游憩活动，这就将户外游憩活动中的机械动力游憩活动和畜力游憩活动排除在外了。

迪克，简和鲁弗斯认为：户外消遣是在户外环境中进行的非机械性和非消耗性的游憩活动。从此定义中可以看出，户外消遣其实是一种户外游憩活动，强调是非机械性和非消耗性的游憩活动。其中，非消耗性就将钓鱼和狩猎等对游憩资源具有消耗性的户外游憩活动排除在外。户外消遣是一项身体挑战性的运动和游憩活动，需要合理和小心对待使用自然环境。也可以看出作者进一步认识到了游憩资源和自然环境对户外消遣的重要性，遂在定义中将对游憩资源有消耗的游憩活动排除在外。通过分析，可以看出户外消遣活动开展的区域从早期的“远离人迹的环境”扩大到现在的“户外环境”，而活动性质从早期的“非机械性”加深到现在的“非机械性和非消耗性”，这充分体现了人们对户外消遣认识的加深，对自然环境和游憩资源的重视。

3. 户外冒险游憩概念

（1）冒险的特征

现代人越来越喜欢体验冒险和刺激的感觉，因此冒险也成为现代人生活和学习中的重要一环。可引用斯沃布鲁克等人对冒险的研究来帮助我们理解冒险相关的概念。

①不确定的结果

冒险的最重要的特点就是结果的不确定性，而不确定性也是形成挑战的因素之一。

②危险性和风险

危险和风险是紧密相连的，不确定性本身就能够形成风险的感觉，而风险支撑着不确定性的存在。风险包括了人们将自己暴露在危险当中，若有能力能够容忍甚至享受各种独特的风险，则能够产生刺激的感受。

③挑战

不确定的结果、危险和需要应对的环境，这三者结合在一起就形成了挑战。

④预期的回馈

冒险者们期望他们能在体验中获得利益和内在回馈。冒险在很大程度上是追求精神上的挑战和自我的动机，有时候具有特别的目的，但是没有达到目标并不代表没有得到回馈，因为有些满意的感知来自于一个好的体验过程。

⑤新奇感

不确定性也可由新奇感形成，新奇感是冒险体验中的主要部分，多数的冒险隐含了体验“新”事物的元素。而做些新鲜且不熟悉的事情则也可以产生一种新奇的感觉。

⑥刺激与兴奋

冒险本身就是一种刺激的体验，而一定强度的刺激就会产生兴奋。冒险相关的活动就是一个能够提供参与者相对高度的刺激。

⑦逃离和逃避

新奇的元素也能够提供逃离的感受，在奇特的环境或新奇的活动中，能够使人进入不同世界的机会。

⑧探险和探索

探险和探索是冒险过程的核心元素，在探索新地点、新文化时伴随着知识的增长，这种探索的历程是理智、情绪或精神提升发展的过程。

⑨专心和注意力

在冒险中能够激发出许多心理和精神的状态，包括专心和注意力，面对挑战时必须全神贯注，在进行冒险时必须极度地专心和注意。

⑩情感比照

冒险本身是一种情感的体验，在体验开始之前，人们必须投入一定的情感和精神的能量。

冒险具有很大的不确定性，这些不确定性又能诱发危险和风险，再加上需要应对的环境，在冒险中形成挑战，也才能在挑战使参与者获得脱离现实和刺激的体验，获得身心的满足和解放。

（2）户外冒险游憩

户外冒险通常是在自然环境当中，其中包含了真实的或知觉的危险，其收益通常不确定，可受参与者的行动和环境的影响。户外冒险在日常生活中根据其目的的不同，主要可分为户外冒险游憩和冒险教育等。当户外冒险是教育内容中的重要工具时，通常用户外冒险教育或冒险教育一词称之；当户外冒险是实现游憩目的的重要手段时，通常称为户外冒险游憩。西方历史上，有组织的户外冒险游憩活动第一次出现在斯巴达，山地走成为当时培养和提高斯巴达儿童力量的一部分。这些做法，甚至在 18 世纪阿尔卑斯地区的夏木尼（Chamonix）等地仍是登山向导的传统。常用一些概念来描述户外冒险游憩（Outdoor Adventure Recreation），例如冒险游憩（Adventure Recreation）、风险游憩（Risk Recreation）和户外冒险消遣（Outdoor Adventure Pursuits）等。

①冒险游憩

艾伦·尤尔特认为：冒险游憩通常是指非消耗性的且与自然环境有密切联系的宽泛的户外游憩活动；其受益来自于不确定的风险和危险因素，并受参与者和环境的影响。此定义把冒险游憩看作是一种宽泛的户外游憩活动，强调了游憩活动的非消耗性和与自然环境关系密切，指出游憩受益的来源和影响因素。其中包含的不确定风险和危险因素是冒险游憩区别于户外游憩的关键因素。埃金顿认为：冒险游憩是各种和自然环境有互动关系的自发性活动，此自然环境包括了真实且明显的危险因素，虽然充满了不确定的结果，但还会受到参与者和环境的影响。此定义虽然没有明确指出冒险游憩活动开展的地点，但从字里行间可以看出是在户外自然环境当中开展的。冒险游憩体验来自于和自然环境中危险因素互动产生的,从而使冒险游憩体验具有不确定性。也指出了游憩体验受参与者和环境的影响。

②风险游憩

艾伦·尤尔特认为：风险游憩（Risk Recreation）是一种非消耗性的在自然环境中开展的游憩活动，活动包含了风险的因素，可能是知觉风险（perceive）或实在风险（real），活动收益不确定可受参与者和 / 或环境的影响。可以看出，风险游憩和户外消遣较为相似，都是在自然环境中开展的非消耗性游憩活动；但风险游憩包含了风险因素，风险具有不确定性的特点。风险因素可以说是风险游憩与户外消遣的主要区别。

③户外冒险消遣

艾伦·尤尔特认为：户外冒险消遣（Outdoor Adventure Pursuits）是一种利用各种具有真实危险或潜在危险因素的自然环境而展开的自发性活动，活动收益具有不确定性但受参与者和环境的影响。从此定义中可以看出，此定义与艾伦·尤尔特 1990 年关于冒险游憩的定义极为相似，都强调风险和危险的不确定性对活动受益的影响；但此定义并没有特别说明游憩活动与自然环境的密切关系,只要是在自然环境中展开的即可。通过以上分析，可以发现无论是冒险游憩、风险游憩，还是户外冒险消遣绝大部分都是指在自然环境中开展的具有危险、风险或挑战性的游憩活动。所以这些游憩活动统称之为户外冒险游憩是合理的。与其他冒险活动相比，如冒险教育和冒险治疗等，户外冒险游憩侧重于游憩。

4. 荒野游憩概念

荒野是指保持自然的原始状态且尚未受到人类影响的一大片土地。荒野一词出现在英文中是在 13 世纪的撒克逊人诗作 Layamon's Brut 一文中。早在罗马时期，就把未经开垦的土地（拉丁文中没有直接等同于荒野一词的文字）看作是森林密布、野兽出没、满是沼泽和绝壁等荒芜的区域。在文艺复兴和中世纪的欧洲人对荒野的态度是若不能去驯服它，就要努力避开它。直到 19 世纪才有人开始用积极的眼光来看待荒野，并逐渐认识到荒野到对人类的积极作用，越来越多的人加入到倡导保护荒野的队伍中。到了 20 世纪前半期，在吉乐国家森林（Gila National Forest），设置了部分森林区作为林业部门指定的荒野地区，标志着对荒野的保护开始上升到政府的层面。1964 年美国国会通过了 88-57 号荒野法案（Wilderness Act）。在荒野法案中将荒野定义为：未开发的联邦所有制土地、保留了原始的特性、没有受到人类影响的证据、能够提供孤独式的原始式的游憩活动的绝佳机会，至少要有 5 000 英亩的大小可以确保在环境不受到伤害的情况下使用，同时也包括了生态、地理、教育、风景和历史遗迹保护的重要作用。1962 年美国户外游憩资源审查委员会（ORRRC）将荒野定义为：至少有 10 万英亩的公共土地、没有供公众使用的道路、在合理划定的范围内，没有重大的生态干扰，除了家畜的放牧（美国西部）或每天的伐木（美国东部）以外并没有明显的人类进进出出。

格雷夫和帕克认为：荒野游憩（Wilderness Recreation）是依赖开发程度较低的自然环境，所开展的一种户外游憩活动。哈米特和柯尔认为：荒野游憩（Wild land Recreation）可看作是在荒野地域所开展的且必须依赖其自然资源的游憩活动。从定义中可以看出，荒野游憩是一种在特定自然环境（特指荒野或开发程度较低的环境）下开展的户外游憩，并且对自然环境的依赖程度比较高。这些特定自然环境具有自然、远离世俗、原始、孤独和挑战等特点，这是其他自然环境所没有的，这也是荒野的魅力所在。我们所开展的这些荒野游憩活动全部或部分依赖荒野的特点，这些活动通常都是自愿参加的，并以非机械化的方式进行。荒野教育和荒野游憩的区分也不是很明晰，荒野游憩活动的目标可能包括个人成长和教育，但是其主要目的还是利用闲暇时间以娱乐自我。荒野游憩包括的活动有登山、背包旅行、漂流、皮划艇、越野滑雪和帆船等。所开展的这些活动使我们远离人类活动的中心，但并不意味着完全远离人类的影响，因为这些活动中我们所使用的一些器材装备还不能完全摆脱人类的影响。

5. 森林游憩概念

森林能够为游憩和休闲提供可能性和巨大的活动空间。自古以来，森林是以生产木材为主要用途的。随着森林资源的综合开发利用，森林游憩亦成为重要的一环，森林资源直接为满足民众的休闲游憩需求服务。1960 年召开的第五届世界林业会议（World Forestry Congress），将会议议题定为“发展林业多样化经营”，多样化经营包括木材生产、水资源、畜牧、森林游憩和野生动物保护管理等。世界各国对于森林游憩的开发利用多以此为契机。但在此次大会以前，就有许多国家认识到森林游憩的重要性，例如美国的黄石国家公园就有一百多年的历史，英国、加拿大和日本等国在几十年前也已设立了森林公园。森林的社会功能，特别是游憩，近几年在很多国家已经开始纳入到政治议程当中。其实，森林的游憩功能并不是新发现的。在一些国家季节性的采摘野果和菌类等已经成为当地乡村人们生活的一部分；城市居民也常去森林散步和采摘的传统可追溯到 19 世纪。邓金阳认为：森林游憩（森林旅游或森林游乐）是人们在一个森林环境里自愿从事以享受为主要目的的一种闲暇时间活动。从定义中可以看出森林游憩也可称为森林旅游或森林游乐，并指出了森林游憩开展的地点（森林环境）、目的（享受）、参与者心态（自愿参加）和时间（闲暇时间）等。陈应发认为：森林游憩（Forest Recreation）也称森林旅游、森林游乐，是指在林地上进行的任何目的的野外游憩，它包括野营、野餐、游览、观光、漫步、骑马、狩猎、钓鱼、游泳、划船、滑雪、滑冰、探险、疗养、考察和教育等。姑且不论定义所指的具体内涵，此定义本身前后存在不一致之处。此定义认为在林地中进行的任何目的的野外游憩都是森林游憩，既然是任何目的那就可以包括以教育为目的，那么所举的例子也包括教育，然而游憩和教育可以说是两种风马牛不相及的事物，所以说此定义本身前后存在不一致之处。

邓金阳（1992）和陈应发（1994）的定义中都把森林游憩称为森林旅游或森林游乐，游憩与旅游及游乐虽有较多的相同之处，但毕竟还是有区别的，所以把森林游憩称为森林旅游或森林游乐是不妥的。道格拉斯认为：森林游憩泛指任何在森林地区开展的户外游憩活动。此定义把森林游憩看作是户外游憩活动的一种，以是否在森林地区开展为区分，未能探讨森林游憩的核心特征。陈鑫峰和沈国舫 [2](2002）认为：森林游憩就是人们利用休闲时间自由选择在森林环境中进行的、以恢复体力和获得愉悦感受为主要目的的所有活动的总和。此定义和邓金阳（1992）的定义极为相似，都是在森林里环境中开展的、以愉悦或享受为目的、参与者都是自愿自由选择参加的、在闲暇时间中进行。综合上述，可以发现学界对森林游憩定义研究所达成的共识：森林环境中进行、愉悦享受为目的、在闲暇时间内自愿参加的。还可以看出，森林游憩也是一种在特定环境下开展的户外游憩。

6. 河流游憩概念

河流游憩这一概念在中文文献资料中较为鲜见，在英语文献中时常能见到，但是没有给出非常明确的定义。河流游憩是人们利用休闲时间，自由选择的、在河流环境中进行的、以恢复体力和获得愉悦感受为主要目的的所有活动的总和，它是户外游憩的一种类型，游憩体验依赖于河流环境。在“河流游憩”一词中，“河流”不仅仅是指河流的水域和河岸带这个狭长的区域，还包括河岸周边的防护林、防护带以及相关的附属设施等。由此可以看出，游憩领域内的户外活动相关概念主要有户外游憩、户外冒险游憩、户外消遣、荒野游憩、森林游憩和河流游憩等。其中，户外游憩包含的范畴最大，包含任何在室外开放空间中开展的、自愿参加的、人与自然有密切联系的、活动依赖于自然环境、有积极意义的游憩活动。从不同的角度出发，又可将户外游憩分为户外冒险游憩（侧重于强调含有风险或危险因素的游憩活动）、户外消遣（侧重于强调非机械性和非消耗性）、荒野游憩（特指在荒野区域开展的户外游憩活动）、森林游憩（特指在森林区域开展的户外游憩活动）和河流游憩（特指在河流区域开展的户外游憩活动）等。

第二节　户外运动的内涵与开展区域

一、户外运动内涵

在实际应用当中，出现了户外运动和其他户外活动相互混乱的现象，这在很大程度上归咎于对户外运动邻近属概念认识不清。这个需要对户外活动相关概念中的邻近属概念一一进行分析，以便发现与户外运动最为贴切的邻近属概念。

1. 体育

为了更好地理清“体育”一词的含义，实在有必要对其源起进行探讨。据体育史学家调查，在我国古籍中并没有“体育”这一专业名词，而是近代从日本传入的。“体育”一词在日本大约是在1878年左右（明治九年）出现的，箕作麟祥将Physical Education翻译为“体之教”，后人也有将其翻译为身体的教育、身教等。1878年近藤镇三将其简译为“体育”。在光绪29年末（公元1904年初）颁布的《奏定学堂章程》中指出“朝廷与学之意，外国学堂于智育、体育外，尤重德育，中外固无二理也”，说明了清政府学堂的教育政策主要引自国外，其德育、智育和体育为其三大目标。其中“体育”指的是一种教育理念，而不是具体的一门课程。在其以后的发展中，“体育”一词逐渐代替“体操”成为术科课程的名称。

伴随着时间的推移，“体育”一词逐渐将“学校体育（主要指学校内体育课程的教学）”和“社会体育（主要指校内外的运动竞赛）”都归为其中。但在实际应用当中，也将“学校体育”简称为“体育”。由此产生了“广义的体育”和“狭义的体育”。在国民政府统治时期，先后公布了《国民体育法》，召开了全国体育会议，公布了《国民体育实施方案》等，成立全国性的体育行政管理单位—教育部体育委员会，主要负责“学校体育”和“社会体育”等。至此，“体育”一词正式成为概括性用语，囊括体育运动的各个方面。时至今日，“体育”一词也还是随着时代的发展在无限制性的自我膨胀和延伸，将体育事业的各个方面都包含在内。典型的定义就是全国体育院校通用教材《体育概论》中的体育定义：以身体练习为基本手段，以增强体质，促进人的全面发展，丰富社会文化生活和促进精神文明为目的的一种有意识、有组织的社会活动。

2. 体育教育

西方的体育教育思想可追溯至公元前五世纪的古希腊时期，但当时并没有体育教育（Physical Education）一词，只有竞技（Athletics）、训练（Training）和体操（Gymnastics）等词，但这些词汇都含有培养及指导身体训练等内容。与现代的体育教育在某程度上是契合的。据体育史料记载，体育教育（Physical Education）一词最早是英国的Archibald Malaren（1820—1884）在1863年首次使用的，他将身体的活动和教育连接在一起而首创的。但在18世纪60年代的法国出现了Education Physique一词，和英文Physical Education也是相互对应的。而在我国1923年之前，主要使用“体操”来指代“体育教育”；1923年以后，开始使用“体育”来指代“体育教育”。在我国，体育教育一词最早出现在1922年麦克乐在《体育季刊》中发表的《科学方法和体育教育关系》一文中。体育教育主要是在学校中实施的，是学校教育中重要的一环，隶属于教育的范畴之内。体育教育是一种活动的教育，通过身体活动的实施，以运动或身体活动为实施手段，以达到在教育上的预期目标。因此，体育教育一词的主要应用范围是在学校中，并且以教育目的为依据，凡是超过学校的范围或者没有教育目的的人体活动都不能称为称之为体育教育。

3. 斯泡特

斯泡特（Sport）一词在我国常被翻译为“运动”。在清末民初引进斯泡特（Sport）一词时将它看作是一种身体活动，也可以是一种运动项目，也可以是一场运动会，也是术科课程教学的内容。“运动（Sport）”总是“体育”的附属品，直到现在“体育”和“运动（Sport）”

的纠缠还未见明朗。因此为了避免不必要的纷争，在这里将“Sport”一词的中文含义用“斯泡特”一词指代。

斯泡特（Sport）一词最早出现在公元1440年的英格兰。Sport一字源于拉丁文和法语，在法语中de(s)porter一字的词根源于拉丁语中的deport are，它的意思是娱乐自己。正是由于Sport一词具有娱乐的意思，所以不难理解在中世纪人们将打猎和钓鱼等都看作是Sport，虽然它们并不包含规则的成分在内。随着时间的推移，斯泡特一词的意思从“娱乐自己”逐渐拓展到特指富有竞争性的比赛。斯泡特一词通常指遵循特定规则、有一定身体运动量的且带有竞争性的活动。和其他肢体活动相比，斯泡特主要采用“竞争”的方式进行。竞争是指两个或两个以上的个体或群体争取同一目标的行为，并不包括自己与自己的竞争。不管采用哪一种竞争的形式，但先决条件都是公平竞争的原则下进行的。公平竞争的原则通常都在运动规则之中，而运动规则一般都是公认的、合情合理的，同时也是所有参与者愿意接受的。并且在运动中规则都是标准化的，不会因为某一场比赛而随意更改。针对运动员的数量、比赛场地和装备什么的标准都会在规则中体现出来。又因为斯泡特中含有竞争的成分，所以它对身体素质和技术都有比较高的要求，并且要求必须具有一定的身体运动量。和其他体育活动一样，斯泡特也含有游戏的特性综合上述，斯泡特具有竞争、规则限制、一定身体运动量和游戏特性等特征。这些特征也是判断体育活动是否是斯泡特的必要条件。

4. 休闲

“Leisure”作为休闲的专业名词是从美国开始兴起使用的，最早出现在1940年杰弗瑞·戈比所著的《社区游憩概论（Introduction to Community Recreation）》一书中，共出现了5次。休闲一词在国内何时出现的，还有待考察，但休闲相关的概念却有“余暇”、“闲暇”等，足以说明“休闲”事实早已存在。

休闲的定义亦是众说纷纭，但可将休闲的定义分为以下四类：第一，字义的观点英文中休闲（Leisure）一词源于拉丁文Lacer，而Lacer意指被许可的活动或无拘无束的活动。然而Lacer一词源于希腊语中的Schooled一词，Schooled意指脱离劳动生产后的自由时间。所以从词源上来说，休闲一词具有在自由时间内无拘无束开展活动的意思；第二，时间的观点休闲是除了我们必须做的维持生存所需的时间，能够自由支配的时间（Charles, 1960）。英国社会学家帕克（Parker, 1976）将休闲定义为剩余时间。计算方式如下，一天开始的24小时，扣除工作、睡觉、参与劳动的时间。麦克林（Maclean, 1985）认为休闲是一自由的、可任意裁剪及选择的时间。由此可以看出，休闲就是除了我们在工作、应酬及其他义务外，解脱出来的那段可供自己自由支配的时间；第三，活动的观点杜马哲迪尔（Dumazedier, 1969）指出休闲是一种从工作、家庭和社会的责任中逃离出来的，按照个人意愿来放松、转变、增长知识、积极发挥创造力和社会参与。布莱特比尔（Brightbill, 1960）认为休闲是在自由、不被占用的时间内，一个人随心所欲的娱乐、游戏或从事其他有益身心的活动。从活动的观点来看，将休闲看作是个人自由从事的、非工作性（Non-work）的、令人愉悦的且有益于个人社会的活动。但是当休闲活动成为一种职业时，对与参与者而言就不是休闲了；第四，心理状态的观点休闲是一种心理的状态，是建立在希腊哲学的基础之上。亚里士多德就曾把休闲看作是一种心灵的状态。从心理状态的角度来看休闲，休闲就是心理上的一种态度，是个人心理的反应，是一种方法及生活的方式。杰弗瑞·戈比将休闲定义为某种生活形态，几乎不受文化或社会环境等外在强制力的驱使，人们完全根据自己内心的需要，追求愉悦的体验或者直觉上感到值得的体验。科德斯和易卜拉欣（Corrodes & Ibrahim, 2003）将休闲定义为：按照自己喜欢的节奏去选择自己的活动。从以上四种对休闲定义的不同观点来看，可以发现休闲的含义随着时代的发展，呈现不断扩大的趋势。从单纯的自由时间，演化到在自由时间内，从事某种活动，而有某些感受。可以将休闲看作是个人在能够自由支配的时间，自由从事自己所要做的活动，以获得愉悦的体验。

5. 游憩

游憩（Recreation）一词，系由拉丁文中 Recreation 一词，再经过法语 r ´ ecru ´ action 演变而来的。游憩（Recreation）一词用于专业领域开始于 20 世纪初。 Recreation 由 re-creation 组合而成的，re 有再、重新、更加的意思，而 creation 有创造出、造出、创造之意，因此说 Recreation 一词含有重新创造出的意思。和休闲相比，游憩具有复原精神和身体的内涵。科德斯和易卜拉欣（Corrodes & Ibrahim，2003）将游憩定义为：自愿参加的有意义且愉悦的休闲活动，包括室内和户外活动。虽然学界对游憩的看法各不相同，但对游憩还是有一些普遍的共识：第一，游憩是一种可能在休闲当中出现的个人或大众的活动；第二，它含有内部价值的因素；第三，活动的动机主要在于活动参与的满足感；（4）受社会和文化的影响可形成特殊形式的游憩活动。通过分析可以看出，游憩是个人在休闲时间里，自由选择从事使自己身心得以复原、令人精神愉悦的活动，而且还可以带来自我满足。另外，游憩包含着具体的特定活动。

6. 教育

在我国，“教”与“育”最早出现在甲骨文中，其中“教”字在甲骨文中像有人在旁边执鞭演卜、监督小孩子学习的意思。“育”字在甲骨文中像妇女养育孩子之形。以前，“教”和“育”字很少连在一起使用，通常只用一个“教”字来表述教育及与教育相关的事情。而将“教”和“育”合在一起用最早见于《孟子·尽心章句上》中“得天下英才而教育之”。在西方“教育”之意，可用英文 Education，法文 Education，德文 Erziehung 来表示，这些词都来源于拉丁语中的 Educare 一词。在拉丁语中 E 为出，ducare 为引，所以 Educare 意思为“引出”。在《中国大百科全书》中，将教育定义为：从广义上说，凡是增进人们的知识技能、影响人们的思想品德的活动，都是教育；狭义的教育，主要指学校教育，其含义是教育者根据一定社会（或阶级）的要求，有目的、有计划、有组织地对受教育者的身心施加影响，把他们培养成一定社会（或阶级）所需要的人的活动。

在《教育大词典》中，将教育定义为：广义的教育，泛指影响人们知识、技能、身心健康、思想品德的形成和发展的各种活动；狭义的教育，主要是指学校教育，即根据一定的社会要求和受教育者的发展需要，有目的、有计划、有组织地对受教育者施加影响，以培养一定社会（或阶级）所需要的人的活动。以上这两个关于教育的定义具有很高的权威性和代表性，被广泛使用。可以看出，教育是教育者根据一定的需要或要求，有目的、有计划、有组织地对受教育者施加影响，以便培养出符合需要的人的一种活动。

7. 户外运动属概念的筛选

通过上文对户外活动相关概念的分析得知，户外活动不仅仅局限在体育的范畴之内，还包括休闲游憩和教育等多个学科，呈现出休闲游憩、教育和体育运动等三种形式并存发展的趋势。如果将户外活动的临近属概念认定为游憩、教育或体育运动中的一种，那就显得过于偏窄，不足以全面反映户外活动的全貌。因此，有必要重新探究户外活动的临近属概念。通过不断地思考研究，可以认为与户外活动最为贴切、全面反映户外活动各个方面的邻近属概念应该是“身体活动”。身体活动（Physical Activity）是指任何由人体骨骼肌产生，并能形成身体能量消耗的身体动作 [1]。身体活动包含的内容比较广，能够将体育、教育和游憩等活动包含在内。有学者认为，锻炼（Exercise）和斯泡特（Sport）是身体活动中重要的组成部分。自愿从事的有计划、有组织、重复性且具有目的性的身体的活动都可以称为锻炼；有组织、有规则且具有竞争性的身体的活动可以称为斯泡特。身体活动也强调了身体性活动中的运动量，如果没有运动量则不能称为身体活动，能够将户外活动和其他区分开来。并且针对运动量并没有限制，可以包括“大肌肉群”的活动，也包括微运动量的项目。

二、户外运动的内容

1. 关于户外运动的主要研究课题

由于户外运动在国内属于新兴的现象和事务，因此，户外运动相关方面的研究在中国开始是近几年的事情。目前，国内户外运动相关的研究课题还比较少，已有的课题主要有以下几个方面：第一，户外运动在体育领域的研究与对策（中国登山协会，李舒平）；第二，野外生存对于大学生综合素质培育的意义；第三，户外运动市场发展的研究（北京体育大学经管学院，高春燕）；第四，我国户外运动产业发展研究；第五，户外运动的健身意义及其规范性这些基础课题的研究，对于户外运动的初期发展具有重要的意义。

2. 关于户外运动教学的研究

随着社会的发展，尤其工业化社会进程加快，使人们远离大自然，远离自然环境，越来越多地依赖人造环境，如地板、地毯、空调、电扇、各种灯光等。这些人造环境给人们生活带来了方便和舒适，但与此同时也使人的形态和机能发生了很大的变化，使人变得更加脆弱了，各种隐性损伤和疾病层出不穷。面对这种状况，欧洲的学校体育学者们首先提出了“重返大自然、回归大自然”的口号。如苏联的若干实验学校将学生的部分体育课安排在森林中，在湖泊和山丘地带。内容多为野外活动与生存技能。如爬山、游泳、赤足在林中行走、辨别行进方向、寻找水源、野炊宿营和自救互救等。一个实验周期结束（3 年），教育学的主观指标和客观指标都达到了很高的水平。日本的自然条件不如苏联，但他们采取了另外一些方法，得到了异曲同工的效果，如他们在中小学的体育课开展冷水浴，在气温较低的天气中要求学生赤背上课等，借助大自然的力量来雕琢下一代。这些发达国家在学校体育工作中取得的一些先进经验，对我国学校体育的深化改革有着一定重要的参考价值。

中国学者对于户外运动课程和教学也进行了一些初步的探讨。杨汉等人对我国户外运动教学体系进行了初步的探讨，他们认为，“户外运动课的开设符合党的十六大报告的精神。教学内容适应在校大学生的年龄特点需求，是高校体育课程建设、发展的方向。户外运动教学内容丰富，设置科学、合理，传授的知识、技术、技能面广，学生学习参与兴趣与积极性高，对学生身心影响深，有助于培养学生形成完满的人格。通过户外运动的理论课、实践课、综合训练课的教学能够有力地促进《纲要》的实施完成，可以说是新时期普通高等学校体育教学贯彻新《纲要》最具价值的一门课。”王维琦通过“户外拓展训练”的试验，研究“户外拓展训练”对于高校毕业生整体素质的影响。调查结果显示，“户外拓展训练”对于提高试验组人员的心理素质中“勇敢顽强”“责任心”“参与意识”的培养、身体素质中“心肺功能”“力量素质”“灵活与速度”的培养，社会适应能力中“胆量”“交流能力”“动手能力”的培养具有很好效果。另外，户外运动对于学生择业观念方面也有一定的良好影响，尤其是提高了学生的风险意识、和竞争意识。由此可见，普通高校体育课程中增加“户外拓展训练”内容对大学生走入社会、适应社会环境具有现实意义。

3. 关于户外运动产业的研究

户外运动首先聚集起来的是一群“不平常”的人群，这群人是那些拥有财富，同时也是拥有知识、年富力强的并喜爱户外运动的人。而这正是所谓的社会主流人群。这样的一个有着极大消费力人群，必然引起各行各业商家们的关注。所以，伴随着随着参与人群的壮大与户外运动相关俱乐部的增加，户外运动日趋成为一块快速膨大的奶酪。马德民认为：“尽管与国外相比，国内的户外运动还是外于起步阶段，比国外晚了 20 多年，但是随着有关厂商俱乐部的推广活动地日益深入，国内户外运动产业的大蛋糕正在形成……可以预见的是，中国加入 WTO 后，国外游客将大量涌入中国，而中国拥有丰富的山水资源，户外运动的地理条件极为优越。这些游客的涌进将大大强化户外运动在中国的普及，从而使户外运动在国内演变成为一种生活方式。”栾开封也认为：“在‘户外时尚运动’兴起的同时，与其相关的户外时尚运动专用产品也开始在我国走俏。据在广州和深圳等地的调查显示，各个户外时尚运动俱乐部的专用产品销售额每年成倍增长……究其原因，主要得益于我国‘户外时尚运动’的快速兴起。”虽然，户外运动产业被很多人看好，但是客观地讲，中国的户外运动规模并不大，还只是处于起步阶段。中国目前户外运动的状况与 20 年前的美国相似，仅仅是一个雏形而已，在短期之内，中国的户外运动根本谈不上产业概念。

许多业界认识认为，目前全国一年的销售额也仅仅能达到 5 000 万人民币，与国外相距深远，中国户外运动产业化需要更长的一段时间。王莉等人曾经对北京市户外运动俱乐部进行过调查，研究结果认为户外运动产业存在这几个方面的问题：第一，市场总体规模过小。市场潜力还远远没有被开发出来，同时，俱乐部的散兵游勇状况还难以形成合力，培育市场和保护市场健康发展的机制和规则还不完善；第二，产品品种少、质量不高。户外体育产业产品呈现为趋同化，产品品种少、质量差问题普遍存在，缺乏创新和对产品的深度开发；第三，户外运动俱乐部缺乏专业技术人才，训练有素的社会体育指导员更是奇缺；第四，俱乐部管理不规范。主要表现在器材和装备价格的不规范性以及对意外事故的风险意识比较薄弱两个方面。尽管中国户外运动产业被许多人看好，同时也有很多人看到国内户外运动产业存在的诸多问题，而对其发展保持保守的态度，“但有一点是毫无疑问的，那就是：中国的户外运动蕴藏着无限商机。正是由于对未来的看好，国内外众多商家都开始采取各种措施积极铺垫，谋求各自的盈利之路。”

4. 关于户外运动发展的相关讨论

户外运动是从西方传入的，所以，在观念上与中国人自身的文化出现一些不和谐是很正常的现象。有人认为，“户外运动在中国的发展最大的障碍，是观念。”但是，也有人认为，“和自然亲近是人类共有的纯真需求，有这样的基础，再加上合理的引导，就能够激发人们的需求”。作为一种传入的新兴事物，中国人对于户外运动的“热衷”，不可否认有体现了现代人追求时尚、以及追求冒险和刺激等心理原因。和一群志同道合的“驴友”，背上专业的户外运动装备，一起去登山、攀岩、滑翔、攀冰、穿越、远足，日渐成为一种时尚。诚然，户外运动中的很多项目是探险活动，有很大的挑战性和刺激性。它让人们拥抱自然挑战自我，能够培养个人的毅力、团队之间的合作精神、提高野外生存能力。这些运动一定意义上体现了现代人渴望打破日常感知模式，体验新奇感受的渴望。但是，不可否认的是，许多户外运动爱好者们容易走向一味追求刺激和冒险的倾向，将户外运动定位为“勇敢者”的游戏显然是对户外运动的误读，这种心理定位非常危险。因此，户外运动在中国轰轰烈烈开展的同时，安全隐患一直是户外运动存在的一个大问题。近些年死亡人数总体呈逐年上升的趋势，有人曾经这样形容当前的户外运动，“除了勇气什么都没有”，这是户外运动存在的最大问题。

综上所述，目前户外运动相关研究和探讨比较少，已有的研究大都停留于初步的探讨阶段，深入的理论研究极为欠缺。

三、户外运动的组织和管理

1. 现行体制结构

2005 年 4 月，山地户外运动被正式设立为我国正式开展的体育项目，隶属于登山项目下属分项，其业务工作由国家体育总局登山运动管理中心管理。受现行中国体育体制的影响，目前户外运动管理系统主要包括政府管理系统、社会管理系统两个部分，两个管理系统结合共同组成了户外运动管理整体系统。国家体育总局登山运动管理中心是户外运动的最高直接管理机构，其主要职能是对登山运动进行宏观管理和调节，地方各级登山管理中心受到上级在业务上的指导，同时受该级人民政府在人事、财务等方面的行政领导。中国登山协会是和登山运动管理中心同一套管理班子和机构，它属于中华全国体育总会的团体成员。中国登山协会是国家体育行政部门所属的事业单位，在具体项目的业务管理上兼有部分行政职能，因而也可以说是半官方的体育组织。

中国登山协会成立于 1958 年，主要负责建立全国登山运动及其相关运动的统一规范，并进行业务指导和行业管理。早期登山协会主要进行登山运动（海拔超过 3500 米的登山探险运动）的组织和管理。近年来，登山协会为了适应形势的发展，户外运动成为其重要发展的项目之一。2001 年，登山协会正式成立了户外运动部，专门负责户外运动的竞赛和行业规范。

2. 商业户外运动组织

随着人们对户外运动的需求日益增大，越来越多的人参与到户外运动中来，相应的各种户外组织团体也应运而生。我国第一个户外运动俱乐部就是 1989 年在云南诞生的。10 年之后进入快速发展期，从 1999 年起，到中国登山协会注册的户外运动俱乐部保持了每年翻一番的高速。目前，国内户外俱乐部已经发展到了 600 多家，超过了以前的 300 多家，发展速度之快令人欣慰。

3. 民间户外运动组织

在中国，户外运动的发展和互联网的流行密切相关，网络召集的组织形式成为户外运动民间组织的重要形式。在 1998 年之前，大部分的户外运动都是在官方的体育部门倡导、学校组织、或者几个朋友之间展开。1998 年后，伴随互联网的流行、一些志同道合的驴友开始成立相关的网站，公开召集户外活动，在 2001 年左右，非典（SARS）的爆发使得许多民众意识到身体健康的重要，越来越多的人加入到户外运动的行列来。2002—2004 年，户外运动在中国迅猛发展，全国户外网站接近 500 个，主要集中在广东、北京、上海、四川。当前流行的网上户外运动俱乐部备受年轻人青睐，这类俱乐部一般都会在网上有一个论坛，专门靠发帖子组织活动，而且类似于自助游。网上组织的户外活动，有的完全 A A 制，有的则在 A A 制的基础上加收一定的组织费用。每次活动的费用会在提前发布的活动计划书中详细讲明，一般包括交通费，食宿费，装备使用费、门票、娱乐费用，保险费和专项活动费用等，而远距离的活动费用根据成本来定。

随着户外运动进入高校课程，各种学生户外社团迅速发展和壮大，成为重要的学生户外组织形式，吸引了大批的学生参加户外运动。关于登山、户外运动、野外生存等相关学生社团，北京目前已经有 10 余所学校学生户外社团，其中比较有有名的是清华大学登山队、北京大学山鹰社、北京邮电大学登山滑翔鸿雁社、中国农业大学登山社，北京林业大学山诺社、中国人民大学自游人户外运动协会等。其他全国各地高校，越来越多的学校都开始有学生户外社团。除此之外，一些地区还出现了老年人户外社团，这些社团或组织通常挂靠在国家和地方各级老年人协会下，一般以登山等为主要内容。这种特色人群的民间社团也吸引了不同类型的人加入到户外运动中来。

4. 存在的主要问题

（1）法规体制的不完善

自 2004 年国家正式立项后，户外运动作为正式的体育项目，有了正式的管理组织和机构，管理已经好了很多。但是，目前为止，户外运动管理部门也还是处于摸索管理阶段。

户外运动的管理大都是在宏观上进行管理，很难针对性的管理和约束。国家登山运动管理中心并没有真正的管理实权，管理办法大多停留在各省级实权，管理方法大多停留在各省级登山协会，也很难落到每一个民间俱乐部身上。这些都是户外运动管理中急需解决的问题。目前，相关的户外管理条例、办法、制度开始制定，如俱乐部资质评定体系，品牌的认定等等，但是整个行业法规体制的建设还处于摸索阶段，需要时间来完善，也需要时间来逐渐落实和执行。

（2）户外运动俱乐部的管理问题

户外运动俱乐部主要分为两种：法人资格性的（包括工商企业法人、社团法人）和民间自发性的（无法人）两种户外运动俱乐部。从原理上讲，无法人俱乐部应该是非法的，但是，在特殊时期，这一现象还存在，并且比较活跃。管理部门主要针对具有法人资格的户外运动俱乐部进行相关的管理。为了规范户外运动的活动组织方式保障俱乐部和会员的利益和安全，我国专门制定了中国登山协会资质认证俱乐部《活动组织规范》。《规范》对户外俱乐部的活动计划安全和基本常识、技能的教育和培训，有户外运动指导员资格的人士担任指导等方面都有明确的规定和要求。但事实上许多户外俱乐部的活动组织者本身对户外活动的危险性不了解、对活动地理环境不熟悉、对当地天气变化不掌握、对突发情况缺乏经验户外运动专业知识、缺乏组织活动专业化程度低，甚至有某些活动根本没有组织者，具备认证资格的领队也很少。据登山协会统计，2005 年得到中国登山协会认证的只有 33 家，许多户外运动俱乐部是在非法状态下进行经营的。对于各种名目众多的户外俱乐部，目前还没有形成切实有效的管理办法，行业发展比较混乱。因此，需要尽快出台一套科学规范的户外运动管理办法，以加大对户外运动组织的管理力度。

（3）民间组织的无序化

伴随着户外运动人群的日益壮大，户外运动民间组织也随之日渐庞杂。由于民间组织本身的自发性、自由灵活性，从而得到大量的户外运动爱好者的青睐，民间组织也“网络”了越来越庞大的户外运动人群。然而，由于近些年户外运动正处于高速增长阶段，大众参加户外运动仍部分出于“跟风”的心理，各种民间组织包括一些比较有组织性的学生社团，事实上并不具有完善的户外运动组织功能。

户外运动本身是有一定的风险性和冒险性的，只有具备一定的专业技术，严密的组织，才能降低事故的发生率。目前受到许多户外爱好者最为青睐的网上自发组织的形式，活动缺少行政审批和法律责任程序，如果出了事故，参与者很可能连基本的保险赔偿都没有。然而，对于自发组织的户外运动，政府管理机构也很无奈，因为协会的章程无法渗透到网络中。政府管理部门除了提出一些倡议以外，根本没有办法对这些民间组织进行管理。网络的信息便捷性在最初户外运动的兴起过程中起了重要的作用，而今天，它的不可控性也给户外运动的规范化发展带来了不小的困扰。中国登山协会前秘书长于王良璞曾表示，“民间组织在户外运动装备上的不成熟和相对无序状态，是户外运动管理中心最难解决的问题。”

（4）户外运动的安全隐患问题

随着各个地区民间户外运动俱乐部的不断增加，随之出现的安全隐患问题也是越来越严重。根据国外的经验，随着户外运动的火爆，事故的频发期即将到来。不完全统计，2000 年至 2004 年，在登山和户外运动中死亡共 43 人，其中登山 15 人，户外运动为 28 人：2000 年为 0，2001 年 4 人，2002 年 7 人，2003 年 8 人，2004 年 9 人，总体呈逐年上升趋势。据了解，这些遇难事件大多与组织、技术、体能、经验不符合要求有直接关系。没有责任主体、没有安全保障的所谓“驴友”和“网友”擅自组织、从事具有一定风险的登山、攀岩及户外运动的行为随处可见。这些网上自发组织的户外运动活动，很少有投保计划。而一些户外运动俱乐部，虽然都会给每个人上保险，但是参加者还是要自己照顾自己，这也是出现事故的原因之一。

四、户外运动开展区域及其运动产品的开发

1. 户外运动的开展区域

顾名思义，从“户外运动”这个词的表面就可以看出户外运动应该是在户外环境当中开展。在日常生活中，人们常把户外理解为离开所居住的房屋、建筑的露天即为户外，由于“户外”这个词所指的范围过于宽泛，所以也在一定程度上造成人们对户外运动认识的混乱。其实，在 20 世纪 80 年代末至 21 世纪初这段时期内，国内体育学界和管理部门将户外运动称之野外活动（曹湘君，1985；余方云，1996；封凯 1997）或野外运动（金学斌，1992；中国登山协会，2011），清楚地说明了户外运动是在野外进行的，也就是在远离人烟的自然环境当中进行的。在 21 世纪初，但从英文 Outdoor 这个单词转化来的户外运动已经被长期广泛的使用，而且读起来很顺畅，不像野外运动有些拗口，也就约定俗成地取代了“野外运动”。从历史发展演变过程中可以看出，“户外运动”一词中“户外”实际上是指野外自然环境。再加上，通过对户外活动中游憩、教育和体育运动等三种具体的活动形式分析，发现这些活动大都强调了活动开展的区域是在野外自然环境中进行的。所以不管从历史的角度，还是现今户外活动发展的现状来看，户外活动开展的区域是在野外自然环境中的。

2. 户外运动与自然生态环境关系

与其他非生产性活动相比，户外运动与自然生态环境的关系最为密切。户外运动开展的地域是在野外自然环境当中，所需的资源也就是自然环境中的陆地和海洋以及生长在其中的动植物等。若一离开自然环境或自然资源，那么户外运动就无法继续开展下去了。虽说户外运动必须依赖自然环境或自然资源开展下去，但也并不是一味地从自然环境或自然资源当中无限制地索取。户外运动是在人与人、人与自然的相互作用下开展的活动，需要参与者具有强烈的生态环境意识，抱着尊重自然、感激自然和关心自然的态度，时刻都注意着将对自然环境的负面影响降到最低。在认识到某活动对自然环境负面影响较大时，也会自觉地调整。所以与自然生态环境的关系可以说是紧密相连互动发展的。

3. 区域户外运动旅游产品的开发

随着社会的发展和生活节奏的加快，人类步入休闲社会和体验经济时代。余暇时间的增多，人们期望在休闲时间内，走出水泥“森林”，奔向大自然，投身户外，需求的层次上升到精神需要和自我发展需要。户外运动以自然山水为舞台，应时代所需，户外运动旅游（也称户外旅游、户外自助旅游）可谓一路升温。我国名山大川、江河湖泊众多，人文传统丰富多元，奠定了发展户外运动旅游业优越的基础。如何实现户外运动旅游产品的有效开发，对于增强区域户外运动旅游的整体吸引力和竞争力，促进户外运动旅游业持续、健康、快速发展具有重要意义。以皖南地区为例，探讨区域性户外运动旅游产品开发对策，可以为区域户外运动旅游开发的实践活动提供参考。

（1）皖南地区户外运动旅游产品开发现状

皖南自然和人文旅游资源富集度好、品位高，是天然的户外运动旅游的集聚区。境内有黄山、牯牛降、九华山、齐云山、太平湖、新安江、秋浦河、瀑布群等山水资源；包括以世界文化遗产西递、宏村为代表的徽派文化、民情风俗、历史文化古迹等人文资源。这些资源对“驴友”具有强烈的吸引力，是发展徒步穿越、登山探险、溯溪漂流、拓展训练、水上冲浪等现代户外运动、水上娱乐、游憩旅游的理想场所。

①皖南户外运动旅游产业越来越受到重视

在大皖南“两山一湖”旅游开发战略的推动下，近年来，以户外体育为特色的旅游资源和产品开发越来越受到重视。例如，石台县树立“中国原生态最美山乡”旅游形象，发展户外旅游产业，规划开发了牯牛降、百丈崖、秋浦河、怪潭、蓬莱仙洞等户外体验式旅游线路，并与生态旅游、乡村旅游融合发展，深受户外“驴友”青睐；此外，绩溪县的龙川、旌德县的江村和大会山、黄山太平湖都挖掘出丰富的户外运动旅游产品和产业。

②户外徒步旅游经典线路备受青睐

在户外运动旅游爱好者“不走寻常路”的推动下，以前地处偏僻，游迹罕至原生态山区，在户外背包客自助式徒步穿越、登山露营、探奇揽胜的旅游需求中显现旅游价值，并发展成了经典的户外徒步旅游线路。其中被“驴友”青睐的线路有牯牛降主峰穿越、“徽杭古道”徒步、肖坑大峡谷穿越、黄山西海大峡谷穿行、九华后山徒步、绩溪龙川穿越等，每条线路各具魅力。

③户外运动旅游节事打造品牌产品

近年来，皖南旅游区把户外运动娱乐与得天独厚的自然和人文资源结合，积极寻求合作，推动户外旅游节事资源开发，成功举办了各类户外运动旅游节，如黄山（黟县）国际山地车节、黄山国际登山节、齐云山户外旅游节暨重阳越野登高节、“太平湖杯”全国摩托艇锦标赛、“牯牛降杯”登山节、石台牯牛降帐篷节等。户外旅游节庆的举办，进一步树立了皖南户外旅游的品牌形象，户外旅游产品整体知名度和美誉度得到进一步提升。

（2）皖南户外运动旅游产品开发存在的问题

①户外运动旅游产品开发缺乏整合

皖南户外运动旅游并未从其高品位的资源中获得高效益。多数户外旅游产品和服务尚处于自然开放阶段，当地农户充当户外旅游产品的供给者，大型旅游公司和专业户外运动经营管理团队投入少，户外运动休闲产品开发产业化程度较低。如肖坑大峡谷、历溪大峡谷资源丰富，但产品匮乏，市场疲软。

②户外运动旅游产品开发重复

各地户外旅游资源开发各自为政，推出的旅游产品雷同。尤其是资源相似，距离相近的地区，易受“高集聚效应”所产生的“资源集聚屏蔽竞争”的影响，对于游客而言，“受旅游时间比和最大信息收集量原则的影响，游客总希望游玩更多的高级别旅游点。”例如，游客到牯牛降旅游，往往会倾向于选择户外运动旅游资源丰富、旅游产品吸引力强的石台牯牛降，而舍弃同类型的祁门境内的牯牛降景区。

③户外运动旅游产品开发缺乏规范管理

皖南户外运动旅游与我国户外运动旅游产业发展现状一样，还处于起步阶段，“户外运动旅游法规建设还是空白；户外运动旅游资源开发与设计尚无标准；户外运动旅游组织没有安全保障；户外运动旅游者缺乏相关知识。”这些导致皖南户外运动旅游没有形成区域一体化，户外旅游产品得不到统一开发利用，让皖南户外旅游的美誉度受到很大影响。

（3）皖南地区户外运动旅游产品开发策略

①以户外运动旅游资源为依托

注重以资源为基础，实现资源优势向产品优势转化。以“大户外”“泛户外”旅游的理念，拓展户外运动旅游视野，将户外运动旅游与生态旅游、休闲旅游、文化旅游整合，特别要加强户外旅游中人文资源的挖掘。譬如，泾县开发漂流、徒步自助旅游项目，应把《月亮湾的笑声》电影文化、皖南新四军文化、李白桃花潭踪迹等人文资源密切融合，整体挖掘。

②突出户外运动产品开发特色

如今旅游者的旅游活动不再是仅仅满足低层次游览需要，对旅游目的地的产品特色、档次和衍生服务要求越来越高。比如，同以“徽文化”为旅游吸引力的江西婺源，之所以让海内外“驴友”慕名而来，与婺源“中国最美丽的乡村”的市场形象定位有着直接的联系。这启示皖南户外旅游业，具备良好的资源基础还不够，必须把握产品开发的特色，突出拳头产品，塑造独特形象。

③以市场需求为导向

户外运动旅游有别于一般意义上的观光游览，而是追求人与自然的融合，在回归自然过程中，探求新奇异、休闲健身、返朴归真、释放压力。户外旅游者的需求受到年龄、职业、身体素质、个人阅历等因素的影响，走“产品 - 市场”开发战略，应以户外旅游者的心理需求为依据，选择受户外旅游者欢迎、有良好市场前景的户外运动项目和产品进行组合设计，使得户外运动旅游产品供给最大限度地满足户外旅游者的个性体验和多种需要，增加旅游者的体验附加值。例如，太平湖、新安江既要开发漂流、冲浪、摩托艇、热气球等项目，吸引青年客源层和户外专项旅游爱好者，也要开发划船、垂钓、徒步健身等项目，适合老年人参加。总之，区域户外旅游产品开发，需要经营管理者以市场需求为导向，形成多元化开发战略，做到产品结构多层次，以适应不同类型人群户外运动旅游的需要。

④加强户外运动旅游产品供给的保障

首先，加强户外旅游区内的交通线路的建设。有研究认为“如果其他同等级的旅游地能提供同样的旅游经历，并具有更好的可达性，旅行社和游客就不会舍近求远”。目前，皖南地区户外运动资源多位于偏僻山区内，可进入性有待加强，导致户外旅游有产品无法推出的局面。因而，加强交通建设，提高户外旅游目的地可进入性，是重中之重。其次，建设和完善户外旅游配套设施。虽然“驴友”们喜爱露营和住宿农家小院，但户外旅游区内一般公用事业设施，如通信条件、供水和排污系统、医疗与救援保障系统、购物休闲场所的配套和协调，必不可少。三是户外运动旅游专业人员的培训。户外运动旅游产业的专业性强，对从业者的素质要求高。无论是户外旅游产品开发方案的设计者、实施者，还是提供户外旅游服务的人员都要进行专业培训，确保户外旅游顺利开展。四是旅游相关职能部门完善户外运动旅游业的管理。“加强救援保障体系建设；积极推广登山及户外运动专项保险；加大户外运动旅游的安全规范管理。”为皖南户外运动旅游的健康蓬勃发展创造良好的安全保障环境。

第三章　山地户外运动的起源与发展

早期的户外运动其实是一种生存手段，采药、狩猎、战争等活动无一不是人类为了生存或发展而被迫进行的活动。但到了今天，开展户外活动的目的已经不再是为了生产物质财富，而是促进人身心的发展，认识自我、完善自我和挑战自我，丰富生活，提升生活质量的非生产性社会活动。在实际发展过程中，户外活动呈现出户外运动、户外游憩和户外教育等多种形式齐头发展的态势。

第一节　西方户外运动的起源与发展

一、旅游与户外运动的起源

户外运动的历史，最早可追溯到16世纪的欧洲。16世纪，一种重要的旅游现象——欧洲大旅游受到公众的关注，这一现象一直持续到19世纪。这种豪华旅游，起初主要是一些上层阶级的有钱人“特权”，他们到欧洲各地进行社会旅行，参观各种艺术馆、博物馆等。然而，这里尤其要指出的是，豪华旅游也开掘出了阿尔卑斯山这种高山旅游胜地。在18世纪以前，人们很怕接近高山，对高山保持着恐惧或者敬畏，甚至认为那是魔鬼一样的地方，一直到18世纪，才开始有一些传教士为了传教，不得不穿越山区。科学家也开始走入山区，做一些自然生态的研究。除了这些人外，随着工业革命的进行，出现了一批实业家和企业家，这些人通过工业革命迅速聚敛了大批的财富，成为社会新阶层。这些人中部分人为了追求另一种刺激，开始将旅游目的地伸向荒野的高山地区。由此，经典豪华旅游从早期大都与美术馆、博物馆等艺术活动相关，最终转变成新的欣赏高山风光式的浪漫豪华旅游，从而使“观光旅游”得以产生。这种旅游风格上的变化以及高山地区的发展，为后来发展起来的户外体育项目比如登山和滑雪奠定了基础。

户外运动真正诞生于19世纪下半页。此时，人们开始使用特殊的器材资源进行旅游，滑冰、爬山、徒步旅行是比较突出的例子。1857年，世界上最早的户外运动俱乐部诞生在德国，这个以登山、徒步为主要运动项目的民间组织是现代户外运动俱乐部的雏形。18世纪90年代，高山滑雪运动的出现吸引了一批新的冒险旅游者，爬山和登山也随着人们对山地环境的观念的改变同样受到欢迎。曼彻斯特的高山地区由于拥有欧洲最高的山，而成为了当时最为重要的体育目的地。登山成为新的旅游方式以后，当时，首登（某座山头被人类第一次登顶）就成为所有登山者追求的目标，当那些在阿尔卑斯山区中，比较平缓而容易到达的山头都被首登过后，剩下的就是有着相当难度的大山了。当时的登山者，为了克服这些终年积雪的冰岩地形，进而发展出一整套技术。只是此时无论技术上还是装备上都还相当简陋。第二次世界大战前后，为了符合特种地形作战上的需求，军队开始发展了这些登山运动的技术，攀岩和野营才逐渐有了雏形。因此，户外运动开始由民间探险旅游向专业方向发展，逐渐演变为一种体育项目。

二、现代西方户外运动的发展

现代户外运动的大众化发展，是伴随着西方户外运动工业化和城市化进一步发展而产生的。人们为了逃脱现代工业文明下的都市生活，开始将目光投向森林、山地、湖泊、水库、海滩等广阔的自然资源，逐渐开始利用这些自然资源进行体育活动，户外运动由于其活动的独特休闲性，而受到许多人们的欢迎。在美国，自然环境、休闲、户外娱乐是不可分割的一个整体。可以说，国外户外运动的兴起，与人们对环境的关注、社会富裕、汽车的普及、像美国人的拓荒传统以及渴望生活的丰富多彩等因素有关。由于户外运动受到人民的欢迎，战后各国政府也十分重视户外运动的开展，因此，户外运动热潮在西方各国一直居高不下。但是，户外运动真正形成分类的体育项目还是在20世纪70年代以后了。随着，户外运动的许多项目的历史都很短，但是由于其非常受欢迎，而在短短几十年中迅速成为各个发达国家里很普及的运动了。比如，在欧美国家，野外露营已经成为上至老人下至孩子都十分喜爱的活动；户外探险运动在欧美和包括亚洲的日韩等国家非常普及。

三、欧美户外运动市场发展趋势

户外运动在19世纪下半叶开始盛行，1857年，世界上最早的户外运动俱乐部在德国诞生，“二战”后，随着战事结束和经济发展，户外运动逐渐由军事活动演变成一种具有探险性质或体验探险的专业性户外运动项目。发展至今，户外运动已成为人们娱乐、休闲和提升生活质量的一种新的生活方式，它已不是聚焦专业领域的小众群体活动，现已兼具运动及旅游休闲双重特征，涉及领域及参与人群愈发广泛，主要包括：登山、攀岩、悬崖速降、山地自行车、露营、野外生存、滑雪、漂流等多种形式运动、休闲项目。按照现有特性简单划分，户外运动可细分为专业户外运动及大众轻户外休闲运动。而随着户外运动及参与者细分需求广泛的增加，科技的不断进步推动户外行业得到了显著发展，专业领域产品的技术性能及休闲户外领域产品的耐用休闲性区隔度较为明显，且每个细分领域均派生出一些国际知名户外用品品牌。

户外运动最早兴起于欧美国家，时至今日已具备广泛的群众基础，并逐渐发展成为一种影响至深的生活方式和社会运动。目前，全民户外的态势在欧美已从萌芽期过渡到茁壮成长阶段，形成一个日臻成熟的产业。而决定欧美户外运动产业可持续发展的中坚力量，便是他们对青少年群体的培养。根据数据调查显示，在欧洲户外运动的最大消费国——德国，有58%的德国人是活跃的户外活动爱好者，年龄在25岁以下的人士是户外用品最大的消费群体；在美国，根据OIA调查显示，近些年来参与户外运动的人数始终保持在

1.38 亿人左右，占总人口比重超过 48%，这其中年龄在 6 岁以上的各年龄层参与者中，从 2006 年至 2010 年五年的时间里，均有 50% 以上的户外运动爱好者参与其中，而 6-24 岁青少年人群参与比例最高，保持在 60% 左右，这部分人群不仅成为当下的户外运动参与主力，同时成为后期发展的中坚力量及主力消费人群，25—44 岁及 45 岁以上人群参与率分别达到 54% 和 38%。由此可见，欧美户外运动市场已具有稳定的参与人群，发展已经比较成熟。而一大批稳定且优质的参与群体的形成，正是户外运动趋向多样化及大众化发展的产物。发展之初，专业性探索的户外运动爱好者对场地及设备的专业要求较高，且对其所使用的户外用品已形成自己的品牌偏好，细分程度极高。但随着越来越多的大众人士参与其中，户外运动已不仅仅局限于专业探险活动，像单车、轮滑、跑步等运动灵活、可独行亦可结伴的大众户外运动也逐渐成为一种时尚风潮。因此，目前欧美是专业户外运动及大众户外并存的市场，这激发了专业户外用品市场及大众户外用品市场的发展潜力，使户外用品消费呈现同样双重特性。以美国为例，专业户外运动领域项目繁多，且从 2007—2010 年三年间美国专业性的户外运动，如三项全能赛、皮划艇、赛车及越野赛等专业性较高的活动参与者保持较快增长，但从大众休闲性户外运动的参与人员规模来看，明显高于专业户外运动参与人群，因此，大众休闲户外运动是户外运动经济发展的根本基础，户外运动用品市场兼具了向增长较快的专业性消费者及规模庞大的大众消费者提供产品及服务的属性。

在户外产业发展过程中，科技研发作为一个内生变量，对产业的发展具有强大的推动作用。有别于体育用品行业，户外用品的专业性及功能性更加突出，即便是参与非专业性的大众休闲户外运动，消费者对于所购商品所具有的功能性的要求也要明显高于一般体育用品。因此，户外用品行业除受经济、居民生活水平提升以及消费观念改变推动外，科技成为推动行业发展的主要原动力。

发展较为成熟的欧美户外运动市场，不仅催生了巨大的消费市场，而且不少企业进一步准确把握了户外旅游、休闲用品市场的发展脉搏，拓宽户外旅游、休闲用品加工生产、材料供应和户外旅游、休闲用品市场贸易等信息合作渠道，为整条产业链的各环节创造了新的发展机遇。

美国户外用品市场的年零售额达到 460 亿美元（整个产业的零售额，包括户外用品衍生的各类用品配件和服务的零售额）。而在这 460 亿美元的背后，还对美国国民经济具有 7 300 亿美元更为庞大的经济拉动，占美国当年全年 GDP 总值的 5.54%，此外，户外运动还为美国提供了 650 万个工作机会，以及偏远地区持续发展的动力，1997 年至 2007 年间美国户外用品市场零售额增长了 37%。

另据《山野》杂志数据显示，经过二十多的发展，欧洲户外产业保持了长期的快速增长，规模已经达到可观的水平。2007 年欧洲户外用品市场规模为 56.76 亿欧元，与 1980 年的 3.41 亿欧元的规模相比，行业规模在二十年内增长了 17 倍，这期间，1980—1990 年行业平均增长率达到 15%，1991—2000 及 2001—2007 年平均增长率分别为 10% 和 7%，各时期增速均高于欧洲同期经济总增长。由此可见，户外用品行业充分表现出朝阳产业快速增长的强劲势头。自 2001 年以来，尽管美国户外运动参与者人数整体规模较为平稳，且 2008 年遭遇金融危机，但随着人们消费水平的提升，特别是“9·11”事件发生后，家庭休闲式生活观念在美国人心中就要比以往更加重要，大众产品及组合式运动就成为一种新的主流，核心与非核心客户间的界限就变得愈发模糊，这就拉动户外休闲运动经济，据统计，美国人对户外休闲运动直接及连带消费支出要高于对证券投资的规模，达到289亿美元，2011年美国户外用品零售额实现117亿美元，同比增长6.1%，较快于美国零售业的整体增速，其中，专业户外用品零售额占比约为27%左右，同样保持相对稳定的增长。产品结构：从户外用品的品类销量来看，服装和鞋类成为户外市场发展强有力的推动力量，加上背包、睡袋、帐篷以及一些必要装备等，占据了户外用品市场至少75%的份额。而除了一些功能性很强的针对极限户外运动项目的装备以外，大众化的户外产品，如户外服装等市场发展迅速。

据统计显示，美国市场服装、户外运动装备及配件、鞋类产品占据市场94%的份额，成为市场最具开发潜力的三大主流产品。其中，尤其是户外服装近年来销售占比呈现逐步提升的态势，而增长较快的则是赤足跑鞋及超轻鞋。

渠道业态模式：在美国户外用品市场日益繁荣的大背景下，市场已形成了较为完善的经销网络及体系。在零售渠道方面，欧美市场有专卖店、连锁店、商超店、折扣店、网络直销渠道等。在2000年左右消费者购买户外用品的核心渠道集中在专卖店及连锁店，发展至今，商场店、折扣店及网销已经对户外用品市场渠道的发展做到了有效的补充。2011年美国商场、网销和专卖店收入同比上涨12.5%，连锁店同比上涨7.2%，核心渠道专卖店、连锁店及网络销售占比约达到50%左右的份额。

通过对商场、专卖店、连锁店及网销四种渠道模式的比对，在美国市场销售增长最为稳定的是专卖店及连锁店，而增长势头最快的是网销。其中，这主要是因专业户外运动者对于产品的选择，更多的是受产品专业性能、产品组合丰富及专卖店所提供的专业性服务所吸引，他们更为看重产品的价值，如品牌、质量及服务，对自身需求划分较为细化，对于价格的敏感度不高，具有固定的品牌偏好。同时，专业群体也更看重口碑式传播推广。因此，这是保证专卖店销售持续稳定增长的主要原因。另外，近些年发展势头最旺的属网销模式，基于价格及产品组合丰富等特性于一身的网络销售增长迅速，特别是在大众户外运动快速发展的这些年，为看重便捷和性价比的购买者提供了良好的购买渠道。根据美国Forrester研究中心报告估测显示，2005—2010年户外用品网销年均复合增长率估测值为14%，其中，户外服装及装备两大主销产品的年均复合增长率估测值均达到16%的水平。

第二节　中国山地户外运动的起源和发展

一、中国户外运动的兴起

1. 探索和学习阶段：20世纪50年代至90年代初

户外运动在中国的发展最早是由登山探险运动开始的，伴随着登山探险运动的引入。

1956 年组成第一支国家级登山队——中华全国总工会登山队，而两年后，国家体委正式成立登山处，与国家登山队一并归入同年成立的中国登山协会。登山协会作为最早的国家登山运动组织，曾组织过数次在国内外有重大影响的高山探险活动。其中 1960 年首次从北坡登上珠穆朗玛峰，1975 年 9 名运动员再次集体登上珠峰，1988 年中、日、尼三国联合登山队实现在珠峰顶峰会师和南上北下、北上南下大跨越等。与此同时，其他一些欧美流行的户外运动，如攀岩等项目也开始传入我国，但是由于这些项目大都有其特殊的场地和装备要求，是一项需要花费时间和金钱的运动，所以我国在起步上要落后很多，所以，登山协会开始着力扶植这些项目。1987 年，中国登山协会派人员到日本学习攀岩运动的相关攀爬技术和运动规则。同年 10 月，在北京附近的怀柔大水裕水库自然岩壁举办了第一届全国攀岩比赛。1990 年怀柔国家登山队训练基地建立了国内第一座大型人工攀岩场并举办了比赛。

在这一时期，国内的户外运动几乎局限于一些登山探险爱好者以及一些青年前卫推动者，户外运动的推广也更多地采用各种比赛以及探险活动的形式，开展的内容也非常有局限性。户外运动在这一时期基本上处于探索和学习阶段。

2. 兴起阶段：20 世纪 90 年代至 2003 年左右

“我国大规模的民间户外运动始于 1995、1996 年左右，最初是一些比较前卫的大学效仿国外的大学相继组建了登山队，像北大山鹰社就是 1989 年成立的。随着这些学生的毕业和运动的扩延，户外运动逐渐传到了社会，成为一项时尚的都市运动。”中国登山协会前秘书长于良璞曾经这样描述中国户外运动的开始兴起。可以说，户外运动在我国开始大规模影响也只有近 10 年的光景。中国真正意义上的户外探险最近几年才兴起，从 1998 年年初开始，户外运动首先在中国的北京、广州、昆明，上海等地悄然兴起，电视、杂志、报纸和互联网等媒体给予了强力报道，使得户外运动迅速成为一种社会时尚，这种时尚会很快发展到国内其他大城市。1990 年“昆明市登山探险协会”成立，这也是中国最早进行有偿服务的户外探险组织。北京的三夫户外运动俱乐部是 1997 年成立的，可以说是目前北京最大的户外运动俱乐部之一，现有 3 000 多人。据有关统计资料显示，我国以登山、攀岩、野营、远足等为主体的社会性大众俱乐部至 2001 年底已经发展到 150 多家，主要集中在北京、广州、深圳、成都、上海等经济发达地区和大中城市。而到 2005 年前后，仅北京市地区各种规模的户外运动俱乐部就达到 100 余家。另外，网络上各种形形色色的户外运动门户网站和论坛，数量之多，增加速度之快，也为户外运动的开展提供了良好、快捷的传播平台，对于传播户外运动相关知识和信息、甚至户外运动参与的组织和管理起到了有效的媒介作用。

3. 开始步入规范化发展阶段：2004 年到现在

2005 年 4 月，山地户外运动被正式设立为我国正式开展的体育项目，隶属于登山项目下属分项，其业务工作由国家体育总局登山运动管理中心管理。这也标志着我国户外运动正式进入规范发展的新道路。2004 年，教育部设立了“大学生野外生存生活训练”课题，并计划于 2004 年 7 月至 2006 年 7 月，在全国部分高校进行实验；2007 年 7 月开始，野外生存生活训练课程将作为体育课的选修科目在全国各高校推广。教育部目前已在19个试点学校，进行过野外生存素质培训课程，目前，野外生存素质培训开始成为许多学校的选、必修专业。武汉地质大学体育学院已经成立了户外运动专业，这是国内第一所开设户外运动专业的学校。这一计划对于户外运动在学校的推广有着非常重要的意义。随着21世纪的到来，人们对于户外运动的需求还会持续增加，发展前景很好。与中国其他很多体育项目不同，户外运动是先有市场后有行业，所以，有强大的群众参与群体和市场基础。中国应该走行政管理与市场结合的道路，以推动中国户外运动的进一步发展。目前在我国进行户外运动推广的主要还是户外运动的组织者、网站、俱乐部以及一些户外装备公司，主要参与人群还是集中在都市白领、高校学生群体，今后，随着我国经济的进一步发展，城市生活质量的进一步提高，户外运动将逐渐向大众化的趋势发展。总体而言，户外运动在中国的发展还处在初级阶段。

二、户外运动在中国迅速兴起的原因分析

户外运动在中国能够得到迅速的发展，主要受以下几个条件的影响：

1. 庞大的潜在消费人群。根据第五次人口普查统计，在13亿人口中有3.8亿城镇人口，其中生活在大城市（市区非农业人口50万以上的城市）的市区非农业人口为1.15亿，其中年龄在15—40岁之间，约占总数的40%。①中国人口数量庞大，巨大的人口基数预示着庞大的户外运动的市场，尽管喜欢户外运动的人群比例很小，但总体数量仍然是值得让商家欣喜不已的，因此也带动了户外运动产业的兴旺。

2. 丰富的自然旅游资源基础。中国国土面积大，资源丰富，地大物博，从平原到山地，从森林到沙漠，从雪山到湖泊。各式各样的户外运动资源可以利用和开发，这是中国户外运动发展奠定是绝佳的先天基础。

3. 近些年国民经济的持续发展、交通的越来越便利、2008年奥运会带来的体育的良好氛围等等这些都为户外运动的在中国的发展提供了便利的条件。

4. 户外运动迎合现代人的需要。户外运动之所以发展势头迅猛，越来越为广大群众所喜爱，其原因主要还在于迎合了现代人的需要：一是可以远离城市的喧嚣和空气污染，在进行体育锻炼的同时，充分享受自然山水和新鲜空气给人们带来的身心愉悦与放松；二是运动量适中，各种体力和各年龄段的人都能适应，在某种程度上说，可以最大限度地满足人们的参与感，而积极参与是国民自主意识逐步增强的体现；三是可以满足不同消费层次人们的需求。通常消费性“户外运动”由于主要参与者是社会的白领阶层，消费比较高，但也有比较经济的，一般家庭都能负担得起的，如群众性登山。据调查，在北京，登香山的人群中有不少下岗职工，只要买一张郊区公共汽车月票、一张香山公园年票或月票就可以了；四是选择面广，可以根据每个人的爱好、体力、经济状况、年龄等进行多方位的选择；五是户外运动往往以集体活动为主，有利于增加现代人与人之间的交往，而这正是现代生活中越来越需要的。

5. 现代信息社会的繁荣，也给户外运动这种潮流的兴起起着良好的推动作用，使得户外运动很快便能够从某一个特定群体推向社会大众。这其中尤为突出的是都市白领阶层和

大学生群体，这些群体对当今社会对时尚潮流的敏感度非常高，能够以其高度的知性触感，迅速地接受站在时代峰巅的文化内容，了解时尚的真正内涵。从这个意义上来讲，社会时尚和文化潮流的引导作用，对于户外运动在中国的迅速兴起和发展有着重要的意义。

三、户外运动在我国兴起的意义

户外运动在我国的兴起，并不是一个孤立的社会现象。可以说，它是我国经济发展和社会进步的必然结果，对于推动我国经济发展和社会进步都具有积极的作用。朱镕基总理在近几年的《政府工作报告》中，都讲到要把体育健身休闲作为扩大和培育内需、推动我国经济增长的重要内容。2002 年的《政府工作报告》又特别强调："在当前严峻的国际经济形势下，实现经济较快增长的根本之策，是扩大国内需求，进一步形成消费和投资的双重拉动。""鼓励居民扩大住房、旅游、汽车、电信、文化、体育和其他服务性消费，培育新的消费热点。"为此，加快户外运动在我国的普及速度，对于适应我国社会发展趋势、不断满足社会日益增长的健身休闲需求、刺激消费、扩大内需具有重要的意义；对于增进国民的身心健康，活跃群众文化体育生活，建立科学、健康、文明的社会生活方式具有重要的意义；对于不断在我国推广新兴体育项目，推进我国体育事业的发展，与世界体育运动接轨也具有积极的意义。

四、欧美国家露营旅游发展及其对中国的启示

户外运动起源于欧洲，风靡欧美近两个世纪。户外运动派生出众多探险、休闲等活动，在 20 世纪 80 年代传入我国。近年来，随着经济的发展，人们生活水平的提高，户外运动在我国蓬勃发展，一些自然资源较为丰富的地区发展尤为显著。但总体而言，户外运动在我国发展尚处于初级阶段，发展起步晚，认识不充分，行业管理不规范等问题突出。相对于国外户外运动的发展，尤其是欧美发达国家成熟的发展管理体系相比，我国户外运动的发展还有很长的路要走。露营被认为是亲近自然的最好方式，自其于 19 世纪 60 年代在美国诞生以来，一直长久不息，被公认为世界上从未衰败过的四大旅游项目（休闲、露营、野餐、漂流）之一，同时，也是森林公园、自然保护区等旅游景区的重要活动项目之一。

近年来中国自驾车休闲旅游、家庭自助旅游、背包徒步旅游等旅游方式的兴起，使露营作为一种新型户外旅游方式也逐渐进入国人的视野。2008 年 7 月大连"国际露营节"在大连金石滩国际汽车露营地举行，8 月"中国首届露营旅游论坛"在广西南宁举行，这些活动标志着露营旅游在中国初现端倪。又有专家指出，纵观中国旅游业 30 年的发展，"户外运动与健康"将成为中国 21 世纪旅游发展的热点，专业化户外游憩基地（漂流基地、露营基地、环境教育基地等）建设成为必然趋势。但是目前中国的露营旅游还只是处于萌芽起步阶段，关于露营旅游的理论研究、露营地规划建设和管理水平与国际上发展成熟的国家相比尚存在很大的差距。

1. 欧美露营旅游发展特点及趋势

自 19 世纪 60 年代露营旅游在美国起源到现在已经经历了一个多世纪的发展，露营旅

游无论是从数量还是形式甚至是在人们生活中的角色都发生了改变。露营地的数量不断增加，目前全欧洲有近五万个汽车露营地，美国的汽车露营地超过两万个，其中欧洲有房车营地 2.5 万个，美国有 1.6 万个房车营地。形式上也经历了从最初的帐篷露营过渡到房车露营（RV）的转变，更重要的是其从最早的作为校园教育性活动转变为了现代都市居民的一种主要的休闲活动。国外对于露营旅游的重视程度不断增加，学者们的研究不再停留在简单的露营操作指南这一述层面上，更多的是从学术角度对其进行研究。除了如美国 *Camping Magazine*、*Travel America*、欧洲有 *Camping in Europe* 专门研究露营的杂志之外，通过"艾斯维尔"数据库搜索获得 441 篇相关外文文献，书籍 178 本。另外欧美露营地的建设从 1976 年就形成了具有法律效力的《标准》，同时欧美国家在露营方面发明的专利已有 6 个，说明欧美露营旅游发展已经相当成熟。欧美露营旅游学术方面的研究层面越来越细微，主要方向侧重于露营地的经营和管理，更加注重露营者的需求研究。安全管理尤其是露营过程中火灾发生的原因及预防成为了焦点，其次营地救护员和急诊室的配置也被特别的提了出来；在医学方面，露营被认为是一种治疗慢性疾病及保健的方法而被重视；露营者满意度的研究和露营地对当地的影响研究也成为了焦点。

（1）欧美露营旅游规划建设特色

①露营地的规划选址注重自然、社会及游客需求因素

欧美国家露营地的选址通常考虑露营地距客源地的距离以及市场需求的最低门槛数、交通、周围吸引物、自然环境、气候、土地利用等因素。因而其露营地大多选择在人口众多的州，例如美国的露营地在佛罗里达州、亚利桑那州、德克萨斯州、加利福尼亚州以及俄亥俄州盛行；要有开阔的大自然、有绿树、河流、海边或湖畔、河畔等，建在可以洗海水浴，钓鱼，游泳，日照充沛、有名胜古迹等观光资源的地区以及平坦，通风良好及排水良好的土地或者起伏平坦的地区；同时要布局在主要交通沿线附近。露营地选址主要集中在自然环境条件优美的山地、地理条件优越的滩涂，以及辽阔宽广且极具海洋娱乐条件的海岸线等三种区域。

②露营地功能区划分明确、设施建设完善

露营地通常被分为不同的功能区，在功能区内布局相应的设施及项目活动，营地内的建筑物的尺寸大小、使用材料、制造工艺方面都有严格的要求。露营地不单纯是提供设施和场所，还要为露营者提供生活和娱乐空间。为露营者创造"与自然相融合、家庭团聚、人与人之间的交流空间"，因而欧美露营地在进行营地功能区划分时除了考虑生活区、露营区的划分，更多的关注娱乐区、商务区、运动休闲区的划分。当然在构建相应的基础设施及服务设施时也会特别考虑在娱乐和运动区域内建设有酒吧、餐馆、健身房、球类运动场、游泳池、高尔夫、儿童游乐园等多种运动场地，另外并且通常还会有专门为儿童和残疾人设计的服务设施。

③露营地建设注重环境保护

同时在参与露营拥抱大自然的同时也对自然生态环境带来了影响，露营地基础设施用地的开发建设对生态环境也产生了不利影响，包括可能引起的自然景观的破坏、生态平衡破坏等。例如土壤的露营对牧场土壤微生物和氮含有有一定的影响，另外露营者也是海岸

侵蚀的因素之一，加上露营过程中使用的天然气、水泵都会给当地带来疾病。因而营地主人、建设者、露营者、房车制造商、帐篷制造商等各方协调合作保护环境，将露营所造成的环境破坏降到最低。在建设过程中保留自然的植被，就地取材，减少对乡村地区的干扰，使用可再生能源、可回收利用高效绝缘的材料，采取分时段经营以减少对草皮的破坏。营地应利用太阳能烧热水并且减少因烧烤等造成的碳氢化合物排放，尽量使用低牵引系数的房车并选择轻量型家具减少耗油量。

（2）欧美露营经营管理特色

①露营地管理标准化、规范化

欧美国家露营地起步早、发展快，对于露营地管理欧美国家采取分级管理办法，各个国家有自己的露营地分级标准。例如美国的宿营地分为五级，其等级从一级到五级的划分很大程度上与旅游者的需求层次从最低的生存需求到最高的自我实现层面相耦合；英国按照露营地质量从优异、优质、良好、好合尚可将露营地划分为 5 个星级。法国以容量为 100 台露营车为单位分为一星级、二星级、三星级、四星级。而美国、法国、英国的分级标准均没有明确的指出如何衡量服务质量的确定指标。相比以上定性的分级评价标准，丹麦的分级评定标准相对较为客观更易在实际应用中进行。丹麦露营地被分成五个星级，并且实行动态淘汰制评定。丹麦露营局从建筑物、场地、设施三方面评价营地的质量水平，对每个营地的建筑物外观保护、设施保养、场地清洁、甚至各种设施所使用的材料等方面进行打分评定级别。同一级别的露营地进行建筑物、场地、设施三方面的相互横向比较，同时同一个星级排名最后的营地会被降级，排名最前的也会被升级。

②露营地经营方式多样化

在掌握市场需求特征和规律从的前提下露营地的经营采取多种经营方式。美国各地散布着近 2 万多个露营地。其中有政府经营的公共营地，有政府与私人合资、合作经营的合营营地，还有纯粹以营利为目的的私人营地。早在 1989 年时，美国就有 10 876 个私人营地，而公共营地有 9 442 个。大多数公共营地时建在公园里为保护环境质量、减少拥挤、创造亲近自然的露营体验而建设的，公共营地在经营过程中尽量的减少与私营营地的竞争，不过近 2/3 的房车露营都选择在公共营地进行。另外露营地的经营与其他旅游地一样具有季节性的特点。对卡罗莱纳州的调查研究表明参加露营的大部分是退休的高收入人群。每年的 4 月份—10 月份露营人数会增加，在高峰时有 27.8% 的人会停留 3—7 天，其他人则会选择停留整个周末或只留宿“一晚”。这些露营地在获得市场上采用了差异化服务、品牌忠诚、创建轻松愉悦氛围的战略措施。

③露营地的产品供给多样化

露营地不单单是一个户外住宿的场所，更是为露营者提供了满足亲近自然、放松自我、自我实现需求的一个旅游目的地。露营地的项目与产品也绝不是仅有住宿设施，在欧美国家露营的除了为露营者提供住宿设施及必需的上下水、电之外，还为大家设计开发了丰富多彩的活动项目和产品。以营地为平台借助周边的自然资源开发不同的娱乐产品，例如在森林型营地开发森林越野、狩猎等产品，在山地型露营地开发登山、山地自行车、山地马拉松、攀岩、山谷定向穿越等，在海滨型开发游泳、帆船、沙滩越野车、沙滩排球、游艇等娱乐活动；在开展各类活动的同时也推出一些服务项目例如船舶出租、牧师服务项目、临时保姆等。欧美露营地产品的开发往往采取露营地和旅游项目组合开发模式。

④露营地安全管理及时性

欧美露营地的安全管理方面主要是对火灾和营地急救的管理。每年由于露营引起的火灾事故数不胜数，据统计在"Marseille 烧伤中心"1990—2004 年 3 月份有 21 位患者是在为房车露营过程中烧伤。另外据英国西南布里斯托尔的儿童烧伤中心 2003—2005 年 7、8 月的数字统计表明，有相当一部分度假者都是在露营和房车旅游过程中烧伤的，造成这一安全事故的原因是露营地的水供给并不及时，另外营地没有足够优秀的医护人员和设备，进而导致最佳救治时间总是被耽误。为了避免露营地更多的安全问题出现。露营地配置了提供规范药物训练、紧急药品服务、医师支援、营地救护师、露营地医药设备使用的营地救护室（camp health officer）。

（3）欧美露营旅游发展趋势

①露营旅游带动其他产业发展

欧美露营旅游发展到今天，技术、经济、社会变迁重新塑造可这一活动。露营地的开发建设带动了地产业、旅游业、汽车产业、户外用品业的发展，形成了一系列的产业融合，在一定程度上成为了区域经济发展的助推力。露营已经被认为是旅游的一种，再也不像以前那样只需要支付简单的住宿费，如今露营者需要花钱购买露营的设备，从微不足道的帐篷到自动充气的床垫，户外用品店里的设备琳琅满目，有为那些顾忌设备重量的徒步旅游者设计的高科技轻便的设备，也有为那些喜欢"久坐"的露营者多提供的产品，例如便携式电视、设备等。房车露营的不断发展促使了汽车制造业的发展，同时在房车露营市场份额不断的增大情况下不得不建设更多的露营地。随着露营形式转换为房车露营，进而影响到了各类户外装备的发展，促使新产品和品牌出现。

②露营旅游大众化、娱乐化导向明显

如今娱乐导向对欧美诸多私人营地提出挑战，露营地不仅要保证满足露营者的基本生活需求更要注重满足他们内心愉悦和放松精神的需求。欧美露营者参与露营并非只是为了寻求的偏远的地方独处，更多的人是为了享受与露营伙伴甚至是露营群体交往的过程，也不再仅是为了满足美国人流浪癖（wanderlust）和中产阶级自满情绪的活动。更多的人追求露营中的社会交往，他们选择房车露营代替帐篷露营，在美国至少有 2 500 万人都在使用房车。美国"露营城镇"（campground town）的出现也说明露营地在国外的发展更是突飞猛进，其产品更逐渐趋向于观光与休闲、个性与新颖、探险与刺激等项目功能，服务活动趋向多样化。露营地将被建设成为了可以与"宾馆目的地"（hotel resort）媲美的拥有多种娱乐活动的"露营目的地"（camping resort）。

2. 对中国露营旅游发展的启示

我国的露营地发展较晚，自 2003 年 9 月与露营有关的汽车露营分会成立以来，发展较为缓慢，目前仍处于初级发展阶段。国内露营地在数量、质量以及管理方面等都只是刚刚有所起色。对于露营的学术研究也逐渐升温，虽没有形成完整的体系，但也有诸多突破。

吴楚材在1997年时便对露营地的起源、概念、分类及分级标准做了介绍，在此基础上对露营地的开发建设和建设内容也作了相应的研究；此外在借鉴国外露营地发展的同时对国内露营地的开发和发展情况进行了分析和思考；还有对露营地规划布局设计原理的探索；最近的研究主要是从露营地产品开发和安全问题出发，公园日间和夜间的露营也成为了学者研究的对象。而国内露营地的规划和建设均处于初步发展阶段，露营地这样的专业露营基地数量少，分布不均而且专业化水平低。

（1）露营地开发依托景区、规划建设注重环境保护

①露营地开发依托现有成熟景区

国内专业露营基地的有两种开发模式：

一是依托成熟风景名胜区建立专业的露营基地，在原有成熟的景区的服务设施基础上建立户外游憩活动配套的单体设施设备，并且开发出不同以往形式单一的旅游项目和产品，例如在风景名胜区、国家公园以及其他以自然风光为主的景区内。这样不仅为原有景区注入新鲜血液促使其新生，重新获得市场而增加经济效益，而且可以在建设专业露营基地时最大限度地减少服务设施的成本，同时可以合理地利用其成熟的品牌效应有助于新的游憩基地更好地建立游客忠诚度。

二是依托素质拓展基地建立专业露营基地，在原有的以教育和素质拓展为目的的素质拓展的基地基础上建立专业露营基地，首先参加素质拓展的市场份额，这一群体本身所追求的就是自我挑战和自我满足，这在很大程度上为专业露营基地培养了成熟的目标市场，其次有利于专业露营基地很迅速的提高知名度。

②露营地建设重视环境保护及环境培育

露营活动的魅力之一就是回归大自然，自然环境是露营地吸引露营者的一大主要因素，露营地环境的可持续发展尤为重要。露营地环境的持续发展应主要从露营地本身和露营者两方面来分析。露营地在不同的发展时期应注意的问题和所运用的策略不尽相同，对露营者来说各个阶段所应采取的环保措施也各有差异。

在规划选址时应秉承在环境保护的基础上节制开发这一基本方针；在营地建设时，无论如何规划且不可破坏自然环境，要把对自然环境的破坏降低到最低点，要和自然环境相融合，不能过度追求使用上的便利而大量建设人工设施，要与自然环境相配套；在选材过程中，应注意就地取材，选择可循环利用高效节能的材料；在经营管理过程中，创造自己的特色应采取分时分段开放营地；除此之外营地经营者和服务人员要树立强烈的环保意识并且对露营者进行环保教育，可以采取标志解说、各种发行物、大众传播媒体等方式环保贯穿整个露营活动。

（2）露营地经营管理因地制宜

①露营地分级管理标准及经营需把握中国市场特色

区别于欧美的房车露营，考虑中国经济阶段及房车市场，把握我国露营旅游者消费特征。首先，使用的工具、消费能力不同。国外房车的拥有率很高，大部分露营者都是房车露营。而我国的房车拥有量很少，虽然已经在西安、广州等城市推出“租赁房车”的露营旅游，但是毕竟是少数。更多人使用私家车进行自驾车露营，甚至一部分人乘坐公共交通

进行家庭自助旅游，这个市场在中国现阶段的野外宿营中占相当大比重，而且这种状况会持续相当长的一段时间。其次，露营的动机和旅游习惯不同。国外旅游者习惯了自主探索和自我发现，但是国内的旅游者习惯也渴望安逸的休闲环境。综上所述中国露营地等级划分标准不能盲目地照搬西方模式，其经产品开发、经营管理要结合国情因地制宜。

②提升露营旅游供给

露营旅游的需求急速上升，但是国内露营地的供给却明显不足。一是专业人员的供给不足，目前国内露营旅游仍处于初步发展阶段，大多是一些房车企业，或者旅游集团等大型的企业进入露营旅游领域，如港中旅、中天行等。相对应的露营地规划、建设和管理方面还没有特别专业的人员；二是露营旅游组织形式单一，目前大多数露营者或者户外游憩者受经济条件的限制，不能满足自驾游，他们更多是通过俱乐部的形式参与集体的户外游憩，而俱乐部这一媒介形式比较单一且存在安全等问题比较多。许多“驴友”参加的是民间自行组织的非营利性组织，其操作规划性和安全性都没有保障。因而我国露营地要进一步发展必须培养或者引进一批拥有专业露营知识的规划设计、建设和经营管理的人才，并且完善露营地管理的各项制度，形成露营地服务人员专业化培训体系。

从欧美露营旅游发展来看露营不仅将人们从都市生活繁重的压力中解放出来，而且人们通过露营可以增强身体，更明显的是可增长年轻人的自信心同时也为年长者提供在陌生环境挑战自我的机会。欧美露营地规划建设、经营管理方面的特色以及逐渐形成完整产业链这一发展趋势对中国露营旅游的发展具有极大的启发。中国露营旅游必须结合当前经济发展阶段把握市场特征、认准露营旅游发展模式、将保护环境与产品开发营地建设结合起来，引进专业人才才能使得露营旅游呈现新的面貌。

第三节 户外活动教育与宣传

一、户外教育的开展

1. 美国的户外教育

（1）对户外教育的认识

在美国，由于人们对自然和户外活动的兴趣，许多组织发起一些关于户外的教育项目。这些项目包括各种名目繁多的内容，如阐释教育、解约教育、环境教育、户外教育和生态教育等，其主要目的是通过直接或间接的经历使人们的自然和自然程序意识得到发展。其中，“环境教育”是非常重要的户外教育形式之一。

关于“环境教育”的概念，最早出现的比较有意义的定义是 1970 年的《环境教育公约》，1978 年经过了进一步的修改后定义如下：“环境教育是指人类与地球以及对地球的作用的关系、人类与自然和人造环境的关系的教育过程，包括能量、人口、污染、资源分配和损耗、保护、技术、经济影响、城镇和乡村规划等与整个人类环境的关系。”另外，环境质量委员会曾经将其定义为“人类与生态系统的关系，以及人类对生态系统的依赖、贡献和改造的学习”。而 Jon K.Hooper 将其描述为一种“人与自然以及人造环境关系的教学的多学科方法”，并继而解释到，整体而言，环境教育是指关于环境的教育（事实、概念和原则）、针对环境的教育（指向保护的态度、技能）以及在环境中的教育。

（2）环境教育开展的目标

1977 的国际政府环境教育会议对环境教育的目标进行了阐释，主要包括以下几个方面：第一，培育对城镇和乡村里经济、社会、政治和生态的相互依赖性的清晰的认识和关注。第二，为每个人提供获得需要保护和改善环境的知识、价值、承担义务和技能的机会。第三，创造新的总体上有利于环境的个人、集体和社会行为模式。Joel Goodman 和 Clifford E. Knapp 在此基础上用不同的方法将环境教育分为五个基本的目标：第一，通过接触新的环境理解自己和他人；第二，尊重和欣赏环境；第三，安全和健康地进行户外生活；第四，建立终身对户外和环境的兴趣。

（3）环境教育的类别

美国户外环境教育主要包括以下三类：第一，在户外的教育；第二，针对户外的教育；第三，关于户外的教育。这三类彼此紧密相连，第一类是在户外进行，其他两类或许是在室内进行。第一类“在户外的教育”包括直接的户外教育，如观察教育、野营、森林、农场、花园、动物园、湖、河流和沙漠等。第二类“针对户外的教育”，包括学习技能和培育对户外参与的喜好，如野营、游泳、徒步旅行、登山以及其他户外活动。第三类“关于户外的教育”与前两类不同，其主要目的是关注如何理解自然系统的运行，强调学习和应用生态概念和原则。

（4）学校户外教育

孩子和年轻人通常对自然环境非常好奇，并喜欢直接接触。因此，从启蒙教育开始，学生需要学习关于自然资源和过程的机会，他们需要在学习过程中分析问题、设计计划、做有用的工作然后观察结果发生的情况。美国有一套详尽的户外环境教育的课程设置，这些课程并没有与其他教育课程分开，而是与一些相关的课程相结合，例如身体科学、社会科学等。

2. 中国关于户外教育的开展

现代人们的生活通常是远离自然环境的，和自然环境接触的机会比较少，因此，国际上许多国家都非常重视相应的户外教育。我国对户外教育的开展近些年才真正开始，现在，户外教育已经进入学校教育体系，这对我国户外教育的发展非常有意义。为了更好地促进我国环境教育的发展，1997 年 7 月，中国教育部、世界自然基金会与 BP 公司联合发起了“中国中小学绿色教育行动”。作为一个国际合作的环境教育项目，“中国中小学绿色教育行动”旨在将环境教育和可持续发展教育融入中国中小学课程中。这一项目是中国教育部门、跨国公司以及国际非政府组织的首次合作。这一行为对于促进我国环境教育的开展非常有意义。户外教育在中国的开展，对于未来户外运动的发展非常有利，更多的人通过环境教育了解基本的环境知识和户外技能，这些都可以为户外运动打下了良好的教育和文化基础。

（1）倡导合理的户外运动观念

户外运动刚在我国兴起的时候，带有两种比较明显的色彩，第一是探险色彩，户外运动被人们认作是一种“挑战生命，挑战自然，探索险境”的极限运动，这种思维和观念，对大众的影响到现在仍然存在；第二就是贵族色彩，甚至奢侈消费的色彩，很多参与者以拥有国外价格不菲的顶级名牌装备为荣，配备精良昂贵的装备，经常被影射为一种社会身份和地位的象征，尽管或许参与者只是个初学者。这两种观念一直存在人们对户外运动的观念里，这对户外运动本身的推广，以及户外用品市场的发展，无形中都有着一定的影响。但随着户外运动在国内的逐年发展，参与人群数量越来越大，其影响力也越来越强，人们对于户外运动的概念开始慢慢发生转变。越来越多的人提出了“大户外”“泛户外”的概念，他们将“户外”描绘成一种与城市生活相对立的生活形态，而不是仅仅是一个探险和挑战，积极倡导人们到户外去放松、消遣、驱散疲劳释放生活，倡导人们到户外去暂时远离工作压力、让单调的生活艺术化、让重复的运动趣味化。“大户外”概念的推广，非常有助于吸引更多的人尝试和体验户外运动。

“大户外”概念无疑要比“专业户外”宽泛的多，因此也意味着可以带来更广泛的参与消费群体，同时也意味着可以产生更丰厚的经济利益。从这个意义上来讲，这种概念的推广对于户外运动产业的发展无疑也是有利的。对于商家来说，消费人群越广对于企业的生存发展越有益。市场像金字塔，底端的市场是最广的，其潜在消费力量也是巨大的。高端消费者虽然在金字塔的上部，但那毕竟只是一个非常小众的群体和市场。因此，在市场领域，商家自然会积极宣扬“大户外”概念，并且甚至有意识地将户外运动产品的市场拓宽到了休闲旅游业，除了从专业角度考虑高端消费者的需求外，商家越来越偏向于从休闲、舒适等角度更多地为低端消费者考虑，以期让更多不同需求层次的消费者能够有最佳的选择。

但是，从另外一个方面讲，过于“泛化”的“大户外”概念，促使户外运动涵盖和涉及的内容太过宽泛，从而使得户外运动与旅游以及普通的户外娱乐消遣活动界限模糊。长此以往，无形中淡化了户外运动对于参与者的专业要求，容易使户外运动沦为一个零门槛的休闲活动，致使参与者无法了解户外运动自身真正的专业魅力。同时，“大户外”的观念，也难以使参与者建立正确的户外运动安全意识，存在潜在的安全隐患。而从管理的角度，我国户外运动管理体系本来就处于完善阶段，这种“大户外”概念无疑给户外运动的管理带来更多的困难。

因此，树立正确、合理的户外运动观念，对于引导户外运动的发展方向非常重要。现代户外运动应该突出以下几个方面的观念：第一，户外运动是一种远离都市生活、回归自然的休闲体验活动；第二，它倡导人们暂时远离工作压力，到户外去放松、消遣和释放自己，寻求生活的乐趣和艺术，最终通过户外运动这种活动方式表达自己、完善自己；第三，活动的进行需要一定的专业技能、身体条件和技术装备；第四，可以具有一定的探险性，并不意味着就是冒险或探险；第五，倡导环境保护。

（2）大众户外运动意识的培育

在对大众进行正确户外运动意识的引导和培育过程中，政府管理部门应该承担一些责任，应该采取一系列措施，逐步转变户外运动爱好者的观念，使其正确理解自我保护、规范化操作等在户外运动活动中的重要性，树立科学、规范化组织和操作活动的理念。另外，户外运动存在一定的风险，应该做好足够的安全准备。目前国内自发组织的户外运动俱乐部呈现为一种无序状况。业内人士不主张户外运动爱好者们以发帖子的方式组织在一起进行户外探险。因为，如果参与者彼此之间不熟悉，很难形成一个相互协作的团队，一旦出事，往往不能形成很强的凝聚力。因此，应该积极引导消费者正确理解和认识户外运动，提高大众的户外市场意识，引导大家尽量参加一些规范性组织性的活动。

（3）媒体宣传

户外运动在中国开展时间毕竟很短，大众对其深入了解和认识都还需要时间。因此，需要加大其宣传的力度。媒体宣传对于户外运动的开展非常重要，近些年国内组织的一些大型户外运动比赛都对户外运动的宣传起到了非常好的宣传作用。但是，由于户外运动涉及的项目较多，除开一些常规的户外运动，如登山、穿越、攀岩等，大部分户外运动项目并不为大家所熟悉。而目前一些有组织规模的活动都是以这些常见的户外运动项目为主，政府部门还需要对其他户外运动项目给予一定的扶持和宣传。

二、大众户外运动与专业户外运动协调发展

一方面，积极推广大众户外运动的开展。户外运动拥有众多的潜在参与人群，适合中国普通老百姓的户外运动形式，如野营、爬山等，并不需要多么专门的技术和装备，这类项目老少皆宜。随着近年来我国老龄化现象的出现，老年人户外运动成为大众户外运动的重要一部分，近年来都市老年人登山非常流行。另一些新兴的或者挑战性比较大的户外项目，如溯溪、戈壁穿越、高原峡谷穿越、海上攀岩、悬崖跳水等，可以尝试通过宣传以及一些小型比赛和活动吸引更多的人去认识和了解这些运动。

近些年管理部门主办的有一定规模性的大众户外活动有很多，虽然吸引了众多的人参与进来，达到了一定的宣传作用，但是，由于群众户外活动不可控因素太多，涉及的各方面因素比较多，在活动的组织过程中还是出现了一些问题。而且，在活动过程中，对于户外运动理念的推广并不突出。在大众户外运动的推广过程中，应该着重注意以下几个方面：第一，突出户外运动的休闲和健康理念，倡议人们走出室内，到大自然中去活动；第二，增加大众户外培训活动。开设各种针对和面向大众的户外培训课或培训班，增加人们对于户外运动的认识和了解；第三，注意大众户外运动的组织规范性的控制和管理。大众户外运动通常是采用民间自发组织的形式，因此，在活动过程中，一定要注意加强活动组织的规范性管理。

在积极推广大众户外运动的同时，同时还应该不断提高专业户外运动的水平。首先，积极进行各种户外运动项目的技术攻关。不断提高户外运动的培训、组织和训练水平，并注重理论体系等方面的创新。目前为止，国内很多户外运动项目的技术研究还不够，一些国际性户外比赛中，国内选手成绩不太理想。另外，户外运动所包含的活动范围广，活动形式非常多，这些都需要国内业界人士进行不断的实践，提高对各种形式多样、内容丰富的户外运动的了解。第二，定期举办各种专业培训活动。目前登山协会每年都有几次专业户外培训活动，但是培训的内容相对比较单一，培训的内容期待进一步扩大。第三，专业

高水平户外运动俱乐部的推广。目前国内有各种户外探险以及极限运动俱乐部，网络了一批户外运动专业爱好者，这些会员参加过正式的户外运动培训，有较长的户外运动经历，并获得了一定的户外运动资格证书。这种俱乐部的推广，有助于专业高水平户外运动的发展。而且，可以减小国家办高水平户外运动的经济压力。

三、户外运动的组织规范化和安全保障

1. 对活动组织者的要求

不管是自发组织的还是通过户外运动俱乐部组织的活动，发起者都应该对队员的安全负起责任。要进行户外活动，必须要做很多前期工作，因此，作为户外运动的组织者，一定要有丰富的户外运动实践经验，还必须对活动路线相当熟悉、对参加人群的基本情况有大致了解，同时还必须具备很强的责任心。户外运动俱乐部应该尽早指定安全路线及专业组织人员，以确保活动的计划性和安全性。

2. 行政部门加大规范化管理力度

行政部门应该加大组织活动规范化的管理力度，规范市场游戏规则，有意识地培育和引导人们的规范化意识。据悉，中国登山协会正在准备和各个省、市体育主管部门联手，切实履行行政人员的职责，提高和规范户外运动的组织程度。目前，国内户外运动正在积极朝着规范、有序这个方向发展。

3. 全国户外救援系统的建立

国外许多国家都有一些全国救援组织。如美国的“高山救援协会”，成立于 1958 年，就是一个完全由登山专家志愿者组成的全国性组织，其宗旨是致力于通过提供高山救援和高山安全教育来拯救生命。今天为止，美国高山救援协会在美国参与了大量的救援工作，全国各州都有它的分会。每个地方的高山救援组织都有当地政府的授权，可以为高山紧急事件提供救援。在特定的地区，如国家公园，都拥有自己的高山救援组织，他们对发生在自己区域里的高山紧急事件提供救援。其经费的主要来源一是社会捐助，二是政府拨款，但数量也是非常有限的。

目前，国内也已经开始筹备救援体系的建立工作。登协户外部主任李舒平曾透露：“条件成熟时，先在登山户外运动比较集中、条件较好的地区，由当地政府有关部门牵头，俱乐部及有一定技能的志愿者参与，形成自救和互救组织，并逐步建立地区性乃至全国性救援网络，以降低风险。此外，还要继续通过模范赛事的示范作用，带动民间活动，建立中国特色的登山救援体系。”

四、户外运动的法规建设

1. 市场准入制度的建立

市场准入制度是国家对市场基本的、初始的干预，是政府管理市场、干预经济的制度安排，是国家意志干预市场的表现，是国家管理经济职能的组成部分。自然人的民事权利

能力和行为能力是天赋的，法律给以普遍的、一般的确认，而自然人、法人和其他组织从事经济活动的权利能力和行为能力是由法律特别确认的，必须通过一定的程序获得，如登记、许可。市场准入制度是国家对市场主体资格的确立、审核和确认的法律制度，包括市场主体资格的实体条件和取得主体资格的程序条件，其表现是国家通过立法，规定市场主体资格的条件及取得程序，并通过审批和登记程序执行。户外运动市场准入制度是指为了户外运动的安全和规范，具备规定条件的生产者才允许进行生产经营活动，具备规定条件的户外运动经营企业才允许经营的监管制度。户外运动市场准入制度的建立，着重从推广俱乐部资质认证体系着手。现阶段，我国正规的户外运动俱乐部已有 300 多家，中国登山协会针对这些俱乐部建立了资质认证体系。户外运动资质认证体系相当于行业自律性制度，它是提高俱乐部技术含量的有效保证，目前俱乐部资质认证体系正在推广当中，其中明确规定了从业人的资质、能力、经验、技术、户外装备的质量等，只有符合全部条件的俱乐部才可以组织户外赛事。

准入制度的“高门槛”是保证户外行业安全健康发展的手段之一。申请认证的俱乐部，至少要有 4 名以上的获得中国登协专业培训证书的技术人员。作为运动发展的基础，严格的资质认证工作是规范俱乐部发展的重要手段。由国家认证认可监督管理委员会和国家体育总局联合制定的《体育服务认证管理办法》已经在今年 1 月 1 日开始实施，而中国登山协会正在加紧将户外运动俱乐部的资质认证纳入这一体系。

2. 技术人员的培训体系

加快专业人才的培养是户外运动安全健康发展的重要保证。目前，国内正规户外运动俱乐部教练必须经过培训，才能获得教练资质证书。比如攀岩初级教练培训，需要其掌握系统的攀岩知识，具备一定的安全意识，同时还要具备一定指导初学者攀爬的能力等。一个初学者不是一朝一夕就能成为一名教练，需要积累的过程，安全意识和教学能力则是学习的重点，同时对申请参加初级教练培训的人有一定的要求：比如要有一定的看指南针的能力。俱乐部则将新兴的拓展运动作为重点，不满足于现有的拓展培训方法，着力在培训方式、理论体系等方面进行创新，使拓展培训真正成为企业提高员工凝聚力的有效手段。有一定数量的技术人员、领队和教练员。

中国登山协会培训部在去年共培训了各级各类户外运动技术人员 296 人次。2005 年中国登山协会还将加大社会指导、安全、环保、文明登山方式，推动我国登山运动的健康发展、有序发展。在 2005 年还将继续举办攀岩保护员、初级和中级教练员、户外运动指导员、高山向导等各种形式的培训班，培训技术和业务骨干。为确保户外运动健康发展，2005 年中国登山协会要进一步加强管理，依法治山，要继续开展俱乐部的资质论证和培训工作。

3. 运动员技术等级制度的建立

为规范运动员技术等级称号申请、审核、审批和授予等工作，登山协会必须要施行《运动员技术等级管理办法》和各项目《运动员技术等级标准》。此外，户外运动的立法工作也将在新的一年逐步展开，有关山地户外运动的运动员技术等级标准、注册管理办法、竞赛规则、裁判法等将制定或修订，而《山地户外运动管理办法》也将在年内出台。

4. 加强俱乐部建设

国内户外俱乐部目前已经发展到了600多家，超过了以前的300多家，发展速度之快令人欣慰。俱乐部是推动项目发展的有效组织形式，是培育市场的基础，是户外运动社会化、产业化发展的方向。除此之外，各种民间户外社团组织更是不计其数。因此，中国登山协会一直把俱乐部建设作为一件大事来抓，引导俱乐部按照国家有关法律、法规和行业规定，依法开展活动，不断完善管理、规范从业行为，使户外俱乐部健康持续发展。

5. 户外运动环境资源开发与保护结合

与户外运动息息相关的另一个重要的问题就是环境资源开发与保护。资源与环境是互为依存、互为影响的。资源本身就是人类生存环境的一个重要组成部分。人类利用资源也就利用了环境。环境恶化是资源不合理利用，资源破坏、流失、污染的结果，因此，保护环境首先要从合理利用资源着手。环境是资源生成的动力，资源环境的恶化反过来影响资源的生产力，从这个意义讲，保护好资源环境也就是保护资源生产力。中国人口膨胀，资源消耗过多，环境压力日益加重，而整治环境的能力低下，治理赶不上破坏，环境质量总的趋势是不断下降。土壤侵蚀、水旱灾害、环境污染、物种消亡是中国现今四大环境问题，它对中华民族生存的威胁与日俱增，如不及早采取果断而有效措施，未来的恶化趋势将会更为严重。

因此，户外运动在发展过程中，一定要注意环境的保护。在保护前提下合理地开发利用各种户外运动环境资源，实现资源的可持续利用。

五、对高校开展户外运动的研究

1. 户外运动课程在我国高校的开展

随着时代的变迁，传统的体育课程已经无法满足现在高校学生的需求，因此，教育部开始重新探究体育教育的重点，不停地摸索与总结之后，似乎已经发现了高校体育的重点。教育部出台了《普通高校指导纲要》，重新确立高校体育教育的重点，即自由、开放、科学。这种新的要求决定了新的高校体育课程不能再像传统的体育课程一样固定、死板，而应该是激发学生的积极性，让学生饱含高的热情去参与体育活动。那么我们应该怎样去开展体育课程才能满足指导纲要的需求呢？怎样才能使学生喜欢上体育运动，充分发掘他们身体的潜能呢？

（1）传统体育课程缺乏什么？

随着时代的发展，我们可以发现传统的体育课程已经无法满足学生的需求，传统的体育课程只是锻炼学生的体魄，但是对学生的心理方面却没有任何的帮助。但是现代体育精神的理念已经不只是体魄强壮，而应当是精神与肉体的双重体育精神。传统的体育课堂场地固定，不存在新意，不能提升学生对大自然的好奇，也无法提升学生的心理健康。实践证明，真正让学生产生学习兴趣的就是新异、刺激，如果缺乏这些，学生的学习兴趣就很难被激发，学生自然也不会具备体育精神。由此可见，高校要想取得实质的发展就离不开体育课程改革，必须摒弃传统的体育课程，重新寻找新的符合时代需求的体育课程。

（2）为什么户外运动的设置可以满足当前体育课程的要求？

①充分符合当前体育教育以及学生的要求

户外运动的别名也就是大学生野外生存活动训练，它与传统的体育课程不同，传统的体育课程将学生束缚在学校内，学生只能在操场上打篮球、跑步、做游戏等，但是户外运动课程让学生脱离了学校，让他们可以运用体育知识完成户外活动的实践。相较于校园体育课来说，户外体育课更加有趣、更加生动，学生在上课的时候会更积极。这种新兴的体育课真正实现了提高学生多项能力的目的，有利于国家进一步实现体育的深化改革。从20世纪80年代开始，教育民主化与个性化的思想开始流行，从那时开始，人们的教育观已经变为“以人为本”，但是这么多年来高校设置的体育课程并没有真正实现这种以人为本的理念，户外运动的开展让学生可以在生活中学习体育知识的运用，增强他们亲自动手解决问题的能力，让学生可以形成一个明确的认识，从而促使学生形成独特的个性。除此之外，统计数据也表明绝大部分学生喜欢户外运动。

②户外运动课程的开设是课程改革的产物

高校一直被戏称为一个“小社会”，因为在学校内部有着一个循环的系统，学生在内部学习、生活、交流、运动，从表面上来看，学校确实是一个“社会”的缩影，但是从某种程度上来讲，这个“社会”还是与真正的社会有区别，因为它主要呈现的是与学习相关的内容，却很少反映真正社会的内容，社会的多样与复杂并没有真正的体现出来。随着课程改革的进行，体育课程必将会与真正的社会相挂钩，户外运动应运而生，它让学生可以进入大自然，体会大自然的美，学习到真正关于社会的知识。户外运动课程的开展必将给高校体育带来极大的变动，以往几十年，田径、体操、球类、武术等高校体育课程虽然已经开设，但这些仍然只是传统的、校内的竞技体育项目，并没有真正实现脱离学校、走入社会的目标。户外运动像骑行、野外生存、跑酷、攀岩等都不再局限在学校内部，而是向社会、向大自然进发，对学生来说这是一个自我挑战，可以提高他们自身的信心，让学生更适应如今竞争激烈的社会。

③高校户外运动的开展可以促进体育课程的改革

最新的体育指导纲要要求学生能够掌握多项基础的体育技能，并将其运用到体育实践中，这一要求旨在提高学生的体育素质与实践能力。除此之外，纲要还指出体育课程应当拥有一定的计划，与课外、校外活动相结合，让学生真正的融入社会，让学生可以有目标，有计划地实施自身的体育能力。作为体育课程改革的产物，一旦高校开展推动实施户外课程，那么必将推动体育课程的发展，高校体育课程更快速地完成改革，紧跟时代的潮流。

（3）高校开展户外运动的实际措施

户外运动的开展是为了提高学生的实践能力，让学生能够学会在生活中运用体育技能并提高他们自身的自信，通过对高校学生进行访问，我们可以发现许多高校学生对野外生存、攀岩、负重、行军等户外活动非常感兴趣，根据他们的信息反馈，我们可以清晰地认识到应该采取怎样的措施来实施户外运动课程。

①结合学生的兴趣爱好开设户外运动课程

兴趣是学生最好的教师，如果学生对户外运动感兴趣，那么他们必然会积极地参与进去，努力贡献自己的力量。但是如果开设学生不感兴趣的户外运动课程，那么对学生来说，不管在哪里学习都是无趣的，他们也不会认真地参与进去，如果强制学生参与他们不感兴趣的课程，结果往往得不偿失。

②结合户外运动教授学生体育技能

开设学生感兴趣的户外运动之后，我们可以结合户外运动教授学生体育技能，因为学生对户外运动感兴趣，所以他们的学习效率必然会得到提升，学生自然可以在短时间内掌握必要的体育技能，提高他们的自信心，让学生真正的对体育感兴趣。比如说高校开设攀岩这一户外运动，那么在学生上课之前，高校教师应当组织学生进行攀岩的学习，让学生了解攀岩应当准备什么、应当注意什么。只有进行充分地准备，攀岩这一户外运动才能及时有效地实施。如果没有及时地准备好，学生自然会不自信，因为他们不了解，所以学生会害怕。

③鼓励学生多参与相似的户外运动

开展校园户外运动之后，高校可以多鼓励学生参与相似的户外的运动，让学生感受体育精神的精髓，鼓励他们多参与类似的户外运动，增加学生对大自然和社会的好奇与求知欲望。比如说高校开设了户外骑行这一运动，那么可以鼓励学生在课外实践参与野营、定向等户外运动，一方面增加了学生参与户外运动的时间，另外一方面可以让学生有更多的机会接触体育的精髓，了解并继承体育精神。

④高校要积极宣传户外运动

为了更好地开展户外运动，高校应当在学校设置户外运动宣传栏，向学生宣传与户外运动有关的知识，设计调查问卷考察学生的兴趣爱好。只有做好宣传，学生才能更好地理解户外运动，当学生对户外运动有了一定的认识，他们参与并组织户外运动的机会变得更多，高校户外运动自然就可以开展。综上所述，高校体育改革是势在必行的，为了能够适应新的教育要求，高校有必要开展户外运动，通过开展户外运动来推进高校体育运动的发展。为了促进高校体育运动的发展，高校应当结合学生的学习兴趣开设户外运动，主动给学生介绍相关的户外运动知识，从而促进学生素质的提高。

2. 制约户外运动进入高校体育课堂的安全因素

户外活动是以自然环境为场地的，带有探险性质或体验探险性质的体育活动项目群。包括登山、攀岩、悬崖速降、在野外露营、野炊、定向运动、溪流、探险等项目。参与者在户外运动中不仅要挑战自我体能、自我意志、自我心理品质、自我生存能力，更重要的是挑战自然，同大自然进行搏斗。参与户外活动的过程中能让参与者和大自然完全融为一体，使人有一种返璞归真、释放人的原始野性、回归自然的感觉。2002 年 7 月，由教育部体卫司牵头组织的全国教育科学“十五”规划的国家级研究课题——大学生野外生活生存训练揭题。同年 9 月教育部颁布了《全国普通高等学校课程指导纲要》，“纲要”指出：高校体育工作应该充分利用空气、阳光、水、江、河、湖、海、沙滩、田野、森林、山地、草原、雪原、荒原等条件，开展野外生存、生活方面的教学与训练，开发自然资源。课题的成功揭题和纲要的颁布，以及在课题研究期间组织的诸多的高校学生的户外运动实践活动，成为户外运动被引入普通高校大学体育教程的助推剂。中国地质大学武汉分校及上海东华大学的成功经验更让户外运动进入高校体育课堂成为了一种趋势。但是户外运动多数是在大自然中开展，而大自然千变万化、奥秘无限，天气、地质、地形、地貌等许多不确定的因素是参与者不可预知的，所以户外运动不同于其他传统的体育运动具有一定的风险性，安全问题已成为户外运动进入大学体育课堂的主要制约因素。因此我们只有深刻了解制约户外运动进入大学课堂的安全因素，将风险降到最低才能促进户外运动进入高校，让大学生们体会户外运动的魅力。

（1）场地因素

户外运动的场地不像其他的传统体育运动项目拥有固定的校内运动场地，而是在大自然中进行。虽然平时的户外运动理论教学和模拟训练可以在学校现有的场地完成，但是户外的实践必须走出校园到自然中去。国内拥有自己的户外运动基地的高校还只有为数不多的几所，很多学校的户外运动实践只能到校外的一些自然场所中进行。虽然天气我们可以通过一些科学手段预测，但是准确率也不能保证分之百，对于地质、地形、地貌等因素的预测手段则相对缺乏，我们就更加不可预知了。再加上，由于校外的场地会由于种种原因被人为地破坏和改动，因此，我们在进行户外实践时会存在安全因素。虽然我们在进行户外实践活动时会对场地进行考察，对危险因素进行排查，但是这样的考察和排查是难以不留死角的。

（2）项目因素

户外运动包括山地、海岛、荒漠、高原等户外运动，主要包括登山、攀岩、悬崖速降、在野外露营、野炊、定向运动、溯溪、探险等项目。户外运动项目的选择是非常矛盾的，项目太简单没有一定的探险性质就很难调动大学生们参与的热情，但是风险性太高又很容易出现事故。因此，攀岩、悬崖速降、探险等项目风险性较高，对于参与者的运动能力及户外技能的要求较高，不适合在高校中开展。野外露营、野炊、定向运动、溯溪等项目相对来说风险性较低，但是在开展的过程中还是存在一定的不确定性，野外露营害怕天气突变和野兽的攻击，野炊会面临食物中毒和野外用火安全、定向越野则由于方向变别失误而迷路，溯溪会面临溺水和摔伤等风险。当然，既然是运动就不可避免的会受伤，在校内的其他运动中也存在风险。因此我们不能因为有风险而不去开展，我们只能删除高风险的，对于低风险的内容我们只能够通过对学生的理论和技能学习及安全教育努力将风险降到最低。

（3）教师因素

教师是户外运动理论的传授者和户外运动实践的制定、组织、执行者，他们的理论知识、技能水平和应变能力与户外活动的安全开展有直接关系。

①教师户外运动的理论

户外运动涵盖了体育学、地质学、气象学、动植物学、环境学、管理学、心理学等多学科知识。教师要想将户外运动的一些理论知识传授给学生，首先自己要掌握这些知识。高校体育教师在这方面的知识相对是比较缺乏的，因为他们在求学的过程中并没有接触过这方面的专业课程。大部分教师也是由于自己对户外的爱好，在业余的时间参加户外活动获得的一些知识和积累的一些经验。但是在自己没有获得系统的理论知识，缺乏理论与实践的结合的切身体验，要将理论和理论与实践相结合的经验系统的传授给学生还存在很大的难度。再加上针对高校教师户外运动的培训也几乎没有，所以高校的体育教师们在户外运动这一块的理论知识也是相当匮乏的，只能够通过自己的自学和业余的户外实践来满足日常的教学需求。

②教师户外运动技能

运动技能的获得是在拥有运动理论的基础上需要反复的实践训练才能获得。户外运动是在大自然复杂的环境中进行的运动，是将传统的跑、跳、走、投、攀爬、跨越等融入社会，融入大自然，突破了传统体育课堂封闭的格局。因为运动的场地是开放的，运动的技能又是许多基本技能的综合，所以教师更加要具备良好的户外运动运动技能，只有这样，才能够正确的言传身教。我们在户外实践中，面对的是大自然，有时候一个错误会导致不可估量的后果。然而，高校体育教师对于户外运动技能的获得途径也只能靠自己的课外实践，因为在他们学习期间的运动生涯中对于户外运动的接触是非常有限的，有些教师对这项运动的技能甚至是一片空白。为了满足日常的教学，只能靠教研室的教研活动和课后的自学和实践来获得。

③教师的应变能力

户外运动的实践中，由于场地是在自然之中，存在很多的不确定性。再加上大学生走入大自然中都比较兴奋，都想将自己学的理论知识运用于实践，个个都跃跃欲试，积极性很高，往往就是这个时候大学生们容易过高的估计自己的实力一心只想表现自己而忽视了危险的存在。同时，在自然界进行活动的过程中天气突变，野兽的攻击、地质灾害的出现，学生的受伤等不可预知的事件出现，这些都需要教师临危不乱，沉着冷静的对待，在确保学生安全的同时还要能及时的找到脱离危险的方法。这与教师的性格、责任心、理论与实践相结合的能力都有密切的联系，只有教师具备了刚毅的性格、负责的责任心，同时具备丰富的理论知识并能够与实践相结合才能够在危险时刻泰然处之，化险为夷。

（4）学生因素

学生是户外运动的参与者，因此，学生的纪律性、安全意识、户外运动的理论与实践相结合的能力等因素也是制约户外运动进入大学体育课堂的因素。

①纪律性

大学生从年来来说正是精力最旺盛的时候，学业上没有了升学的压力，很多学生对于探险充满了好奇和向往。户外运动进入校园正好符合了学生的兴趣，此次学生对于户外的实践是非常的向往的。所以在换了一个运动的场地进入大自然的户外场地，面对一些具有挑战的项目会表现得非常的兴奋，都急不可待的希望在同学面前露一手，表现自己。但是在户外运动的过程中，最忌讳的就是不听从领队和教师的指挥和安排，有时候教师还没有下令练习，学生已经私下里开始了，这样就导致了一些本可以避免的事故发生。

②安全意识

户外运动首先要学习的就是敬畏，有了敬畏的思想才能认真、小心的对待户外运动。

大自然是神秘的，他的力量也是强大的，我们在大自然环境中进行户外活动具有不可预知性，不知道下一秒会面对怎样的困难。户外运动员必须要具备细心和严谨态度，只有敬畏大自然，才能够真正地适应大自然，战胜大自然。大学生都有一股初生牛犊不怕虎的精神，在进入自然界开始户外实践时只顾享受户外运动带来的快乐而忽视了存在的风险。

③理论与实践相结合的能力

户外运动涵盖了体育学、地质学、气象学、动植物学、环境学、管理学、心理学等多学科知识，在我们进行户外实践之前必须要掌握一定的理论知识。然而大学体育课程在很多学校是每周一次课 90 分钟，所以要在十几次的 90 分钟的体育课上要将户外的理论传授给学生并组织学生进行校内的户外模拟训练，难度是非常大的。再加上大学生对于大学体育的重视度不够，所以导致学生对于户外理论知识的掌握是非常有限的。现在的大学生初、高中的学习任务非常的繁重，再加上现在都是独生子女，家长对他们的期望值都很高，很多学生平时的生活起居都是家长安排照顾，自己的动手能力相当的有限，所以亲近自然的时间非常的少，更何况要走入一个陌生的自然环境进行艰苦的户外运动。由于理论知识积累不够，掌握的不闹靠，动手能力又欠缺，身体素质也不如意，所以使大学生进入自然界将户外理论与实践相结合的能力较弱，导致户外运动中的风险性增高。

（5）组织因素

组织是户外活动中将教师与学生连在一起的纽带，也是关系户外运动安全问题的重要因素。户外运动实践的场地是在校外的自然界中，因此教师将学生带出来如何组织管理是件非常重要的事情。大学生走出校门来到自然界，觉得一切都是那么的新鲜好奇，再加上进行的是一些富有挑战的项目会更加的兴奋，因此，教师在此时应该要制定一定的组织的方案和管理办法，对学生的一些个人的冒险举动和脱离组织的行为进行约束。教师制定组织和管理的方案在需要学生的配合和服从的同时还需要教师认真负责的去执行和管理，组织管理方案的制定只是我们对于活动会碰到问题的预估，然而在具体的实践过程中会有很多的突发事件是我们无法预料的，因此，我们在制定组织和管理方案时一点要相当的周全，同时在执行方案时还需要教师具备一定的应急预案。

户外运动作为一项新兴的体育运动已经被大多数人所接收，他的魅力也不断地吸引着更多的人参与。他的健身价值和对人品质的塑造能力已被一些教育专家所重视，再教育部的体育课指导纲要的颁布，使户外运动进入校园成为了一种必然的趋势，但是，在塑造平安校园、绿色校园的基础上安全问题成为了户外运动进入体育课堂的主要制约因素，所以我们只有客观深入的对场地、项目、教师、学生等因素进行分析，找出解决这些制约因素的办法，才能够让户外运动真正走入校园，进入体育课堂，让大学生们切身体验户外运动的迷人魅力。

六、桂林市户外运动产业开发现状的实例分析

户外运动是一个非常广阔的领域，有着复杂的类别和各种层次的技术要求，几乎涵盖了所有户外型运动项目。国家登山运动管理中心对户外运动的定义表述为：一组以自然环境为场地（非专用场地）的带有探险性质或体验探险的体育项目群。它主要包括陆地、水

上、空中三大类，项目包括户外登山、露营、穿越、攀岩、蹦极、漂流、冲浪、滑翔、滑水、攀冰、定向、远足、滑雪、潜水、滑草、高山速降自行车、越野山地车、热气球、溯溪、拓展、飞行滑索等。自20世纪80年代起，户外运动开始从欧美传入我国。近年来，户外运动已经在我国部分发达地区和大中城市的青年群体中蓬勃展开。户外运动具有探险性、挑战性和刺激性的特性，可以有效把健身、旅游、探险、娱乐、人际交流紧密结合起来。由发展户外运动活动而衍生出来的户外运动俱乐部，已日益成为推动户外运动健康发展的重要载体。从20世纪90年代2002年，桂林市的户外运动都还处于起步阶段。从2003年开始，桂林的户外运动风起云涌，“户外桂林”这一旅游品牌正在崛起。目前，桂林市已有10多家专业从事户外运动的俱乐部和组织机构，这为当地发展户外运动提供了有力保障。

1. 桂林市户外运动产业开发现状分析

（1）桂林市户外运动路线的选择存在有差异

由于受时间、经济条件、思想观念等因素的限制，桂林市户外爱好者多是参与的是近距离型（这里的距离指旅游者的居住地与旅游目的地间的距离）户外运动，项目包括在桂林市内及周边12个县的人民广场、公园、体育场馆、社区进行太极拳、健身操、登山及晨练活动。与桂林市周边户外运动人数爆满形成鲜明对比的是，远距离型户外运动还没能被大众广泛认识。虽然户外运动的魅力已经吸引了部分先行者，但是许多人对户外运动的认识还停留在“郊游”的层次上，他们不愿意花费过多的时间和金钱去参加那些路途遥远且艰苦、惊险刺激、对体能和意志要求都较高的活动。目前，项目包括登山、野外徒步穿行和漂流的近距离型户外运动备受桂林户外爱好者青睐。

（2）依托户外运动节事，不断提升“户外桂林”品牌

近年来，桂林市已逐渐发展成为户外运动者的天堂。不少国内外公司都喜欢选择在桂林进行拓展培训。例如，2005年11月，可口可乐中国公司在桂林开展拓展培训活动。桂林市当地的户外运动俱乐部和组织机构已经与广东、北京、上海等国内俱乐部，以及法国、荷兰等国际品牌俱乐部建立了良好的合作关系。此外，桂林市现已举办过多项户外运动赛事，如2001年全国第二届攀岩大赛暨全国攀岩金鹰赛、2005年全国第一届自然水域漂流大赛（第三站）、2006年中国（桂林）户外运动联盟群英会暨首届户外运动邀请赛。这些赛事不仅吸引了众多国内外户外运动俱乐部和运动员的参与，还提升了桂林在国内外的知名度。为了提升“户外桂林”旅游品牌内涵，有关户外运动的专题大会、论坛、展览等也纷纷启动，例如，2007年中国（桂林）户外精英论坛暨户外用品展示会、2007年桂林户外运动发展与环保研讨会等。

2. 当前桂林市户外运动产业开发的评价

（1）桂林市户外运动俱乐部和组织机构经营模式概述

目前，桂林拥有康美运动休闲用品有限公司、唯盛户外休闲用品有限公司、零公里户外运动设计室、旗云户外俱乐部、黑鹰俱乐部、飞雨狼自行车俱乐部、龙行天下户外俱乐部、雅努斯、探险者等10多家户外运动俱乐部和组织机构。其中，多数户外运动俱乐部

的经营性质都是商业性质，而高校中的各种登山协会、学生社团则多是公益性组织。从经营模式看，桂林市各俱乐部经营和组织机构的经营模式大致可分以下两种模式：一是户外用品卖场＋户外运动俱乐部，主要经营户外用品，利用周末、节假日组织户外活动，促进相关商品销售。二是网络式户外运动俱乐部，它借助网站在线服务和互动性功能吸引着大批参与者；在网站的功能板块中，论坛则是组织者与参与者双向交流的场所和网络传播条件下公平参与的虚拟社区。实现中，正是网络的这种互动性，使得网络式户外运动俱乐部在推广和组织户外运动方面更显现出优势。

（2）桂林市户外运动俱乐部和组织机构发展存在的问题

桂林市户外运动俱乐部发展存在的问题具体表现为：一是桂林市只有少数户外运动俱乐部在体育系统内注册；其余大部分为工商注册且名称无“俱乐部”的字样。由于相关监察职能部门只对已注册的户外运动俱乐部和组织机构实施监管，其后果是大大弱化了具体职能部门的管理力度。二是对户外运动俱乐部和组织机构的资质认证及培训体系尚未建立。目前，大部分户外俱乐部和组织机构没有通过资质认证，导致其不能提供可靠的专业技术保障；教练或领队多是户外运动的先行者，他们中只有较少的一部分人接受过正规的行业指导和技术培训。三是户外运动俱乐部和组织机构缺乏对专业户外保险的认识。户外运动教练（领队）的专业素质和户外生存能力、俱乐部参险性质也一直是户外爱好者关注的焦点。据相关调查显示，只有部分户外运动俱乐部和组织机构有登山户外运动专项保险，其他投险的种类多是旅游意外险。四是有些户外运动俱乐部和组织机构打出的只是“户外运动”的口号，项目内容只是旅游性质和探险性质相结合的户外拓展，并未能突出“体育”、“运动”的特点。五是服务意识上缺乏对户外参与者体验式需求的满足，户外爱好者在体验过程中将丧失旅游的主动能和积极性。

3. 桂林市户外运动产业发展战略的选择

（1）实现桂林户外运动资源优势向产品优势的转化

桂林山清、水秀、洞奇、石美，是世界上喀斯特地貌发育最典型的地区之一，有着十分丰富的户外游憩环境。发挥桂林市户外运动资源的优势，因地制宜，进行产品细分策略，无疑是优化桂林旅游结构的重要途径。依据户外运动资源的性质比较，桂林户外运动产品类型可分为：一是康体健身类，如温泉保健等康体保健项目，越野跑、登山、马拉松比赛、太极拳等群众体育健身项目；二是休闲娱乐类，如自驾车、高尔夫、水上娱乐项目等；三是探险求知类，如森林探险、猎奇、攀岩、漂流等；四是项目拓展类，包括企业培训、员工素质拓展等个性化产品；五是赛事参与类，如公园定向赛、攀岩赛、山地自行车赛等户外运动赛事产品；六是民俗体验类，如各少数民族传统体育项目、民俗风情的参与、体验。此外，也可根据人群的特点划分出青少年类、中青年类、老年类桂林户外运动产品。

（2）拓展桂林市户外运动俱乐部和组织机构的市场空间

进一步拓展发展空间，以适应广大户外爱好者的旅游需求，是桂林市户外运动俱乐部和组织机构当前发展所要关注的重点问题。桂林市户外运动俱乐部和组织机构拓展其发展空间主要从以下几个方面着手：首先，共享和整合优势资源，结束单兵作战、各自为政的散乱局面。通过组建桂林户外联盟、开展户外嘉年华等形式，把“户外桂林”推向全国乃至世界。其次，加强与旅行社和旅游景区的合作。一方面，将旅行社在订房、订票等方面的优势与俱乐部的优势结合起来，设计出多种类型的户外产品和线路；另一方面，旅游景区可与户外运动俱乐部和组织机构合作共同安排游客行程。再次，在考虑目标消费群体时，可注重对青少年户外运动产品进行设计。例如，针对青少年体质下降的现状，顺应国家“阳光体育计划”的推广，户外运动俱乐部应适时在暑期推出下列夏令营活动。除了谋求自身的发展，户外运动俱乐部和组织机构还可与社会企业团体、户外活动沿途各政府部门、从事野外工作的单位、新闻单位建立合作关系，在活动中获得相应帮助和支持。

（3）重视富有户外运动知识与文化的高素质人才培养

当前，桂林多所高等院校培养的各类专业优秀人才（如旅游管理专业、社会体育专业、体育经济专业等）将作为户外运动专业人才后备军。对于户外运动俱乐部和组织机构来说，可通过与各高等院校、职业技术教育、社会办学合作办学，多渠道、多层次地联合培养各种户外运动专业人才。对于高等院校等单位来说，一方面，可把户外运动中适合高校开展的项目融合在一起，推动户外运动在高校的全面开展；另一方面，可根据实际情况适时调整专业设置重点，完善、构建适合普通高校开展的户外运动课，有力地促进户外运动专业人才的就业。在积极引入户外运动教学体系时，桂林市各高等院校等单位可利用郊外或学校周边自然环境条件进行有针对性的练习。其中，理论课可运用多媒体进行教学，主要讲授户外运动概论、定向运动、生存的技能技巧、户外医学、饮食卫生、危险因素、自救求救的基本知识；实践课则可注重学生户外技术、技能及生存技术、技能的培养，尽量让学生根据所学的知识、技术自己解决问题，以培养学生的创新精神、动手能力及应变能力。

（4）积极引导当地居民参与户外运动

不断增加的户外运动需求将会导致对越来越多、越来越专业的工具的需求，户外产品的销售额随之也会相应大幅度提高。与此同时，户外运动行业发展到一定阶段会逐步规范化，形成良性、健康的市场环境，更大地促进户外产品的销售。户外运动的消费包括户外用品的消费和参与户外运动的消费，这两个方面的消费最终将推动体育消费。目前，桂林市市民及广大在校大学生将是户外运动的主要目标消费群体。通过加强宣传和促销力度，使这部分目标消费群体对户外运动的认知度逐渐提高，进而吸引更为广泛的户外运动消费群体，拉动户外运动旅游消费。

桂林正是因为把握2008年北京奥运会、2010年上海世博会、2010年广州亚运会的机遇，审时度势，因地制宜，联合促销，积极动员与社会各界进行的广泛合作，在很大程度上提升了户外活动的影响力，继续做大做强“户外桂林”这个旅游品牌。

第四章　我国山地户外运动人员现状分析研究

第一节　我国山地户外运动参与情况研究

一、户外运动参与行为分析

1. 户外运动参与者

从本质上讲，户外运动是由人（即参与者）来完成的，尽管户外运动过程中需要其他环境（包括除户外运动主体之外的其他人）的支持才能完成。但是，值得强调的一点是，户外运动作为一种休闲活动，其起点和核心是自发产生并自主发动这一活动、作为游憩活动主体的人，而不是户外运动过程中的其他事物（或人）。比如，人们参与登山活动，经常会发现，一些居住在当地的人，由于生存需要，也经常需要到山上寻找食物或者其他生存目的而登山，但是，很显然，他们并不是户外运动参与者，因为他们并不是因为休闲的目的才去登山的，当然，也称不上是户外运动的活动主体了。总之，户外运动的研究是以作为户外运动的活动主体的人为核心的，当然，在户外运动中，其主体可以是作为个体的人，也可以是作为群体的人。

（1）个体参与者

户外运动的活动过程始终是以作为个体的人为核心的。作为户外运动参与者的人，首先是一个个体，是由意识与肉体这两个子系统相互作用而构成的。在实际的户外运动活动中，虽然参与者往往需要一定的人际交往、分工协作，需要与周围的环境（包括人或物）发生关系，但是活动的整个过程最终是以一个个参与者个体的意愿、行为（运动行为、人际交往、消费行为等）、感受体验而组成的。因此，研究个体参与者是研究户外运动进行过程的基础。

户外运动参与者的个体特征突出表现在以下几个方面：首先，需要和动机产生的个体性。户外运动需要和动机是单个户外运动主体分别形成的，尽管各个户外运动主体的活动方式和活动主题可以相同，但是这种活动需求和欲望的形成过程却是在各个个体的独立思维系统中形成的；其次，个体参与感受的差异性。即使是在同样的户外运动过程中，各个活动主体的感受也是相差很多的。从本质上讲，户外运动就是参与者满足既定欲望和需求的具体感受过程，既然是感受，由于受参与者个体在年龄、性别、教育程度等等许多方面的人口学特征的变化影响，这种感受必然也是不尽相同的；第三，参与主体个性化趋势。人类休闲活动的一个整体发展趋势就是个性化发展，这也是现代社会人类心理特征和价值趋向的一个普遍规律，这一规律也就使休闲活动的个性化特征变得越来越明显。据1997年国内旅游者抽样调查结果，我国国内游客在境内参与的旅游活动，仅有6%的比例是通过旅行社等服务机构以团体旅游的方式完成的，而94%则是散客。这一数据从一定意义上说明，目前我国旅游休闲活动个性化、散客化发展的趋势。而且随着信息网络等高新技术在休闲信息获取和消费方面所带来的更大方便，休闲活动的个性化、散客化发展的速度还会加快。户外运动正是一项比较体现个性化的休闲运动，也因此，研究参与者个体的观念、意识和感受，对于户外运动非常有意义。

（2）群体参与者

户外运动常常是以群体参与的形式进行的，所谓户外运动群体参与者，也就是具有类似的活动动机，并且彼此乐意以共处的方式完成户外运动的参与群体。研究户外运动参与群体的基础是明确这种群体的形成机制，比如家庭、同学、朋友、客户等各种纽带关系，在此基础上，才能对这一群体提供比较完备的服务。需要特别指出的是，有的参与群体中，参与动机可能不尽相同，可能存在着角色划分。比如以家庭为单位参加户外运动，可能家长安排活动的整个过程，是活动的核心主体，也可能活动是围绕着孩子进行，孩子是活动的核心。

有学者认为，绝大多数休闲活动和休闲经济的早期发展阶段，参与主体的群体特征是十分明显的。尽管参与主体个性化发展是一种趋势，但是，户外运动的开展以群体方式进行仍然具备很多优势，比如容易在户外运动产品的生产中形成规模化经营，从而取得比个体活动更大的价格优惠；具有安全性、交流性等许多优点，从而可以吧户外运动发展成为结交朋友的重要渠道。户外运动的参与群体可以分类以下几个类型：

①自然型参与群体

是以家庭或家庭纽带为基础建立的一种参与群体，这种参与群体是天然形成的，不需要后天刻意地培养和建立，这类群体内部的关系非常紧密，并且往往有着显著的活动主导者，这些主导者具有最强的号召力和活动方向引导；次一级的参与群体纽带可以是地域、宗教等关系，这种群体的活动在民族和地方性取向上有着特殊的要求。

②相似人口的参与群体

年龄、性别、受教育程度、职业等人口自然特征的不同也会形成不同的参与群体。比如近些年老年登山运动受到很多人老年人的欢迎。户外运动很多项目的参与群体都有一定的人口特征相似度，正是因为，许多户外运动尤其是挑战性和冒险性的户外运动，对年龄、性别、受教育程度和经济收入都有一定的要求，因此，参与群体的人口特征也比较相似，从而形成所谓的亚文化圈。

③共同爱好者参与群体

这是几个参与群体中最为重要的一个，也是最为普遍的一种参与类型。这类休闲群体是由于共同的户外爱好、围绕一个项目、一个主题或一类活动，通过自发建立各种组织和机构逐步形成的参与群体。但是，不可否认的是，这也是最为复杂、分析难度最大的一个参与群体。这种参与群体的特征是五彩斑斓、五花八门，而且往往能够反映时代发展的脉搏。比如，经常会有各种组织发起的户外探险活动的参与群体，以及一些以科考或者环保为目的绿色户外运动的参与群体等等。

2. 户外运动参与行为的分析

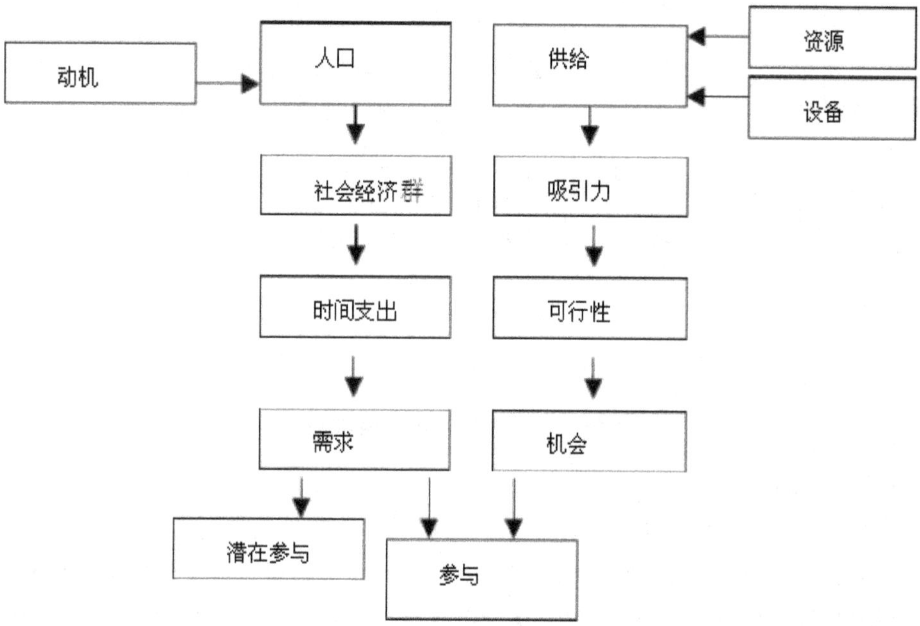

图 4–1 户外运动需要与参与图

户外运动参与行为产生过程的解释是非常复杂的。选择行为受到一系列复杂的原因影响，它不是一个彻底随机的过程。需要是人类“对外界对象的依赖关系，它表明了人和整个社会的一种特殊状态即摄取状态，这种状态就是人和社会的生存、发展的客观根据和各种积极形式的来源”。按照马斯洛的需求层次论，休闲需求属于较高楼层，即包括归属和爱的需要、尊重需要以及自我实现的需要。Wagar 在 1964 年分析美国户外休闲活动参与者的十种心理需求为健康健身、亲近健康环境、提高社会声望、欣赏风光、增长知识、遵循传统、独立感、自由意识、逃避现实和追求友谊。根据 48 种休闲动机项目，Beard 于 1983 年探讨一般美国人的休闲动机，并经过分析后得到四个因素：智慧、社会交往、身心健康和逃避刺激。

户外运动参与行为的发生，首先是由参与者的参与动机开始的，在人口、社会经济以及时间等因素具备的情况下，便产生了进行户外运动的潜在需求，而这种潜在的需求需要在适当的时机才可能导致真正的户外运动行为，只有在适当的时机才可能发生显示的户外运动行为。时机的选择和形成，需要以一定的资源和设备等条件为基础。（见图 4-1）

3. 影响户外运动参与行为的主要因素

户外运动的参与选择受到很多因素的影响（见图 4-2），这些因素影响人们参与户外运动的倾向和需求，以及对参与机会的认知。

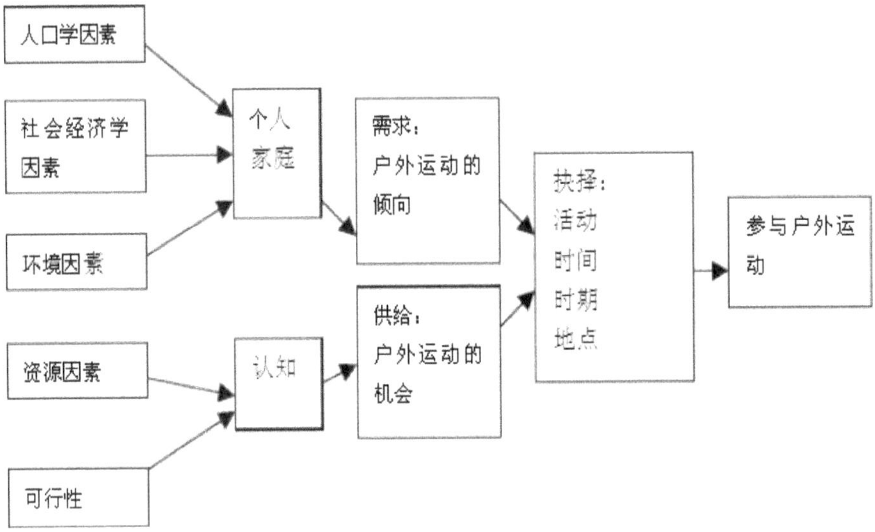

图 4-2 户外运动的决策流程图

（1）人口学因素

包括年龄、性别、婚姻状况、家庭结构等都是影响户外运动喜好的重要因素。从总体角度出发，参与群体的范围、结构和分布是重要的人口学因素。而从个体或家庭角度出发，年龄和所处生命周期的阶段因素非常影响参与行为，而且户外运动还受到个体的生理、心理和社会参与能力等的影响。

（2）社会经济学因素

包括社会关系、社会结构、教育、职业和收入等，这些因素直接影响个人参与户外运动的欲望或倾向。可以说，户外运动是一种社会交往形式，社会组织方式对户外运动行为有着一定的影响。例如，家庭、同类人群、伦理社会之间的相互作用塑造了人类行为的多面性，包括户外运动的目的和动机。

（3）环境因素

包括住宅、时间、交通等，住宅一定意义上反映了收入和职业的情况，而住宅区域特征则影响户外运动的形式，因为不同区域的环境特征的不同则直接影响人们对于户外运动方式的选择。如住在沿海地区的人，则选择水上运动的概率比内陆地区的人大。时间是比较受职业和工作的影响的，一般而言，个体经营人员的时间支配权比较大，而固定工作时间的人，闲暇时间也比较固定。交通直接影响户外运动地点、区域、时间及过程安排。

（4）外部因素

一些潜在的外部因素也可以影响户外运动的参与选择，例如资源，可能直接会影响到户外运动的地点、活动方式的选择，并且与户外运动的机会相联系。户外运动的机会取决于活动资源或地点的可行性和可用性的内部相关特征。

二、参与群体人口社会学特征分析

1. 参与者性别分布特点

调查有效问卷共 562 人次，其中男性 373 人（占 66.4%），女性 189 人（占 33.6%），从调查情况来看，男性的参与比率比女性要高，并且比较明显，说明户外运动对于不同的参与者存在一定的性别差异，男性对于参与户外运动表现出更明显的行动。

2. 参与者的年龄分布特点

被调查的参与人群中，人群主要集中在 26 ～ 35 岁的年龄阶段，占 53.2%。16 ～ 25 岁年龄阶段也比较突出，占 27.2%。而 36 岁以上的参与者，总共只占调查人群的 17.9%。年龄情况如图，从年龄分布情况大致可以看出，户外运动参与群体的年龄分布比较集中，多为青年成人参与人群，中年人群也有一定的参与者，但不是参与群体的主流。15 岁以下和 46 岁以上的年龄阶段参与户外运动的比率非常低。

3. 文化程度

在调查者中，文化程度分布情况如图 4-5-5，高中以下学历只有 2.4%，大专或本科学历人群分别为 20% 和 51.4%，研究生以上学历占 26.3%。这说明户外运动比较容易吸引具有一定文化教育背景的高学历人群，参与的人群文化程度越高，对户外运动的价值观念认同度越高。同时，教育程度越高，由于接收的教育、专业技能与知识技能越多，生存的“资本”越强，相对而言生存的状况也越好，因此也具备更好地参加户外运动的经济基础。值得注意的是，26 ～ 35 岁年龄阶段作为户外运动参与的主力人群，具有研究生以上学历的占到 27.5%，本科学历更高达 48.7%。

4. 职业情况

调查过程中，户外运动参与者职业类型主要为技术人员、管理人员、公务人员等，其中，技术人员占 40.5%，管理人员占 17.8%，公务人员占 13.9%，商业人员占 8.2%。从职业类型来看，户外运动参与者多为技术人员、管理人员和商业人员。有研究表明，我国中产阶层构成主要有以下几类：国家公务人员、企业中高层管理人员、知识型中小企业主和专业技术人员。其中，专业技术人员主要包括：律师、IT 业工程师、中高级教师、高级演艺人员等。因此，户外运动参与者人群多属于我国中产职业人群。

职业类型与年龄有一定的关系。在几个主要的户外运动参与年龄群中，职业类型有一些差异。16 ～ 25 岁年龄段的参与者中，职业类型以技术人员、公务员和商业人员为主。而在 26 ～ 35 岁年龄段的参与者，职业类型主要为技术人员和管理人员。而从职业分布情况来看，技术人员的主要年龄分布在 26 ～ 35 岁，管理人员的年龄分布在 36 ～ 45 岁，公务人员在各个年龄层都比较多，商业人员大多在 16 ～ 25 岁。

5. 婚姻和家庭状况

户外运动参与者中已婚和未婚人士所占比率为 45.3% 和 54.7%，其中绝大多数都没有孩子（占 87.6%），只有 12.4% 的有孩子。由于调查人群以北京市人口为对象，通过对北京户口的调查，结果显示大部分调查者有北京户口（占 65.8%），也就是说大部分调查者属于北京市固定人口。调查中 34.2% 的人没有北京户口的外来流动人口，北京是一个国际大都市，人口流动性是其城市活力的重要表现之一，也同时表明了北京作为首都对不同地区、不同文化背景人口的开放性和容纳性。从调查结果可以看出，户外运动参与者多为成人还未有孩子的城市固定人口，这群人具有一定的经济实力，而且因为没有养育后代的压力，闲暇时间相对更多一些。

6. 收入情况

调查者个人月收入大多集中在 2 000 ～ 4 000 元 / 月的收入水平，共占 43.8%，其中 2 000 ～ 3 000 元的占 20.8%，3 000 ～ 4 000 元的占 23.8%。其次，4 000 ～ 6 000 元 / 月的收入者也占有一定的比率，共计 23.6%。另外，有 11.1% 的参与者收入水平在 6 000 ～ 8 000 元 / 月之间，11% 的人收入更是达到了 8 000 元 / 月以上。调查显示，户外运动参与者家庭月收入一般在 4 000 ～ 10 000 之间，共占到调查人群的 58%，其中，6 000 ～ 8 000 元收入的家庭最多，占 23.5%。家庭月收入 10 000 元的也占到了共 21.8% 的比率。

三、参与行为特点分析

1. 参与者接触和了解户外运动的情况

（1）接触户外运动的情况

从调查的结果看出，49% 的人是通过他人介绍接触到户外运动的，还有 21.% 的人是通过在参加户外运动组织活动时才真正接触户外运动。调查者中 40.7% 的参与者反映，其身边人群中参加过户外运动的人口较少，更有约十分之一的参与者反映身边参加户外运动的人很少。这说明户外运动在中国是一个新兴的事物，虽然引起了一些社会关注，但是许多人并不真正了解这项年轻的运动。

（2）获取户外信息主要渠道

调查显示，大部分户外运动参与者都是通过网络获得相关户外信息的，这个比例占到了 82.4%。另有 37.7% 和 23.3% 的人是通过报纸期刊和他人告知的途径来获得相关信息的。其他途径如电视、广播、广告等，参与者利用较少，或者从另外一个方面来说，这些途径关于户外运动的信息非常少，这也反映了户外运动本身的电视、广播、广告等媒体宣传较少。

（3）从事户外运动的时间

调查者中，30.2% 的人为接触户外运动不到一年的新手，而大部分调查者接触户外运动都在 2 ～ 4 年之间（共计 57.4%），其中，接触 2 年的占 22.6%，3 年的参与者占 17.5%，4 年的为 17.3%。另外，从事户外运动 5 年以上的参与者仅有 7.4%，这说明户外运动参与人群中，接触户外运动的时间普遍不长，这也进一步反映了户外运动在都市真正兴起的时间并不长。但是，还有可能是另外一个原因，调查对象主要以俱乐部会员为主，一般新手比较喜欢选择俱乐部组织的形式参加户外运动。“老驴”们经常有自己的联系网络，如网络以及个人户外朋友圈等，通过这种组织形式进行户外运动，但是这群人由于比较自由和分散，不太容易调查。总体而言，户外运动的爱好者还是以参加户外运动 1—4 年的爱好者为主，这个群体队伍增加非常快。

2. 活动时间特征

（1）参与频率

户外运动的参与时间频率一般比较长，调查显示，调查者中 6.3% 的人平均每隔半个月参加一次户外运动，半个月的周期对于户外运动来说，应该是一个比较短的周期。调查者中 49.5% 的人每隔 1 ～ 2 个月参加一次户外运动。也就是说，大部分户外运动参与者每年参加户外运动的次数是在 6 ～ 12 次之间。另外还有 27.2% 的人每年只能进行户外运动 2—4 次（3—5 个月一次的频率），17% 的人每年最多进行 2 次户外运动（半年以上才进行一次活动）。时间、装备、交通、技术以及自然资源的限制等问题，都是影响户外运动参与者参与频率普遍偏低的重要因素。

（2）一次活动花费的时间

从图可以看出，85.9% 的人参加户外运动的时间平均都是 1—2 天。当然，具体每次活动的时间，还要跟活动的内容和形式联系起来，但是，参与者普遍喜爱的都是 1—2 天的短线户外运动的形式。

（3）活动时间的选择

调查显示，户外运动参与时间的选择，80.2% 和 50.5% 的人愿意选择在周末和“黄金周”时段进行户外运动。户外运动对参与者的生理、心理和情绪等有一定的要求，而且因为户外运动通常在郊野甚至异地进行，活动花费的时间比其他普通的体育活动花费时间要长，是一种相对比较复杂和有一定难度要求的休闲活动。因此，人们在活动之前，通常都要做一些身体上的、心理上的以及物质装备上的准备。周末和“黄金周”是比较固定的闲暇时间段，参与者可以提前做一些活动计划和安排，这样才容易保证活动的顺利进行。

另外，约 31% 和 20.3% 的人选择在其他节假日和平时空闲时进行户外运动，避开人们通常进行户外活动的高峰期，从另一个方面来讲，或许可以得到更好的活动效果。

（4）活动季节

户外运动受季节影响性比较大。当然，正因为如此，人们在同样的地方进行户外运动，而在不同季节得到的有时却会是完全不同的体验。自然环境随着季节和天气的变化而呈现不同的面貌，让参与者永远不会感到厌倦。另外，很多户外运动项目有季节限制，如滑雪，只能在冬季进行，而溯溪在冬季则很难开展。由于不同季节都有各种不同的户外运动项目进行，因而，参与者在不同季节进行户外运动的选择性都比较高，都达到 80% 左右，然而，冬季由于天气严寒，人们出行比较麻烦，所以冬季选择户外运动的概率略微低一些，约为 41.3%。

3. 活动空间特征

（1）选择活动的区域

从图 4-3 可以看出，85.6% 和 41.8% 的人选择在郊区附近和领近地区进行户外运动。通常最近的户外运动活动场所大多集中在城区郊区和领近地区，因此，在户外运动过程中总是需要一定的交通工具的支持，活动者也需要比较严密的活动组织和计划。

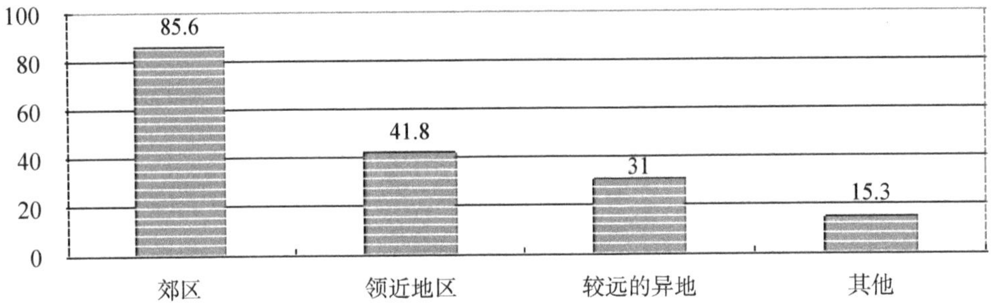

图 4–3 活动区域的选择

（2）户外运动环境的选择

从图 4-4 可以看出，大部分调查者倾向于选择陌生新鲜以及具有一定刺激冒险性的环境，分别占到 76.1% 和 48.7%。这类环境以新鲜刺激和挑战性的活动为主，可以满足人们的好奇心和挑战欲，因此，这类环境一般具有一定的魅力，但同时也有一定的挑战性。另外，34.3% 和 34% 倾向选择富有历史文化气息和舒适轻松的环境，这类环境主要可以满足人们文化需求，可以让人们放松下来。另外，倾向选择熟悉的环境、可欣赏自然景观环境和娱乐性环境的分别占 16.2%、8.7% 和 8.5%。参与者们对不同环境的喜好从一定意义上反映了他们的潜在需求，户外运动是与活动环境直接相关的活动，因此，这种环境喜好，通常会直接影响其对活动方式的选择。

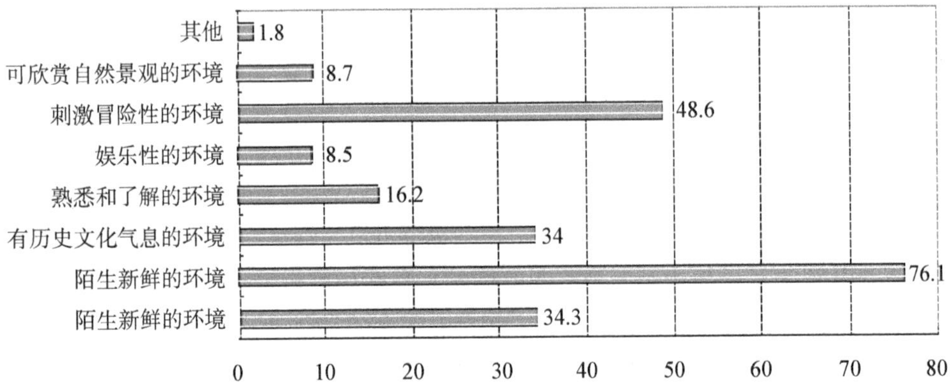

图 4–4 调查者参与环境的喜好

4. 活动方式的选择

（1）参与者活动类型

户外运动参与者一般都是群体型参与者。从图 4-5-22 可以看出，70.3% 的参与者是与其他爱好者一起进行户外运动的，48.9% 的人倾向选择和好友一同进行户外运动。这说明，户外运动参与者主要属于共同爱好者参与群体。另外，自然型参与群体和相似人口参与群体也占有一定的比例，选择与恋人、同事和家人一起参加户外运动的分别为 23.5%、18.7% 和 15.1%。也有约 18.8% 的人愿意选择一个人进行户外运动，这类参与者通常非常注重户外运动的个体性体验以及自我挑战和超越。

（2）活动的组织方式

调查显示，户外运动参与者主要采用俱乐部组织、自助形式以及网络召集的形式进行户外运动。其中，选择通过户外俱乐部组织进行户外运动的参与者占 73.5%，自助活动的形式也占了 50.4%，网络召集形式 35.5%。通常而言，最初参加户外运动以及参加难度较高的户外运动项目的参与者，应该尽量跟随俱乐部团队进行活动，这样可以保证活动的安全性。自助活动形式和网络召集形式，主要适合一些以休闲和娱乐为主的户外运动，并且需要参与者具有一定的户外运动经验和能力，在参与过程中的安全性问题是重要的问题之一。

5. 活动设施和装备的选择

户外运动一般都需要特定的户外设施和装备，最基本的是户外服装和基本户外用品，参加一些专业性要求较高的户外运动项目时，则需要配备专门的技术设施和装备。数据显示，约 21.0% 的人认为户外运动非常需要专业的户外装备，37.4% 认为比较重要，20.0% 认为一般，而只有 9.3% 和 3.6% 的人认为户外运动中使用专业的户外装备不太重要或者不重要。综合调查数据，90% 的参与者自己购买了装备。参与者经常还选择租用和借用的方式来满足参与活动的装备的需要，主要可能是因为如下原因：第一，参与者参加不同的户外运动项目，以及在不同的季节参加户外运动，都需要特定的不同的服装、用品以及技术装备。参与者通常不容易在每次活动时都购买齐全这些设施和装备；第二，户外运动的每次参与行为具有一定的现实性、偶然性和时限性，很多参与行为并不是长期的和惯性行为，更多是一种尝试行为。因此，参与者在不能确定自己长期进行某项活动时，一般不会购买齐全装备，而是倾向于选择向俱乐部或有关组织租赁户外装备，也有的参与者向他人暂时借用。一般而言，普通户外运动参与者都会购买一些户外服装和常用户外用品，而对某些户外运动项目有特殊倾向性的参与者，才会购买更加专业的技术装备。参与户外运动时间和装备的购买没有明显的相关关系。

6. 活动内容的选择

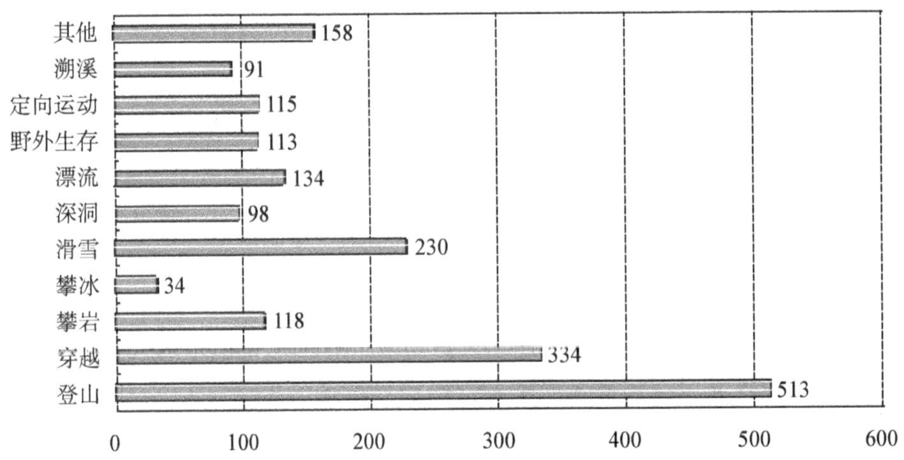

图 4-5 参与项目的选择

从图 4-5 可以看出，登山、穿越和滑雪是参与者选择最多的项目，其次攀岩、定向和野外生存和定向运动。当然，参与者户外运动项目的选择与环境资源密切相关。由于本次调查以北京地区为例，因此，调查这户外运动内容的选择自然受到北京和周边地区地域特征的影响。北京境内平原区的西、北、东北皆为连绵的山峦，山峦以顺时针方向分属西山、军都山、燕山山脉。而西山为太行山脉的支脉，军都山由西山、大马群山、燕山的尾脉纠结而成，燕山又与冀辽界处的七老图山相连。因此，北京郊区和郊县大部分多位山区，绝多位山区的从图 4-5 可以看出，登山、穿越和滑雪是参与者选择最多的项目，其次攀岩、定向和野外生存和定向运动。当然，参与者户外运动项目的选择与环境资源密切相关。由于本次调查以北京地区为例，因此，调查这户外运动内容的选择自然受到北京和周边地区地域特征的影响。北京境内平原区的西、北、东北皆为连绵的山峦，山峦以顺时针方向分属西山、军都山、燕山山脉。而西山为太行山脉的支脉，军都山由西山、大马群山、燕山的尾脉纠结而成，燕山又与冀辽界处的七老图山相连。因此，北京郊区和郊县大部分多位山区，绝多位山区的县份是延庆、怀柔、密云，半为山区的为房山、门头沟、昌平、平谷，不沾山区的郊县只有顺义、通州及大兴。因此，这些环境因素也直接影响到调查的结果。

7. 参与目的和动机

（1）参与目的

参与者参加户外运动的主要目的是休息放松、健身、旅游观光和消遣娱乐。男女并未表现出大的差异，男性参与者以休息放松和健身为主（见图 4-6），女性以休息放松、健身和观光为主（见图 4-7）。参与目的与年龄有一定关系，表现为：

① 26 ～ 35 岁和 46 岁以上两个年龄阶段都是以休息放松和健身为主要目的，并且健身的参与目的比其他年龄段突出。

② 25 ～ 45 岁年龄阶段，交友的参与目的比其他年龄段明显（见图 4-8 和图 4-9）。

25～45岁年龄段。

③16～25岁参与者主要参与目的是休息放松、健身和观光，并且其他的参与目的也比其他年龄段明显。

④36～45年龄段以休息放松为主要目的。这一年龄段是事业最为繁忙的年龄，因此参与者参与户外运动的主要目的是希望到户外寻求休息和放松，远离生活的压力。

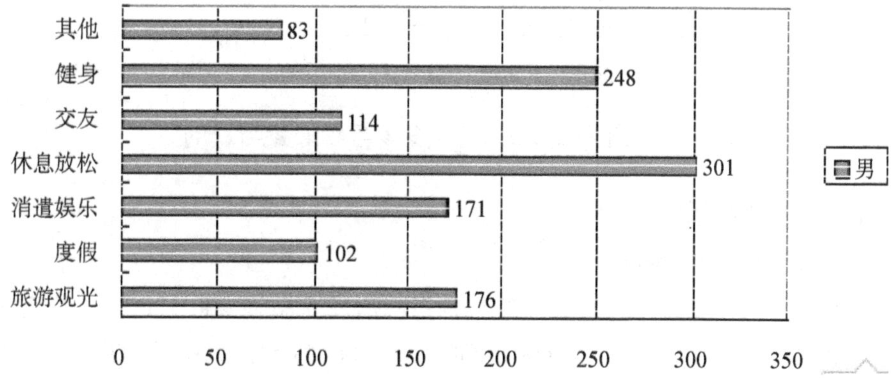

图4-6 男性参与者的参与目的

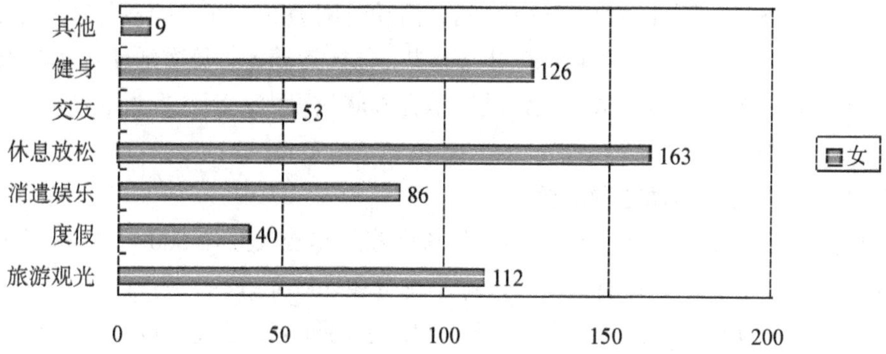

图4-7 女性参与者的参与目的

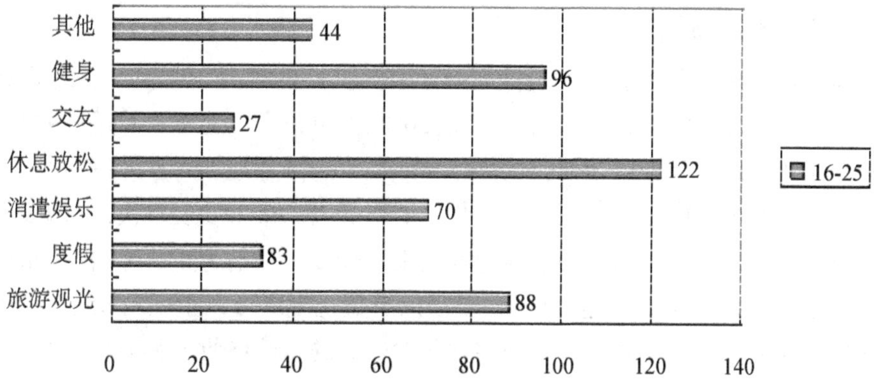

图4-8 16～25岁参与者的参与目的

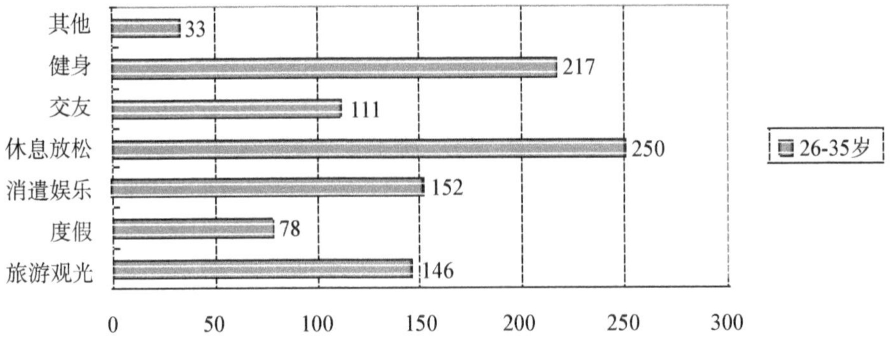

图 4–9 26 ～ 35 岁参与者的参与目的

8. 活动消费情况

（1）每次活动消费情况

从图 4-5-34 可以看出，大部分参与者每次活动花费在 200 元以内（约占 49.6%），有 22% 和 10.6% 的人花费在 200 ～ 600 元间，另外，11.4% 的人每次活动花费在 1 000 元以上。户外运动的活动花费受到活动时间和活动区域的情况影响。数据显示，活动时间越长，相对花费就越多。活动时间为 1 ～ 2 天的参与者，一般花费在 400 元以内；活动时间为 3 ～ 4 天的参与者，花费主要在 400 ～ 600 之间；活动时间为 5 ～ 6 天的参与者，花费则主要在 1 000 元以上。从 4-5-38 —图 4-5-40 可以看出，郊区活动者，每次活动花费在 400 元以内，在领近地区活动的参与者一般每次活动花费在 600 元以内，而在异地活动的参与者花费在 1 000 元以上的最多。

（2）参与者每年活动花费情况

调查结果显示，参与者每年购买装备和设施的花费大致在 500 ～ 2 000 元以内（约占 45% 的人），除此之外，有 19.5% 的人每年花费在 500 元以内，另有 19.7% 的人每年购买装备花费在 4 000 ～ 5 000 间。可以看出，户外运动每年活动装备设施的购置花费比较高。

四、户外运动参与情况分析

1. 参与群体日益增多

户外运动带有一定的刺激性和挑战性，还有其良好的健身、愉悦身心的效果和作用，都使得这一活动所受到的社会关注面广，社会影响力也很大。随着户外运动的发展，户外运动正从专业化走向民间，成为社会性的体育活动，全国各地加入户外运动的人群越来越壮大。户外运动在中国的北京、深圳、广州、上海等大都市中发展较快，由于地理条件的关系，福建、云南、贵州、四川等地参与的人也比较多。目前为止，国内在册的户外运动爱好者（各地俱乐部会员）超过 30 万，全国拥有超过 100 万以上的自助旅行爱好者。户外运动的参与群体主要是年轻人、知识层次相对较高的、经济收入相对稳定的人群，参与人群既有企业家，也有普通职员、新闻记者、在校学生。另外，随着户外运动走入高校课堂，学生社团也日渐增多，学生这一庞大群体近些年开始加入户外的行列，从而大大增加了户外人口的规模。除此之外，各种形式的户外运动比赛也对推动户外运动的发展起到了良好的促进作用。例如，中国登山协会主办的全国群众登山健身大会就是一个很好的例子，自2002年开始，迄今已连续成功举办了四届，活动规模一年比一年大，社会效益和品牌影响逐年增加。2005年，大会承办城市也已经扩展到了12个，4月在青岛举行开幕式，黄山成为闭幕式主办城市，整个大会参与人群达到几十万人，有力地推动了全民健身活动的开展，获得了社会的广泛好评。

2. 整体参与规模仍然不大

户外运动在中国发展至今，只有十余年的时间。据有关调查表明，北京户外运动俱乐部参加活动的人数，1999年活动人次为400人，2000年活动人次500人，2001年3 120人，年增幅很大。从我们的相关调查中还是可以发现，目前户外运动参与人口规模并不大。以北京地区为例，几家大型的户外运动俱乐部注册会员人数都达到了几千人，但是，每年实际参加俱乐部活动的人数却并不多。我们通过三夫活动论坛统计表明（三夫俱乐部组织的户外活动都通过论坛发布消息），2005年度，参加三夫户外运动俱乐部活动的参与者数量总计在1 500人次左右（未计拓展团队培训参与人数），平均每周只有30多人次。大部分户外俱乐部组织活动以每月在1～2次左右，有的甚至一年只有正式组织几次有规模的户外活动。当然，一些非正式的网上户外论坛和俱乐部，以及一些学生社团也吸引了不少的人参与户外运动，然而，这些参与者大都集中在都市青年群体以及部分高校学生群体里，活动的形式通常与自助游和其他旅游活动相混淆，有的只能算休闲自助游，而不是真正的户外运动。学生群体是重要的潜在户外参与和消费人群，他们有比较强的户外运动兴趣和热情，但是也可能是“跟风”的心理效应。另外，中国大学生普遍没有较多的收入来源，因此，这一群体大多是属于网络召集和自发组织活动的积极拥护者，对于户外运动的消费也比较谨慎。

第二节　我国山地户外运动可利用资源的情况分析

一、我国西部地区户外运动资源开发与营销

户外运动是指在野外或在自然环境中进行的、与自然界紧密结合的新兴体育运动。随着中国对外开放、经济改革的快速发展，中国户外运动自20世纪90年代得到了很快的普及。攀岩、漂流、划舟、登山、滑雪、山地自行车等户外项目为广大体育、旅游爱好者所热衷。在21世纪首期的《财富》杂志中，经济观察家预测“休闲运动”将是21世纪7个最佳的投资方向之一。这种状况在欧美和东南亚发达地区已经成为社会现实，而在经济快速发展的中国，户外运动刚刚兴起，它将逐步形成产业规模而得到迅速发展。在我国西部地区有着丰富的户外运动旅游资源，近年我国西部地区的七星国际越野挑战赛、环青海湖国际公

路自行车赛、攀枝花国际长江漂流赛、甘肃定西漳县全国攀岩精英赛、重庆武隆国际山地越野挑战赛等都是国内经典户外赛事。如何借助赛事等平台开发我国西部优势户外运动资源，加强市场开发与营销策划，对于打造户外体育旅游产业知名品牌与推动区域经济社会发展具有重要意义。重庆武隆国际山地越野挑战赛是我国西部乃至国内最大规模的国际户外综合项目的顶级赛事，被体育界人士称之为“中国山地越野赛的开创经典”“中国式的七星越野赛”。同时它也是国家体育总局长期主办，并向全国推广的一种常规性、系列性、定期性、规模性、高水平的品牌赛事，从武隆户外运动资源开发到赛事品牌营销对于西部地区整个户外运动资源的开发都具有典型意义。

1. 西部地区户外运动资源开发背景与资源优势

山地国际越野挑战赛(原称“中国国际极限运动挑战赛”)，集合了当今国内山地运动全能综合最高水平和国际较高水平，一般在人流量大、设施完善、知名度高的风景区内举行，深受举办赛区政府和群众的欢迎支持。它是现代竞技运动与全民健身活动的一种完美结合，是中国山岳文化、地域文化与国际时尚的一种完美结合。由于山地国际越野挑战赛的观赏性、大众性和特殊魅力，产生对国内外体育界、旅游界与媒体界的强烈吸引。每次赛事都在举办地产生了很大的影响，促进了举办地经济文化发展和消费市场扩展，成为了对体育经济和旅游经济直接双拉动的优选体育项目，发展前景广阔。

山地越野及户外运动，起源于20世纪初的欧美国家。由于户外运动体现的快感和愉悦，自然环境的壮美，备受广大体育爱好者和旅游爱好者的青睐，形成了当今人们追求的生活时尚。山地越野赛，是户外运动中的一种成型常规的重要比赛。它的项目主要有：山地越野跑、山地爬涉赛、山溪湖泊舟渡赛、山地自行车赛、丛林定向越野赛、攀岩、岩降、索滑、负重越野、沙漠穿越赛等。这是一个多种奥运项目元素组合而成，考验运动员野外综合技能的耐力、意志，突出团队协作配合的现代新兴运动，成为国际体育界和传媒界重视关注的热门活动项目。目前，国际上常规的高水平越野比赛有：莱得加洛伊斯赛，艾科挑战赛，七星国际越野挑战赛，国家地理动感亚洲越野挑战赛等四种国际越野大赛。其中，以七星国际越野挑战赛最为引人注目。在国际体育传媒的大力支持下，七星国际越野挑战赛主办方曾先后在我国举办了5届。这5届都在我国西部地区，分别是1997年在四川西昌、1998—1999年在云南大理、2000—2001年在云南丽江举行，造成了很大轰动。这些举办地的国际知名度大幅飙升，地方的体育、旅游及经济都得到了很大的促进。重庆武隆国际山地越野挑战赛从2003年开始举办，现已举办了3届。它在重庆东南部的武隆县境内的白果龙水峡地缝、天生三桥、仙女山国家级森林公园、芙蓉江等著名旅游景区举行，设有峡谷溯溪越野、暗河探险越野、穿洞探险越野、攀岩—岩降比赛、森林定向越野、山地徒步越野、山地自行车比赛、峡谷索滑越野、大江皮划艇漂流等比赛项目。武隆地处渝东南，乌江下游要道，武隆山和大娄山结合部，地形奇特，喀斯特地貌，立体气候，乌江峡谷山水一色，别具一格。在旅游资源方面，武隆地貌奇特壮观，旅游资源得天独厚，融山、水、洞、泉、林、峡于一体，集雄、奇、险、秀、幽、绝于一身；景点特色上，有独具特色的天下第一洞—芙蓉洞、天坑三桥、武隆地缝、仙女山草原、乌江画廊等；气候方面，武隆气候温和，四季分明，游人可享受到不同季节的乐趣。独特的旅游资源为户外运动赛事的开展提供了良好的支撑。

在户外运动开发方面，武隆已经被国家体育总局列为国家户外运动训练基地。武隆地区的户外运动资源优势主要体现在四个方面：首先是以武隆芙蓉洞群为代表的科考探险基地；二是以芙蓉江为代表的水上运动中心，芙蓉江户外资源十分丰富独特，峡、峰岩、滩溪、瀑潭景景各异，融山、水、洞、林、泉、峡一体，是举行湖泊渡舟、皮划艇、龙舟、帆船、过江速滑等赛事的良好场所；第三，是以仙女山高山草原为中心的户外运动基地。仙女山是举办山地越野、负重越野、山地自行车、赛车骑马、高山滑雪、滑草、风筝等户外运动项目的理想场所；第四是以天生三桥、龙水峡地缝为中心的旅游探险基地，天生三桥是国家4A级旅游区，属亚洲最大的天生桥群，龙水峡地缝险峻幽深、怪石峥嵘、明涧湍急，它们雄奇、苍劲、神秘、静幽的原始风貌和自然岩壁攀岩、溯溪、索滑、穿越等项目极具吸引力和挑战性。同时武隆还有黄柏渡漂流、白马山原始森林探险等户外运动资源。

2. 加强户外运动资源开发与整合，打造武隆优势资源平台

武隆地区境内沟壑纵横，峡高谷深，植被茂盛，户外运动资源丰富独特。然而资源优势并不等于市场优势和产业优势，只有通过对资源的整理、包装，以及相应的交通、融资等配套支持才能打造进入市场的优质资源平台。从2002年申办国际赛事开始，在申办、策划以及筹备的近一年时间里，武隆县委、县政府做了大量的工作，重庆市体育局给予了有力的支持和帮助。为了办好2003年中国重庆武隆国际山地越野挑战赛，曾进行了多方面的资源整合与配套基础设施工作：一是全面启动举办大赛的专项资金筹措工作，多渠道、多形式筹集活动资金，保障赛事的顺利进行；二是加快交通路段建设，投入大量的人力、财力、物力，整治和维修主要的交通基础设施，并重点加强重庆到武隆的主干道路建设；三是加强接待设施扩建人员的培训工作，全面整顿县内各大景区的旅游环境，对所有宾馆，酒店工作人员进行全面培训，进一步提高服务质量，营造和谐舒适的氛围；四是中英美联合科考探险队曾7次到武隆考察并取得了大量成果；五是科学合理布局比赛的赛道和路段。在赛事准备过程中中国登山协会的专家多次深入武隆，反复实地勘察和设计，确定比赛赛道与路段。

该赛事一个独具匠心的亮点在于比赛项目的组合与赛道的设计。中国登山协会在赛道的勘察与设计上，依据比赛项目前后连接的最大合理性，在国家级著名风景区芙蓉江大峡谷、白果龙水峡地缝、天生三桥，仙女山森林公园等地形成了一个天然的比赛回环线路，比赛线路总长度约为200km。这种设计充分依托了武隆地势特点和兼顾运动员力量及体力的合理分配，路段既长，难度又大，比赛的挑战性显而易见。通过大量的户外资源的整理和开发，武隆的户外运动资源优势很快通过国际户外赛事体现出来。

3. 以赛事为龙头打造武隆户外运动知名品牌

“户外运动”包括的内容其实是十分广泛，所表现的方式也是多种多样的。从一般的郊游或徒步旅行到登山、攀岩、山地自行车以及漂流、滑翔等，都被归类为户外运动。户外运动是一项专业性较强的活动，除了对参与者本身体能的要求外，还需要能适应天气和

复杂的地理环境，作为户外运动的第一道“保护屏障”。目前中国户外运动人口不断增长，致使户外运动市场迅速扩张。重庆市武隆县紧随社会发展的潮流，抓住了这一市场机会，利用自身的地理条件成功地举办了多次户外挑战赛。通过国际比赛的宣传效应及影响力，户外运动等体育旅游将形成武隆旅游的发展重点和武隆经济的重要增长点。

自 2003 年第一次成功举办户外运动挑战赛以来，武隆被广大的户外运动爱好者誉为“中国户外运动基地”。武隆现在之所以能够称为“中国户外运动基地”的美誉，是因为有天然的美丽景色和地质奇观所产生的。重庆武隆在吸取前几届户外运动赛中的经验教训中，现在已经探索出了一条利用户外运动的赛事来把武隆的天然旅游资源展现在广大旅游爱好者面前的新途径。尤其是 2005 年 10 月份举办的第三届“2005 太极杯中国重庆武隆国际山地户外挑战赛”，它已逐步经成长为国家体育总局长期主办，并向全国推广的一种常规性、系列式、定期性、规模性、高水平的品牌赛事，为推动以户外运动为品牌的区域体育旅游乃至常规旅游的发展提供了强大的支撑作用。近年来我国在西部部分地区已逐步认识到大型户外赛事对于开发优势资源，打造优势市场和知名度的重要价值，举行了一系列国内外重大的户外赛事，塑造了一批户外运动知名品牌。

4. 加强市场运作，突出营销策划与创新

户外运动是一项大众体育健身活动，同时又是一种户外旅游项目；是经济性很强的体育文化事业，又是体育健身性很强的经济事业，是大众体育文化活动与休闲旅游活动的良好结合。在当前市场经济条件下，体育赛事特别是品牌体育赛事蕴藏无限经济价值。良好的市场开发与运作成为现代体育赛事成功举办的重要特征。通过市场运作获得经济资源支持，为运动资源的更全面和深层次开发提供支撑，同时为企业宣传企业文化和品牌提供了优质平台，拉动相关产业的发展，带动地方经济的发展。“体育搭台，旅游唱戏”成为当前多数户外运动开发和赛事运作的根本动力和目标。

武隆国际山地越野挑战赛 2005 年与太极集团合作获得 100 万元的冠名赞助费，大大推动了赛事与企业营销的良性循环。2003 年举办首届比赛时，吸引游客 50 万人次，第 2 届增加到 86 万，第 3 届预计达到 100 多万。该县财政收入每年以 50% 的比例增长，与举办国际山地户外挑战赛不无关系。成功的户外运动资源市场开发和运作需要重视几个方面：首先是市场开发观念的更新。要认识到户外运动资源开发本质上是一种提升展示区域形象、发展区域旅游产业和体育产业的经济活动。其次是赛事举办和市场开发要与当地的资源相匹配，具有相应的背景依托和支持，包括著名旅游景区、民族文化、地形地貌资源等。如青海湖自行车赛是依托独特高原环境和青海湖景区，云南丽江国际七星越野赛是依托深刻的民族文化底蕴、历史文化名城和良好的生态环境。当然户外运动市场的开发还需要交通、通信等相关基础设施的配套；第三，在市场开发中突出营销策划与管理。当前的市场经济是一种差异化经济，差异化就意味着一种不能简单模仿复制的核心竞争力。因此谁能在市场开发中打造特色化，就意味着谁能把握市场优势和产业的制高点。如青海湖国际公路自行车赛就利用高原环境和高原湖泊打造出了一种西部乃至国内不能模仿的独特价值，被称为世界上最高海拔的国际性公路自行车赛。这种特色化的竞争优势需要一项长期

的对本地资源的整理、判断和创新工作，需有魄力和大手笔的营销创意加以配合。如湘西凤凰“棋行天下、天下凤凰”的大手笔创新，张家界“飞越天门洞”的创举都是与大胆而又细致的营销策划与组织管理紧密联系的。

武隆国际山地越野挑战赛也无处不体现了营销策划的智慧，全面着手抓好实地调研、赛事策划、人员分工、市场开发、新闻宣传等主要工作环节。如从2004年开始，在举办赛事的同时举办高规格“体育旅游论坛”，包括在2004年举办了“第一届中国喀斯特地貌体育旅游发展论坛”，2005年10月举办了“首届中澳体育旅游论坛”，大大提升了赛事的内涵与知名度，与赛事相得益彰。2005年吸取前两届举办挑战赛的经验，进一步创新武隆体育旅游形象宣传和文体活动开发思路，不断拓宽武隆体育旅游的市场营销和投资渠道，增强武隆体育文化事业的发展后劲。包括进一步以“山”为活动主线，由山带水，活动设置种类多样，内容丰富多彩；进一步体现运动性、趣味性、地域性和文化性交互的浓郁氛围。

5. 借势造势，打造武隆特色旅游平台和健身产业基地

户外运动业是一种明显的复合型产业，首先是体育产业和旅游产业的结合体。因此在户外运动资源的开发中要与本区域其他旅游、商贸等优势经济资源相互配合和搭配，共同打造互生与共赢的平台。如2005年青海以举办环青海湖国际公路自行车赛为契机，全省各地区、各部门都借助赛事扩大宣传，配合比赛开展了一系列丰富多彩的群众体育、文化、旅游、商贸等活动，以大型文艺演出、民族传统体育、民间民族文化展览、物资交流、商贸洽谈等活动，吸引了大量的人流和物流，招商引资达5.5亿元；2005年重庆市第7届歌乐山旅游文化节中就安排了定向越野赛、拓展训练挑战赛等户外活动。又如2005年首届甘肃定西漳县贵清山旅游文化节暨全国攀岩精英赛，2005年中国龙山全国滑翔伞锦标赛暨湘鄂渝民族文化艺术节活动，都是文化节庆旅游与户外运动赛事的经典组合，是户外运动以节造势，以节聚客的市场表现。2005年10月13日举办的武隆“太极杯”户外挑战赛被纳入三峡国际旅游节活动体系，在整个赛事前后，还同时举办第3届重庆丰都中国“神曲之乡”民俗文化节暨第14届鬼城庙会、重庆黔江中国土家摆手节、中国第6届白帝城天坑地缝国际旅游节、第7届南岸泉水鸡文化节和第3届重庆云阳三峡移民文化节等一系列活动。早在2005年“十一”旅游黄金周，为了配合即将到来的第3届中国武隆国际山地户外挑战赛，武隆县旅游局8月底就全面启动了一系列宣传促销活动，并借助重庆亚太市长峰会的东风，尤其是将“十一”黄金周旅游宣传促销与2005中国武隆国际山地户外挑战赛宣传有机结合，取得了显著成效，扩大了武隆对外吸引力和知名度，加强了旅游宣传促销攻势，拓展了武隆客源市场，为“十一”黄金周及2005中国武隆国际山地户外挑战赛的成功举办奠定了良好基础。

户外运动赛事举办的主要目的在于带动赛后体育旅游活动的开展和大众旅游的兴起，从而通过赛事的宣传和聚积效应打造优质旅游平台和健身产业基地。因此在赛后要充分利用赛事效应加强大众户外运动的开发，从而真正做到户外运动资源的深度综合开发。武隆县在2005年10月赛事期间向各大旅行社推出“体育旅游线”，它是结合第10届三峡旅游节“市民节日”主题，针对2005年户外挑战赛推出的一个旅游新品种。游客可在观赏选

手比赛的同时或比赛后，沿着选手比赛路线，遵循选手比赛同样规则与装备对比赛的过程进行参与体验。

二、体育休闲与户外运动的市场需求分析

1. 四川省体育休闲与户外运动的资源优势

（1）四川省体育休闲与户外运动的自然资源优势

四川省位于我国西南地区、长江上游，全省总面积 48.5 万平方公里。西有青藏高原相扼，东有三峡险峰重叠，北有巴山秦岭屏障，南有云贵高原拱卫，形成了闻名于世的四川盆地。整个四川盆地又可以从西到东又可以分为川西高原地区、成都平原和川东丘陵地区。四川的山地资源丰富，境内河流众多。四川气候总的特点是：区域表现差异显著，东部冬暖、春早、夏热、秋雨、多云雾、少日照、生长季长；西部则寒冷、冬长、基本无夏、日照充足、降水集中、干雨季分明；气候垂直变化大，气候类型多，冷暖适合，湿度适中。

（2）四川省体育休闲与户外运动的人文资源优势

民族风情浓郁。四川省位于中国西南部，是一个多民族的大省，有 55 个少数民族，其中世居的少数民族有 14 个，是全国最大的彝族聚居地，第二大藏族聚居地和唯一的羌族聚居区。各兄弟民族都有自己独特的休闲方式和体育竞赛项目。具有广阔的市场优势。四川是全国的人口大省之一，庞大的人口基数增加了群众参与户外运动的可能性。人们对户外运动的了解和认识度比较高，加上开发商的大量进入以及俱乐部相应的建立，使得群众参与户外运动的可能变成现实，很多群众愿意花时间和精力去参与体育休闲和户外运动。技术力量雄厚。四川登山户外运动协会和四川山地救援队有技术娴熟、体能充沛的专业人才；成都体育学院、四川师范大学、成都理工、西南科技大学、四川烹专等院校设置了体育休闲与户外运动专业，开设了体育休闲与户外运动专业课程；所有这些都为推动四川省体育休闲户外运动顺利开展培养了大批的骨干力量。

2. 四川省体育休闲与户外运动的市场需求

近年来，随着我国经济的迅速发展和人民生活水平的不断提高，越来越多的人利用节假日走向户外，走进自然，并自觉地与运动健身相结合起来，形成了声势浩大的体育休闲与户外运动热潮。四川省就成为了体育休闲与户外运动的一片热土。就体育休闲与户外运动的市场需求我们在四川省内进行问卷调查，随机抽样获得样板 632 份，讨论以下的相关问题：

（1）体育休闲与户外运动的兴趣

如图 2 所示，参与体育休闲与户外运动频率每月 1 次的占总数的 12.7%，每月 2 次的占 15.1%，每月 3 次及以上占 17.2%，不固定的占 50.9%，1 次都没有的占 4.1%。从这可以看出绝大部分调查对象都参与过户外运动，而且多次参与户外运动的比重也非常之高。同时，在本次调查中，大多数调查对象对户外运动都有不同程度的了解，而且都有参与户外运动的愿望。通过以上调查可以得出，人们对体育休闲与户外运动浓厚的兴趣，对四川省体育休闲与户外运动的发展具有良好的推动作用。

（2）对体育休闲与户外运动项目的需求调查

如表 1 所示，人们参与的户外运动项目主要集中于登山、野营野炊和徒步旅游，之所以这 3 种户外项目受到大多数人的喜爱，总结主要原因是这些项目出行简单，对场地、装备都要求不高，难度、危险度都不是很大，比较舒适和休闲，适于大部分人的需求。

（3）户外运动用品市场需求分析

①户外用品的价格定位

本次调查还对体育休闲与户外用品价格的满意度进行了考查，用以体现对户外运动市场的全面了解。结果表明，被调查者的大多数人认为户外用品的价格定位偏高，满意度只有 7.9%，不满意和非常不满意之和占总数的 46%。出现这种情况的原因有以下几点：首先，户外运动装备是针对特殊要求而生产制造的，都具有一定的功能，而要达到这种功能的良好效果对生产技术的要求就非常高了，同样户外装备使用的也是高科技材料，所以制造成本就比一般服装、用品高出许多。再者就是相关部门对户外产品的价格定位也没有一个具体的标准，很多定价都是虚标的很高，也就是说其中的利益巨大。

②购买体育休闲与户外用品的人群分类

需求是在一定的时期，在既定的价格水平下，消费者愿意并且有能力购买的商品数量。体育休闲与户外运动属于文化奢侈需要，消费具有弹性程度较高，比较难于达到饱和度的特点，是一个潜力巨大的市场。“产品需求”是消费者的心理变数，“购买力”是消费者的行为变数，按“产品需求”和“购买力”，将四川省购买体育休闲与户外用品的消费者进行分类：第一，低需求、低消费力者。对体育休闲与户外活动缺乏基本认识和经济能力，认同、接受力低。中低收入者是这个群体的主要组成部分，在调查中显示有 70.1% 调查对象的生活费余额在 500 元以下，他们的生活依然维持在不宽裕的状态，没有多余的能力去进行这个领域的消费；第二，高需求、低消费力者。对体育休闲与户外运动感兴趣，对户外休闲产品认识较专业、品质需求较高，但消费力或对产品的消费价值观较低。这一部分人是目前四川省内以及国内户外运动产品的主要消费人群，他们主要是大城市内的年轻人、学生以及中等收入的工薪阶层。他们接受良好的教育、善于了解和接受前沿的咨询，关注户外运动及其产品并具有一定程度的认识，但在消费力上属于中低水平；第三，低需求、高消费力者。对体育休闲与户外运动的兴趣一般，对户外休闲产品认识不够充分、产品要求不高，但有较高的消费能力。这类人是专属户外品牌商家的目标群体，是实现商业目标的基础，但这个群体也是其他所有非生活必须消费市场要抢夺的目标群体，所以如何引导他们的消费观念、如何培养市场，将会是一个长期投入的工作；第四，高需求、高消费力者。对体育休闲与户外活动非常关注，对其产品要求很高，并且有较高的消费能力。这一群体是户外休闲产品、户外休闲消费概念的核心受众，对相关产品及品牌有较高的忠诚度，他们容易接受商家设定的消费观念及功能宣传，有能力消费高端产品，是商家借以影响其他群体的媒介，但这个群体是 4 个群体中规模最小。

3. 四川省体育休闲与户外运动的安全救援

（1）四川省体育休闲与户外运动的安全状况

体育休闲与户外运动的不断快速发展，在活动过程中的伤害事故也频频发生。尤其是“5.12 汶川大地震”后，发生次生灾害的可能性大大增加，对开展体育休闲和户外运动有很大隐患。2009 年 1 月 29 日，四川省简阳市 9 名大学生趁春节放假之际，相约前往都江堰市赵公山登山，因不熟悉山区冬季自然气候变化，不知山上积雪后地形难以分辨，冒险从赵公山顶穿越泰安镇。在途中因前路中断，大雪覆盖迷路。同年 5 月，美国爱德嘉峰登山队攀登位于四川省甘孜州海拔 6 618m 的爱德嘉峰，但在原定的下撤期内，3 人未按时返回大本营，由于山区没有通信讯号，大本营队员无法与攀登队员取得联络。事故造成 2 人死亡，1 人失踪。2011 年国庆期间，2“驴友”在雪宝顶遭遇雪崩 1 死 1 伤，10“驴友”和一名向导、3 名背夫穿越四姑娘山失去联系 2 周。一系列事件为户外运动敲响了警钟，如不重视安全问题将严重影响四川省内的体育休闲与户外运动的发展。

（2）四川省体育休闲与户外运动救援的现状

户外运动救援机构应该是由国家体育总局登山运动管理中心领导下，由各地方、各景区具体实施救援的一个有组织、有领导的救援体系。1979 年经四川省人民政府批准，四川省登山协会正式成立（后改名为四川省登山户外运动协会），负责四川省内山难与户外运动事故的处理。四川省登山户外运动协会山地救援工作委员会，是四川省登山户外运动协会下属的一个分支机构。2009 年在四姑娘山国家级风景区又成立了四姑娘山应急分队，在泸州成立的山地救援队救援犬基地，现有救援犬 6 只。四川省山地救援队的主要职责是，在四川省人民政府，和省体育局的领导下开展救援工作，主要负责四川省境内的山地救援工作及其他各种地质灾害救援防灾减灾培训等各种救援工作。协会成立至今，共处置登山户外运动事故失踪及遇难救援 20 余起，得到了外交部、体育总局登山运动管理中心、四川省人民政府、社会各界及失踪遇难者家属的肯定及表彰。

4. 四川省体育休闲与户外运动存在的问题

（1）管理关系未理顺权限责任不清楚

政府管理层次过多，政企不分、政社不分、政事不分，以及很多不该管、管不了的事务性工作，继而削弱了政府的宏观管理职能。社会社团管理型由于各自特定的利益关系，在管理中的利益分配、沟通与协同等方面也不易能够协调，甚至会发生争执和相互抵制等问题。体育休闲与户外运动是一项集体育、旅游、教育、科学探险为一体的新生项目群，涉及的范围广，内容多，单单靠政府来进行管理和监督，是很难得以实现的。

（2）参与者价值观念和安全意识的偏离

一些“驴友”热衷于“穷游”，认为参加体育休闲与户外运动花钱越少就是表现自己水平越高缺乏，必要的安全意识淡漠，必须得装备器材、后勤支撑缺失，拿生命当儿戏，“AA 制”结伴出行而无责任主体，进入景区不如实报告行动方案、活动内容和行进路线，由人为失误导致的山难屡在此类人群中发生。

（3）户外俱乐部管理不规范，户外专业人员匮乏

在调查中发现，现今市场的户外俱乐部、拓展培训公司参差不齐、良莠难辨，市场门槛过低，准入较为自由随便，缺乏管理监督，有些根本就不具备组织体育休闲与户外运动的资质和条件；收费无物价部门审定，从暴利到价格竞争无所不有，形成恶性竞争；领队和教练缺乏系统知识的培训，水平难以提高，缺乏资质的“滥竽充数”也不在少数；市场供需双方尚没有意识到活动性服务的质量构成。

（4）户外用品缺少制定标准，产品品种价位过高

户外体育休闲产品呈现为趋同化，产品品种少、质量差问题普遍存在，缺乏创新和对产品的深度开发。户外休闲产品价位不够大众化，相关部门也没有对价格问题制定标准，致使户外用品价格一直趋高不下，使消费者望而却步。尤其是围绕着登山、野营和漂流穿越等项目，对消费该服务的文化内涵和技术知识的挖掘还在摸索阶段，从而抑制了该产业的继续发展。

（5）四川省体育休闲与户外运动救援存在的问题

目前，四川省救援的联动机制缺乏，相关法律法规缺乏，救援的基础配套设施缺乏，以及救援资金无法到位，各部门之间的衔接造成了断流等，是当前在救援中存在的主要问题。如何联动社会上的救援组织、医疗、公交消防部门的资源，设立政府统筹联动管理机制，以畅顺解决应急救助、资金垫付、善后处理等系列复杂问题，整合成一套一体化的救援体系，对四川体育休闲与户外运动救援具有重要意义。

5. 解决对策

四川有优秀的体育休闲与户外运动资源优势、人才优势、技术优势，四川省要在“西部大开发”中实现跨越式的发展，以体育休闲与户外运动为旅游这个支柱产业带来更多的客源和资金不失为一种创新手段。但是，体育休闲与户外运动中有很多项目属于高危险性项目，5.12 汶川大地震后次生灾害的可能性大大增加，安全问题就更为重要。政府要加紧制定体育休闲与户外运动的政策法规，加强理论与实践的研究和安全管理，才能促使四川省的体育休闲与户外运动科学、安全、健康、有序的发展。

（1）以防为主

大力开展体育休闲与户外运动安全知识教育通过教育手段增加参与者和从业者的安全意识、安全知识与安全技能，强化登山户外运动组织机构的安全文化建设和职业道德建设，从而规范登山户外运动管理，减少相关人员的不安全行为。加大宣传力度，提高公众对登山户外运动的认识，唤起社会公众对登山户外运动安全问题的关注。

（2）制定和完善相应的政策法规

为体育休闲与户外运动的开展提供法律依据政策法规能够从政策法律的权威性和强制性的角度来规范和指导登山户外运动从业人员的行为，强化从业人员的安全防范意识，从而为登山户外运动安全风险管理创造良好的社会环境。制定、实施登山户外运动救援法，从救援主体、责任、义务和救援保险等方面予以规范，减少不必要的法律纠纷。

（3）建立完善的安全预警系统

登山户外运动安全预警是指围绕登山户外运动安全收集相关信息并采取科学的理论和方法对未来的登山户外运动安全做出判断、发出警告的方法。通过登山户外运动安全预警分析，可以探明风险产生的原因，有利于登山户外运动安全标准的制定与实施，也给登山户外运动安全教育培训提供了一个高效的平台。登山户外运动安全预警对政府制定未来登山户外运动政策、采取有效措施消除登山户外运动安全隐患具有重要意义。

（4）研发体育休闲与户外运动安全网络监控系统

相关的科研单位研发了一批与应急平台相关的信息系统和管理系统，如美国的NEMIS国家应急管理信息系统、FEMIS联邦政府应急管理信息系统和CAMEO计算机辅助应急执行管理系统等，包括遥感影像的生成和3D-GIS地图，而有大量真实遥感数据的支持，能够产生高真实感的三维地形地貌，还可利用3G多媒体传输音像数据远程移动传输，可以在现场施救、监控和可视化指挥中发挥重要的作用，为救援队伍找出事故发生地提供了便利途径，大大加强了遇险者获救的机会。

（5）强化体育休闲与户外运动预警系统

体育休闲与户外运动安全预警系统结构的复杂性和特殊性要求系统的行政组织机构应是多个政府职能部门的协调系统。应该融合体育局、气象局、公安局、卫生局和信息发布机构等职能体系。整合信息通信指挥系统，加强应急指挥信息网络建设。在安全信息发布上，要充分利用当前移动网络技术的发展和手机等移动通信工具的普及，提前发布天气预报、疾病灾害、地质情况等的信息，以便户外运动者掌握及时信息，快速调整运行路线和方案，减少因为信息不了解而产生的伤亡事故的发生。

（6）建立体育休闲与户外运动救援联动

救援联动机制是为了实施户外救援而建立，涉及与户外安全各相关层面的组织机构的分工与协作。可以在应急委员会下设置分支机构，并将相关部门的一些机构吸收为常设单位，定期组织召开联席会议，明确各自的职责，分析遇到的灾难险情，随时修订完善各类计划，使之更加切合实际、更能发挥每个部门的作用。事件发生时，动员各方力量，组织应急反应，进行应急指挥。提供应急经费保障，组织反应迅速的安全救援系统。结合当地经济发展状况，建立与经济增长和社会需要相一致的经费保障机制设立专门基金，用于进行预防、处置、补偿、设施恢复等项目。除此之外，还要动员社会各机构、各阶层的力量，如民政部门、保险公司、慈善机构等，定期进行资金募捐，以平时备急需，形成全方位、多渠道的救援经费，为政府承担一定的经费开支。组织反应敏捷、行动迅速的安全救援系统，协调各相关层面的组织机构和包括登山户外运动救援的分工、协作的工作体系。

（7）推出体育休闲与户外运动保险制度

保险对个人来说是风险发生后主要的经济补偿手段，对俱乐部来说是意外事故发生后迅速恢复运转的有力经济支持，而对管理者来说是市场经济条件下整个行业持续健康发展不可或缺的必要条件。体育休闲与户外运动保险的设立，为登山户外运动的健康发展提供一份保障，为我们的户外爱好者减少后顾之忧，也为救援队救援工作的开展提供保障，必将推动户外运动的发展，也有利于救援工作的进行。

三、湘西德夯地区户外运动资源开发

随着人民生活水平的不断提高，旅游的需求也渐渐的发生变化，人民逐渐地从单纯地观光旅游更多地向参与性、休闲性、探险性旅游发展，为体育与旅游的结合，提供了很好的发展机会。户外运动作为旅游业与体育产业相结合的一个新的领域，既能让人们亲近自然，放松身心，更能让人们参与其中，体验到不一样的乐趣。

1. 德夯地区户外运动的swot分析

(1) 德夯地区户外运动的资源优势分析

独特的户外运动资源优势德夯风景区隶属湘西自治州州府吉首市，属省级风景名胜区，近年来，景区一直以奇桥、奇路、奇谷、奇瀑、奇台、奇俗、奇味为主要内容打造德夯地区奇观景区品牌。德夯属于典型的卡斯特地形，景区内的山地、瀑布、洞穴和峡谷等资源为登山、攀岩、瀑降，峡谷负重、徒步穿越等户外活动提供了天然场所，同时著名的公路奇观——矮寨天险，是进行自行车赛、休闲骑行的绝佳之地。

②拥有优越的户外运动基础

德夯曾于2002年成功举办湘西德夯国际攀岩溯瀑精英赛；于2011年8月举办首届中国德夯国际山地户外旅游节；于2012年9月举办首届矮寨国际低空跳伞节。这些赛事的成功举办，为德夯地区户外运动的进一步发展打下了坚实的基础，同时也提供了可借鉴性经验。

③优越的自然生态环境

德夯地处云贵边缘与武陵山脉相交所形成的武陵大峡谷中段，属亚热带季风气候，四季分明。在适宜的山地亚热带季风气候生态环境下，景区内有丰富的动植物资源。如：动物资源包括猴群、野豹、穿山甲、岩鹰、锦鸡、雉鸡、竹鸡等；稀有树种野生腊梅林、银桂林、银杏树、珙桐、金钱树等。德夯以其所特有地形地貌景观以及原始森林等自然生态环境，外加淳朴的苗寨民族风情、古老的农耕文化而备受旅游者的青睐。

④民族传统体育文化资源丰富

德夯独特的地理位置，使得土家族、苗族少数民族的传统文化保存相对完整。由于其民族区域节庆文化相对较多，且形式多种多样，许多传统的体育项目被作为表演形式保留了下来。如：苗鼓、摆手舞、蹴球、陀螺、龙舟竞渡、土家族武术等。这些独特的民族传统体育集娱乐、健身、宗教信仰、民俗、神话传说等于一体，具有较高的观赏、医疗健身以及休闲娱乐等社会价值。它们以鲜明的民族品格、独特的文化内涵、浓郁的原始气味、浑厚的历史氛围、显著的地域特色、欢快的生活情调以及丰富多彩的表现形式对国内外游客将产生巨大的诱惑力。

（2）德夯地区户外运动的资源劣势分析

①资金短缺，户外运动设施不完善

由于湘西地区经济发展比较落后，资金不足，同时政府部门对其的扶持与关注极少，所以对户外运动的投入有限。致使户外运动设施不完善，没有可以承办大型户外运动赛事的设施。

②经济落后，交通不发达

湘西州是一个典型的“老、少、边、穷”地带，资金紧缺的问题一直影响和制约湘西地区旅游资源的开发和旅游业的发展。同时湘西属于典型的山地地区，交通闭塞，交通不发达同样是制约湘西州旅游发展的重要因素。

③户外运动专业人才匮乏，救援设施不完善

户外运动属于比较特殊的体育项目，是一项在自然场地举行的一组集体项目群，是一项具有高度危险性的活动。包括登山、攀岩、探险等项目在内的户外休闲运动，多数带有探险性，属于极限和亚极限运动，有很大的挑战性和危险性，所以该行业需要特定的专业人才。目前我国从事户外运动方面的技术人员并不多，专业技术不扎实。当面对突发事故和紧急情况风险和预判意识薄弱，同时我国目前并没与出台可行的管理条例，致使户外运动存在着很多的安全隐患，制约了户外运动的发展。

（3）德夯地区户外运动的资源的机会分析

①户外运动市场发展潜力巨大

随着我国经济的快速发展，居民生活水平的不断提高，人民开始追求高质量的生活。但与此同时人民的压力不断增加，社会竞争日趋激烈，人们需要放松身心，同时寻求刺激的活动进行发泄。户外活动是具有刺激性、挑战性、探险性于一体的户外休闲体育，是人们休闲旅游、释放压力的最好选择。同时我国现实行双休制，伴随着端午节、五一、中秋节、十一长假等为人民提供了越来越多的休闲时间，人民有更多的时间可以参与到户外运动中来。在新世纪首期的《财富》杂志中，经济观测家预测了 21 世纪 7 个最佳的投资方向，其中之一是“户外运动将大行其道成为人民生活的重要内容”。随着户外运动的迅速发展和普及，一个新兴的户外运动产业正在逐步形成规模，带动无限商机。户外运动现已发展成为一种产业，而且已被公认为是前景良好的朝阳产业。

②区域经济文化发展政策支持

党中央、国务院出台的《武陵山片区区域发展与扶贫攻坚规划（2011—2020 年）》，明确了武陵山片区区域发展和扶贫攻坚的总体要求、空间布局、重点任务和政策措施。同时《武陵山区（湘西）土家族苗族文化生态保护实验区总体规划》经文化部评审获得通过，标志着湘西民族文化的建设和非物质文化遗产保护工作步入了一个新的里程碑。我们将以此为契机和动力在保护好资源的前提下开发好资源，深入挖掘民族文化内涵，致力提升民族文化品位，大力推进文化产业与旅游产业的深度融合，精心开发区域性旅游商品。这也为德夯地区开展户外运动带来了很好的机会，我们要抓住政府对湘西地区的扶持政策，加大力度发展体育旅游业及其相关产业，带动湘西地区资源的可持续发展。

③矮寨大桥人文景观资源魅力独特

2012 年 3 月 3 1 日，创造了 4 个世界第一的矮寨大桥正式通车，意味着长沙至重庆高速公路的全线贯通，将改变湘西落后的交通状况，同时加强了与重庆、贵州等西部各省市的联系。矮寨大桥的建成通车不但在交通上促进德夯与外界的交流，同时也大大地提高了德夯风景区的知名度，为德夯地区的进一步开发提供了更为有利的条件。

（4）德夯地区户外运动的资源的威胁分析

①国内及周边地区相似资源的威胁

四川、广西、贵州等临近省份的户外运动活动相继开发利用，并颇有成效，尤其以临近的重庆武隆山地区的户外运动挑战赛最为突出，该赛事规模巨大，利用武隆喀斯特世界自然遗产等自然资源优势，打造国际户外运动赛事品牌，使中国重庆武隆国际山地户外运动公开赛成为国际一流的品牌赛事。该赛事已和“英国莱德加洛斯赛”和“澳大利亚艾科挑战赛”并称为世界三大山地户外运动赛事。这对户外运动市场带来了一定的冲击，使得户外运动行业的竞争变得异常激烈，德夯地区要想游业从本质来说，是以追求人与地、人与天相互和谐为卖点。但是，在户外运动开发以及旅游资源的开发过程中，生态环境将会遭到一定的破坏。一些户外运动设施的建立也也将会对风景区造成一定的破坏，同时随着户外运动的开发，一些户外运动的相关产业也会相继开发，有可能会造成资源过度开发，从而导致环境污染以及生态破坏。同时大规模的户外运动爱好者以及游客会对德夯地区的民族传统文化有较强的同化作用，会对当地很多的传统民族文化造成一定的冲击。

2. 德夯地区户外运动的市场细分与产品定位

（1）德夯地区户外运动的市场细分

市场细分是指营销者通过市场调研，依据消费者的需要和欲望、购买行为和购买习惯等方面的差异，把某一产品的市场整体划分为若干消费者群的市场分类过程，强调利用一定需求差别因素或细分因素，把某一产品整体市场消费者划分为若干具有不同需求差别的群体。所以德夯户外运动市场应该根据自身情况进行细分，根据不同的消费群体，有针对性的制定合理的营销手段。消费者不同的需求决定了市场如何细分，影响消费者需求的因素有很多，所以要综合各方面的因素对市场进行细分。一般来说，消费品市场的细分标准要考虑四个方面的因素：地理因素、人口统计因素、心理因素和行为因素。结合户外运动的特性，德夯地区户外运动市场影响因素是多方面的，主要有：地域因素、年龄结构、收入水平等。具体分析如下。

①年龄结构分析

一般来说进行户外运动的消费者一般是在20岁到60岁之间，尤其是以20到30岁之间，这些年轻人一般处于事业的起步阶段，有精力，有时间，同时猎奇心强烈，喜欢挑战新鲜事物。40到45岁之间的中年人，他们一般事业有成，经济基础比较好，同时压力比较大，需要外界的刺激来释放压力。还有45到60岁，他们一般是属于享受人生的阶段，他们有一定的经济基础，同时消费能力比较强，同时也明白了身体锻炼的重要性，肯花精力、时间来从事户外运动。而20岁以下以及60岁以上的群体，因为学业以及年龄的影响，参与户外运动相对较少。

②地理因素分析

户外活动与地理环境有着密不可分的联系，户外运动的开展必须依附于特定的地理条件，德夯位于湖南西部，与贵州、重庆、湖北、广西等临近，同时近几年，常德到吉首、长沙到吉首以及重庆到吉首的高速全线贯通，这为德夯户外运动的发展提供了便利的交通条件。同时德夯以矮寨大桥通车为契机，先后举办了矮寨大桥国际低空跳伞节、阿迪力高空走钢丝等系列活动，震惊全国，吸引了无数人的关注。

③收入水平分析

与年龄结构分析相结合，25 到 40 岁之间是参与户外运动的主力军，因为他们的时间、精力以及经济收入都处在人生中的巅峰，他们有足够的条件参与户外运动，不论是身体等内在条件，还是消费水平等外在条件。所以收入水平是影响户外运动市场细分的重要因素。

（2）德夯地区户外运动市场定位

①重点开发中青年群体，积极发展中老年市场

德夯户外运动的营销重点应放在有较高收入的中青年消费者身上，所以其营销策略应围绕这类人群制定。但同时随着户外运动的难度降低，以及户外运动越来越被消费者认可，其队伍在不断地扩大。随着中国老龄化的加剧，老年人的数量不断增多，这类人一般有一定的积蓄，有能力参加类似于徒步、垂钓等户外运动。老年人休闲成为不可忽略的消费团体。

②以湘西休闲运动市场为主，积极开发重庆、长沙、铜仁等周边市场

以湘西为主要市场，加大宣传投资，吸引张家界、凤凰游客参与到德夯户外运动及观光旅游中来。近年来自驾游逐渐成为旅游的主力军，德夯可以主要将自驾游的目标市场中心放在重庆、长沙、铜仁等周边发达地区。并且可以适当开发中东部市场，拓宽消费领域。

③紧抓工薪族阶层，积极培育大学生消费市场

25—40 岁的工薪阶层，工作、收入都较稳定，同时时间、精力也比较充沛，户外自行车观光旅游、攀岩、登山等户外运动即可以很好地放松压力，同时也起到锻炼身体的作用。而大学生一般家境殷实，有一定的消费基础，同时接受新鲜事物能力较强，且湘西及其周围地区有几十所高等院校。所以户外运动紧抓工薪族阶层的同时，要加大对大学生群体的开发。

四、贵州黔北户外运动与红色文化旅游资源的创新发展

在社会进步和日益都市化的今天，自然和社会、健康体魄与饱满精神的联系的社会需要、时代的要求。户外运动它是一项广交朋友的社会休闲性体育项目，朋友们在户外都可以尽情参与、相互交流，共享人生，并在户外运动的同时亲近自然、享受自然、尊重自然、保护自然。

1. 贵州省户外运动的发展现状

（1）独特的旅游资源

贵州高原山地居多，素有“八山一水一分田”之说。全省地貌可分为：高原、山地、丘陵和盆地四种基本类型，其中 92.5% 的面积为山地和丘陵。境内山脉众多，重峦叠嶂，绵延纵横，山高谷深。北部有大娄山，中南部有雷公山，东北境有梵净山，西部高耸乌蒙山脉。贵州岩溶地貌发育非常典型。喀斯特地貌面积 109 084 平方千米，占全省国土总面积的 61.9%，境内岩溶分布范围广泛，形态类型齐全，地域分布明显，构成一种特殊的岩溶生态系统。

贵州旅游资源丰富多彩，自然风光绮丽，山石、水景、洞穴、林木风姿独特，是迷人的天然“公园省”。有黄果树、龙宫、红枫湖、织金洞、舞阳河、荔波漳江、赤水、马岭河峡谷等8个国家级风景名胜区和花溪等40多个省级风景名胜区；有梵净山原始森林、茂兰喀什特原始森林、赤水桫椤、习水原始森林和威宁草海5个国家级自然保护区，可以为中外游客提供极为丰富的户外旅游方式，如野营、登山、攀岩、漂流、探险、游钓等。

贵州旅游资源优势独特，自然风光与民族文化、历史文化特别是红色文化相结合，加上冬无严寒、夏无酷暑的宜人气候，户外运动旅游业发展前景十分广阔。

（2）独特且丰富的红色文化旅游资源

贵州具有丰富的红色旅游资源，黔北遵义更是全国十二个重点红色旅游区之一，是中国革命的转折点和毛泽东军事战略思想最为活跃的地方，以长征文化为代表的红色旅游资源遍及全省。红军长征期间，为贵州遵义留下了丰富的红色旅游资源，红军的革命活动遍及贵州省68县（市、区），是召开遵义会议、黎平会议、猴场会议等具有重要历史意义会议的所在地，是强渡乌江、娄山关、四渡赤水等重要战役的组织地。据统计，贵州共有红色旅游景点160余处，具有可开发潜力的精品旅游景点50多处。

红色旅游在贵州发展至今，已形成遵义会议会址、红军烈士陵园、娄山关、四渡赤水等一批著名的红色旅游品牌，并成为国家A级旅游景点，形成了颇具特色的红色旅游品牌。在此机遇面前，如何把户外运动融入红色旅游当中，使旅游既符合市场需求，又能对人民群众进行再一次的爱国主义教育，将红色旅游与户外运动合而为一，创造出独具特色的红色体育文化。

（3）独具特色的贵州户外旅游

贵州省山地资源丰富，贵州境内92.5%的面积为山地和丘陵，喀斯特地貌占全省总面积的61.9%，峰林、峡谷、天坑、石林、溶洞、湖泊遍布全省。同时，贵州冬无严寒、夏无酷暑，全年有300～330天可进行户外体育休闲运动，是大力发展山地户外运动的理想之地。

贵州省正在利用当地丰富的自然资源和民族特色资源，依托政府和社会各方面的力量，开展了许多大型户外体育旅游赛事，如全国山地运动会、国际漂流赛、亚洲越野跑比赛、贵州紫云格凸山地极限挑战赛、六盘水全国汽车拉力锦标赛、遵义娄山关海龙屯国际山地户外运动挑战赛、晴隆24道拐汽车爬坡赛、荔波全国山地户外运动锦标赛、兴义万峰林野钓及户外运动节等各具特色的户外赛事。

贵州目前拥有贵州登山协会、遵义登山协会、起点户外、优山美地户外等十余家户外俱乐部，其中起点户外、优山美地户外两家为全国十佳户外俱乐部。有贵州户外论坛网、贵州起点户外网、贵州山水户外网、贵州骑行户外网、贵州驴友之家等宣传网站。对贵州户外旅游起到了宣传和推动作用。

近年来，在西部大开发背景下，贵州围绕建成“自然风光与民族风情相结合的旅游大省”的目标和“推出特色鲜明的体育旅游休闲产品”的要求，为更好地推进全民健身运动，促进体育与旅游、文化的结合，提出了大力开展山地运动，打造山地运动品牌赛事的重要举措。但由于贵州山地运动开展时间短，资源开发力度不够，宣传层次不够深入，赛事水平和知名度有待提高。如参加户外运动群体的危险意识不强、户外运动组织机构缺乏资质、户外安全保障体系不健全、自然生态环境破坏、打造地区性户外品牌意识不强等。唯有立足实际，找准差异，打造赛事品牌，才能实现可持续发展。

2. 黔北红色文化旅游资源的开发现状

黔北红色旅游区是全国十二个重点红色旅游区之一，其独一无二的红色资源是不可复制也不可替代的。红军长征期间，为遵义留下了丰富的红色旅游资源。如遵义会议会址、红军山革命烈士陵园、娄山关战斗遗址、毛泽东故居、习水四渡赤水纪念馆、余庆回龙场战斗遗址等。由于黔北地处西南山区，属第二、三阶梯的交界处，地势崎岖；又属于亚热带季风气候，常年气候湿润，为生态体育旅游和户外运动提供了丰富的得天独厚的地形和气候条件。如赤水风景名胜区的十丈洞瀑布、四洞沟瀑布、桫椤国家级自然保护区、丹霞国家地质公园；绥阳具有中华第一长洞的双河溶洞，地球同纬度仅存的绿色宝库宽阔水原始森林，还有被誉为“贵州地质博物馆”的喀斯特景区红果树，以及露营者天堂、原生态结构的峡谷景区观音岩；遵义县云门囤景区；余庆构皮滩峡谷景区；湄潭县天门峡景区，习水国家森林公园等。这些景区的具有共同特点：河谷跌宏、溪流湍急、河湾静谧、山高水青、森林茂密，景色秀丽、风韵无穷，集洞、林、山、水于一地，发展户外旅游得天独厚。

3 利用黔北红色文化旅游资源开展户外运动

（1）合理开展户外运动赛事，开发红色文化户外运动场所。中国贵州遵义娄山关海龙囤国际山地越野挑战赛及娄山关战斗遗址的盘山公路山地自行车公路赛成功的举办，为黔北开发红色文化户外运动场所带来了很好的发展态势。绥阳县枧坝镇观音岩风景区根据户外运动的特点，现已打造出集露营、山地自行车、攀岩、拓展训练为一体的户外运动场所。还应根据黔北独有的地形地貌因地制宜地在赤水河流域及大乌江流域开发适合漂流的户外运动场所；在宽阔水原始森林、习水国家森林公园、平挑原始森林景区开发适合定向越野的赛道；在赤水丹霞国家地质公园、四洞沟瀑布等原始森林开发适合野外生存的基地等。也可充分利用黔北地区自身红色资源优势，建立一系列的红色户外运动基地。例如建立红色户外旅游基地、红色拓展训练基地、高校红色军事训练基地等。这些符合目前国家体育总局登山运动管理中心每年组织的定向运动、拓展训练、攀岩、漂流等相当数量的户外运动赛事的要求。

（2）抓住政府对红色旅游扶持的机遇，争取户外运动及红色旅游的双赢。2004 年底，国务院办公厅发布了《2004 ～ 2010 年全国红色旅游发展规划纲要》，纲要的颁布为黔北红色旅游迅猛发展增添了推动力。遵义是一座红色的城市，是国务院首批公布的 24 个历史文化名城之一，也是国家确定培育的 12 个“重点红色旅游区”之一。近年来，遵义红色旅游快速发展，2003—2006 年全市累计接待旅客 1 258 万人次，旅游收入达到 64.85 亿元，年均增长 46.8% 和 72.3%，其中红色旅游接待人次和收入占总量的 40.5% 和 38.5%，旅游从业人员从 3 万余人发展到 10 万余人。红色旅游已成为遵义旅游业整体发展的重要推进力量，不仅发展势头强劲，而且展示了良好的发展前景。精心培育旅游产业，有力地促进了革命老区经济社会和谐发展。在此前景下当地体育局应加强与当地政府的密切合作，共同努力，做好宣传工作，借此把红色户外运动打造成一个品牌，一个特色，成为吸引游客的一个有利因素。使其因为红色户外运动，名扬全国甚至全世界，而户外运动也因有了这块红色热土更加受到大家的喜爱。

（3）利用户外赛事品牌打造户外运动旅游市场。借遵义市委、市政府倾力打造长征文化、绿色生态、国酒文化、地域文化四大旅游品牌的机遇，政府相关部门要大力开发户外运动的客源市场，加大宣传力度，甚至可以运用影视、歌曲、互联网等多种先进有效的宣传形式，提高当地红色旅游景区的影响力，增强户外运动旅游宣传实效。对于当前正在开展中国贵州遵义娄山关海龙囤国际山地越野挑战赛及娄山关战斗遗址的盘山公路山地自行车公路赛的各种户外运动旅游项目，要立足办出规模和影响力，以期创办出红色旅游特色，将具有地域特色的红色户外运动传达到全国各地乃至世界。

（4）注重户外运动专业人员培养，建立完善的后勤配套设施。由于户外运动是一项专业性很强的体育运动，各个项目对场地设施及运动技巧的要求都非常高，且参与程度高，具有一定的危险性，因此，开展户外运动既要精通旅游业务，更要精通户外运动的安全知识、风险防范和急救技能。目前，贵州高校仅有贵阳医学院、遵义师范学院针对这一方面的人才的培养，如攀岩、拓展、漂流、定向越野等项目。

贵州省户外运动旅游救援中心、救援保障体系及户外运动专项保险，是亟待解决的问题，让从事户外运动旅游的参与者有足够的安全保障。

黔北的红色旅游发展至今，已经进入一个辉煌时期，绥阳县观音岩景区着力打造的“洞、林、山、水，乡村旅游生态发展”的品牌，正成为黔北红色旅游文化与户外运动有机结合的典范。但在进一步开发红色旅游资源的过程中，不要忽略建设更完善的服务配套设施。不仅要做到能承接日益攀升的客流量，也能承办各种民间活动及各种级别的户外运动赛事。在实现黔北红色旅游可持续发展的过程中，坚持科学的发展观，要正确处理好红色旅游资源保护和户外运动开发利用的关系，使黔北地区独特的天然地理环境和后天的红色文化特色，具备发展红色户外运动的自身优势。并要继续深化黔北的生态体育旅游和红色文化资源，以“红色遵义，魅力遵义”为旅游产业发展方向，致力搭建营销平台、拓展全市旅游业向纵向发展，促进旅游地产、景区景点国家级发展，加大旅游产业发展力度，全面推行旅游产业化和标准化，共创红色旅游资源与户外运动有机结合可持续发展的新局面。

第三节　我国户外运动安全保障措施分析

一、我国近年来山地户外运动安全事故分析

1. 总体情况

山地户外运动是在复杂的自然环境进行的，其间潜藏着各种各样的危险，这些危险因素随时随地都有可能对人员造成伤害。据中国登山协会登山户外运动事故研究小组不完全统计，2016 全年共发生 311 起登山户外运动事故。虽然这些事故基本得到了公安、消防、

民间救援队等机构的及时救援，但仍然有多起事故伤亡案例。2016 年全年事故中活动参与总人数 1 813 人，发生事故总人数 1 268 人，受伤事故 114 起，受伤人数 146 人，死亡事故 54 起，死亡人数 64 人，失踪事故 3 起，失踪人数 3 人，无人员伤亡事故 140 起。其中，群体性死亡事故（3 人以上死亡）两起，死亡 12 人。

1989 年我国诞生第一家山地户外运动民间社团，经过十多年的孕育与发展，2000 年以后，我国山地户外运动出现加速发展的趋势，参与运动的人数快速增加，遇难人数基本呈上升趋势，特别是近两年更是成倍增长。根据 2016 年统计数据来看，311 起事故中高坠（指垂直坠落）事故和滑坠（指小于 90 度滑落）事故分别为 24 起和 85 起。高坠事故中造成死亡的事故有 13 起，占死亡事故总数的 24%，造成受伤的事故有 11 起，占受伤事故总数的 7.5%；滑坠事故中造成死亡的事故有 18 起，占死亡事故总数的 33.3%，造成受伤的事故有 61 起，占受伤事故总数的 41.8%。高坠和滑坠类死亡事故占死亡事故总数的 57.3%，受伤事故占受伤事故总数的 49.3%。其次浙江、云南、四川和北京等地也是山地户外运动安全事故发生较多的省市。事故多发除了人的行为与管理过失的主因，与这些地区的山地户外运动资源较丰富，来此参加运动的人数较多也有很大关系。值得一提的是广东省由于当地政府与地市登山户外运动协会的高度的重视，加强了宣传、教育和风险管理的力度，使广东省的山地户外运动逐步走向成熟和规范。近两年山地户外运动事故发生明显减少，2007 有 1 人遇难、2008 广东省无山地户外运动死亡案例。2016 年与 2015 年相比，事故总数增加 122 起，增长率为 64.5%，事故总人数增加 423 人，增长率为 50%。其中受伤事故增加 60 起，增长率为 111%，受伤人数增加 83 人，增长率为 131.7%，死亡事故增加 16 起，增长率为 42.1%，死亡人数增加 20 人，增长率为 45.4%。

根据文献资料，结合山地户外运动现场的情况，总结出山地户外运动安全事故主要表现为六种形式：滑坠，溺水、健康意外、自然灾害、失踪及其他。而这六种事故发生的频率、造成损失的严重程度也不尽相同：有的事故频繁发生，如高处滑坠；有的事故不会经常发生，但一旦发生，就会造成严重的后果，例如自然灾害事故。根据中国登山协会统计资料显示，2001—2007 年间，滑坠、溺水和健康意外事故发生的频率最高，对山地户外运动人员安全造成的损失也很大，其中滑坠 30 人占 37%，溺水 28 人占 35%，健康意外 12 人占 15%，合计占发生事故总数的 87%，所以在山地户外运动中要重点防范这几种事故的发生。从山地户外运动安全事故发生的项目上来看，涉及登山、探洞、漂流、溯溪、穿越、徒步、野营、拓展和山地自行车等十几个项目。

目前，我国登山户外运动事故类型具有多样化的特点，从迷路、滑坠、被困、高坠、疾病等类型上升到十几种事故类型。针对不同事故类型，预防和解决方法也有所不同。我们要尽可能全面了解户外知识，识别风险类型，掌握预防措施和解决办法。

通过将山地户外运动项目的危险性分为五个等级，让被调查者给常见山地户外运动项目的危险性打分。调查结果显示，危险级别最高的项目是探洞，排在前几位的还有沙漠穿越、攀冰、漂流和自然场地攀岩等，可以看出除了漂流的危险级别和实际遇难人数相关较大外，其他项目的危险性和事故发生并没有很大联系。也就是说人们认为危险性较大的项目实际上并不是事故多发的项目，相反事故多发生在人们认为危险性并不时很高的项目，如登山和徒步等。大家都认为是低危项目，实践中人们往往没有给予足够的重视与警惕，各方面的准备也不到位，因此这些项目反倒容易出现事故。例如：2006 年 10 月 9 日，西南交通大学的两女一男 3 名学生徒步从毕棚沟穿越四姑娘山长坪沟时发生意外，其中一名大二女生从卡子山坠落到 70 多米深的悬崖，不幸遇难。7—9 月正是四姑娘山地区的雨季，沟内路面湿滑，增加了徒步行走的难度，加上几名学生对当地地形和环境不熟悉，误行至绝壁悬崖，导致意外发生。这几名大学生缺乏野外生存常识，缺乏对气象、地形、地貌的了解，在没有向导的情况下贸然前进，终于使一次普通的难度并不大的户外徒步穿越变成了一次灾难性的冒险活动。从性别上看，2007 年 28 例遇难者中有 21 名是男性，占四分之三。这与男性参与人数较多且更偏好冒险是一致的。除了上述遇难事故，2007 年我国山地户外运动还发生重大伤害事故 10 起、12 人次，重大险情 58 起，涉及 418 人，其中 5 名外国人。

需要说明的是，这些数字并非安全事故的全部，但仅从这些数字已经足以反映出我国山地户外运动安全问题的严重性。由此可见山间环境复杂多变，暗藏很多不可预知的风险，运动前要做好充分的准备工作，切不可贸然行事；运动过程中更要根据山间情况的变化进行随机应变，控制风险；运动后还应及时、认真、全面总结经验教训。

2. 我国山地户外运动安全事故致因分析

（1）事故致因理论

导致伤亡事故原因的理论研究已有一百多年的历史。随着生产力的发展，生产方式的变化，生产关系所反映的安全观念的差异，事故致因理论有各种学说。其中以管理失误为主因的事故模型认为：事故的直接原因是人的不安全行为和物的不安全状态。但是，造成“人失误”和“物故障”的这一直接原因的原因却常常是管理上的缺陷。后者是间接原因，但它却是背景因素，而又常是事故发生的本质原因。人的不安行为可以促成物的不安全状态；而物的不安全状态又会在客观上造成人之所以有不安全行为的环境条件。隐患来自物的不安全状态，而且和管理上的缺陷或管理人员失误共同和才形成。如果管理得当，及时控制，化解不安全状态，则隐患自然消除；客观上一旦出现隐患，主观上人又有不安全行为，就会显现为安全事故。

（2）山地户外运动安全事故产生的原因分析

山地户外运动是一个由人、装备、环境和管理四个方面组成复杂的系统，它们之间具有相互联系、相互制约的关系，即事故的原因取决于人、装备、环境三者之间的联系，而这三者又受管理状态的制约。在山地户外运动过程中，人、运动环境和装备为了达到一定的目的，各自发挥自己的作用，相互联系、相互影响、相互配合。整个运动过程的安全不仅取决于人的行为，还取决于物的状态和管理的状态。因此，山地户外运动安全事故发生的原因应从人的行为，物的状态和管理的状态这三方面来进行分析。

首先是，人的不安全行为。从近年来山地户外运动安全事故的案例可以看出，人的不安全行为是山地户外运动安全事故的重要致因。其中，有山地户外运动参与者自身原因，如安全意识淡薄，冒险逞能，体力消耗过大等；也有运动组织者的原因，如制定的运动方案不合理，缺乏必要的技能指导，领队责任心不够等；另外还有团队因素，如队员之间或队员与领队之间没有形成良好的协作，缺乏团队精神等；其次，物的不安全状态。物的不安全状态是安全事故的物质基础，构成运动过程中的隐患和风险源，在一定的条件下，就会转化成为安全事故。装备的不安全状态有以下几种情况：装备的设计不良或有缺陷，材料强度不够等导致的质量问题；部件磨损和老化，安全防护装置失灵等使用过程中出现问题。环境也是事故的直接原因。通常是指环境的异常，即岩石、地质、水文、气象等的恶劣变异；最后，管理失误。管理时事故发生的间接原因，它是事故的直接原因得以存在的条件。它包括活动组织上的漏洞，对安全隐患整改不力，求援系统不完善，缺少风险预警机制，教育培训力度不够等。

人的原因、装备的原因和环境的原因是事故发生的直接原因，而管理方面的原因则是事故发生的间接原因，四者相互影响，相互制约。除了环境原因中由于发生自然环境的异常变化外，通过加强安全管理的力度，可以在很大程度上对人、物、和可控的环境施加影响，降低三者诱发事故的概率，从而有效地减少事故的发生。例如通过安全教育手段，使每个参与人员、领队和教练员都明白运动安全的重要性，树立自觉的安全意识与自我保护意识，熟练掌握本山地户外运动的相关运动技能，了解相关的安全技术规范，在运动过程中严格执行规范要求，这样可以在很大程度上避免事故的发生。

（3）山地户外运动安全事故案例分析

实例一：伊犁喀什河漂流事件

事故过程：2004 年 9 月 20 日 16 时，伊犁喀什河漂流有限责任公司，组织了 16 名旅游爱好者乘坐橡皮筏在昭苏县阿克牙孜河上漂流，橡皮筏漂出 3 公里即发生意外，致使筏上 16 人全部落水，酿成 8 人死亡，2 人失踪的惨祸。事后据当地牧民和救援人员介绍，阿合牙孜河事发地段垂直落差 70 米，多为悬崖峭壁，河水湍急，河床狭窄，河道内尖石林立。事发后突降大雨，两岸风大水急，救援人员虽竭尽全力，但终因地势险要，夜幕降临，无法继续。结果，除幸运自救的 6 人以外，其余人员全部遇难。

事故主要原因分析：

①参与者明显存在严重忽视安全的行为。参与者都是本地老百姓，几乎都没有漂流工具的实际操作经验，面对新鲜事物，情绪处于极度的兴奋状态，根本没有考虑到安全问题。在场的人员中，没有任何人提出该公司是否具有安全漂流的资格，也没有人质疑此次漂流的线路、保护措施是否安全。所有人员在根本不了解漂流潜在巨大风险的情况下，盲目地登上了漂流筏。

②漂流公司安全管理存在严重隐患。《漂流安全管理办法》第十条至第十九条明确规定了经营漂流的企业应具备的种种条件。而该公司无视有关规定，擅自违章操作，在严重缺乏管理的情况下，盲目开展漂流活动。他们存在的主要问题有：一是没有按照有关规定建立健全安全管理规章制度。二是没有专人负责检查、督促、指导安全工作。三是未在漂流工具上放置足够的救生设备，没有为旅游者提供人身及财产安全保证。四是没有安全可靠的漂流工具。五是漂流工具的部分操作人员没有经过培训，不具备上岗资格。六是没有制定和向漂流者说明发生意外事故后的应急措施。正是因为该公司在安全管理上存在的严

重隐患，最终酿成大祸。

③自然环境恶劣存在客观危险。事发地段河流垂直落差大，河水湍急，河道狭窄且尖石林立，操作稍有不慎都有可能发生伤害事故。加之事后天气突变风雨交加，黑暗提前到来，给后续的救援工作带来极大的困难。这些都是事故发生的直接原因。

实例二：户外天堂（北京）国际体育文化发展有限公司非法办赛事故过程：2004 年 10 月 2 日，由户外天堂（北京）国际体育文化发展有限公司组织的“中国陵川 2004 年户外运动邀请赛”发生参赛队员两死五伤的恶性事故。10 月 2 日中午，河南焦作旅朋山地户外运动队的一名女队员爬绳穿越峡谷时，拴在岩石上的绳索突然脱落，队员坠崖摔死。河南南阳油田山地户外运动队一名女队员则坠落潭水，溺水而亡。两名死者都是 20 岁左右的女性。此外，参赛队员中还有几人受伤。

事故主要原因分析：

①未经有关部门审批，非法办赛。此次比赛违反《全国体育竞赛管理办法》（试行）的规定，未经批准，擅自办赛。户外天堂（北京）国际体育文化发展有限公司是一家企业，在赛前国家体育总局登山运动管理中心已致函山西省体育局，请省局转告其体育竞赛的有关规定，但其仍在未经批准的情况下，擅自举办全国性、国际性户外运动赛事，属非法办赛的不安全行为。

②组织不力，管理混乱。主要表现在：第一，部分队员无参赛经验，没有经过系统的能力训练以及测试。第二，线路复杂且严重缺少沿线保护人员和安全员。第三，比赛现场没有任何通信工具。第四，线路设计不合理。凤凰谷苍龙峡深邃而狭长，峡谷内气温极低，比赛的第一天晚上有结冰结霜现象，比赛中可能会有人落水，线路设计者明知部分参赛队员并不专业，没有考虑队员是否有能力完成该路线，依然选择了这条只能前进不能后退、多处无立足之处的险路，导致所有进入峡谷的队员无法后退无法放弃比赛。队员只能前进，多次涉水游泳导致数名队员身体失温。

③装备处于严重不安全状态。装备是运动员安全的生命线，而赛会却没有按照赛程上所写的安全装备执行，下降时所用绳索是普通麻绳，而非专用绳索，在湿滑环境中多人下降后麻绳已沾满泥浆，没有参赛经验又没有领队指导的情况下很容易滑落深潭，沿途多处险境没有保护人员，领队在获知情况后没有及时退出比赛。最终导致人员伤亡事故的发生。

二、山地户外运动安全风险管理概述

1. 相关概念的界定

（1）安全

安全，泛指没有危险、不出事故的状态。韦氏大词典对安全的定义为“没有伤害、损害或危险，不遭受危害或损害的威胁，或免除了危害、伤害或损失的威胁。”安全是与危险相对的概念，按照系统工程的观点，安全是指生产系统中人员免受不可承受风险的伤害。山地户外运动安全是指在山地户外运动全过程中队员和领队免受由人员、装备以及环境所带来的不可承受风险的伤害。山地户外运动安全具有相对性、动态性、全程性和整体性的特点。队员和领队在任何时候、任何环节出现安全问题，都将给参与者、组织者带来不同程度的损害。

（2）风险

风险是一个常用而宽泛的词汇，频繁地出现在经济、政治、社会等领域。人类认识到风险的存在已经有了很长时间，但直到近代人们才科学、系统地研究它。由于对风险的理解并不一致，到目前为止，学术界和实务界还没有一个共同接受的关于风险的权威定义。风险研究者出于研究的需要，从不同的角度对风险进行了定义。归纳起来主要分为以下几种：第一，风险是未来结果的不确定性；第二，风险是损失的可能性；第三，风险是未来的结果对期望的偏离，即波动性。

虽然上述关于风险的描述存在差异，但也存在共同之处，即均认为风险是指未来的不确定性。

风险的构成要素有：第一，风险因素。风险因素是指引起或增加某一风险事故发生的机会或促使扩大损失程度的原因和条件，是风险事故发生的潜在原因，是造成损失的间接原因；第二，风险事故。风险事故是指引起生命财产损失的直接的或外在的事件。没有风险事故的发生就不可能有损失的发生。因此，风险事故是导致损失的媒介物，即风险事故使风险由可能性转化为现实性；第三，损失。损失是指非故意的、非预期的和非计划的经济价值的减少和消失。一般情况下损失分为两种形态。直接损失是指由风险事故导致的财产本身和人身伤害，是一种实质的、直接的损失。间接损失是指由直接损失引起的额外费用损失、收入损失、责任损失。这些风险因素、风险事故、损失之间的关系是风险因素可能引起或加大风险事故的发生，风险事故的发生可能导致损失。风险因素、风险事故和损失，它们三者之间的关系可通过风险的作用链条来表示。认识风险的作用链条对应对风险具有十分重要的意义。

安全风险是风险的重要部分，即造成人员伤亡、健康损害、财产损失等方面的风险。山地户外运动安全风险是指山地户外运动过程中人员遭受伤害而导致身体、心理以及财产损失的可能性。山地户外运动安全风险管理就是基于风险发生和控制技术的研究而具体实施的安全管理，通过风险识别、风险评估，并在此基础上优化组合各种风险管理技术，对山地户外运动安全风险实施有效的控制，妥善处置风险所带来的损失，以保护人员在山地户外运动过程中的安全与健康和财产不受损失，以期达到以最低成本获得最大安全保障的目标。

（3）危险

危险是与安全相对立的一种事故潜在状态，是可能产生潜在损失的征兆。它是风险的前提，没有危险就无所谓风险。当危险暴露在人们的活动中时就成为风险。山地户外运动中的危险通常分为客观危险和主观危险。客观危险是指客观存在的可能造成人体伤害的因素。如山间特有的地形、地质、气候、水文、生态等因素形成的危险。主观危险是由于参与者能力上的不足或操作失误所引起的危险。

在通常情况下，风险往往与危险相联系。严格地讲，风险与危险是两个不同的概念。危险只意味着一种现在的或潜在的不希望事件状态。而风险用于描述未来的随机事件，它不仅意味着不希望事件状态的存在，更意味着不希望事件转化为事故的渠道和可能性，以及一旦危险出现，其后果严重程度和损失的大小。因此，有时山地户外运动过程中虽然有危险存在，但并不一定要冒此风险。这也说明在山地户外运动过程中人们更关心的是风险，而不仅仅是危险，因为直接与人发生联系的是风险。

（4）风险容限

风险容限是相对于目标的实现而言运动主体所能接受的偏离程度。山地户外运动的魅力在于它能使人们在运动过程中体验风险，克服困难、迎接挑战、发掘潜能，从而获得一种特别的高峰体验，增强自信心与成就感。在山地户外运动中完全消除风险或者将风险降到极小都是不现实的。如果消除了山地户外运动中的一切风险因素，那么户外运动本身的价值与意义将会遭到根本性的破坏，户外运动的魅力也将随之消失。相反，如果风险控制不力，超出运动主体所能承受的范围，就可能带来伤害甚至灾难性的后果。因此，山地户外运动安全风险应控制在一定的范围之内，山地户外运动的收益是在安全风险的存在和对安全控制二者平衡的基础之上产生的。

2. 山地户外运动安全风险的特征

山地户外运动安全风险是山地户外运动安全内在规律的外在表现。正确认识山地户外运动安全风险的特征，对于识别和量化风险，加强风险管理，减少损失，圆满地完成目标有着重要的意义。

（1）客观性

山地户外运动安全风险是环境和装备等客观事物和人的活动二者轨迹交叉发展变化过程中所固有的，只要有人参与山地户外运动，安全风险就不可避免的存在，但通过风险管理可以将风险控制在人们能够接受的范围。

（2）潜在性

山地户外运动安全风险往往不是显露在外面的，正是由于这种潜在性，人们不容易注意到他们的存在，才容易在山地户外运动中蒙受各种损失。但是，是否真的蒙受损失却是有条件的，只有促使风险事件发生的条件或者环境变成现实时，山地户外运动安全风险才能从潜在状态转化为现实，成为风险事件。

（3）相对性

山地户外运动中不同的主体面临的风险是与其从事的项目、自身的运动能力、户外运动经验、行为方式和决策密切相关。同一风险事件对不同的活动主体会带来不同的结果；同一活动主体，如果行为方式、决策和风险控制措施不同，也会面临不同的风险结果；不同的活动主体对待同一风险的感知和态度也可能是不一样的。因此，山地户外运动安全风险具有相对性。

（4）风险的损益性

山地户外运动中的风险是和潜在的收益共生的。如果运动安全风险超出运动主体所能承受的范围，就可能带来伤害甚至灾难性的后果；如果将山地户外运动安全风险控制在主体所能承受的范围之内，人们则可以在运动过程中挑战自我，从而收获快乐、自信与成就感。

3. 山地户外运动安全风险管理的基本程序

风险管理是指通过风险识别、风险评估，并在此基础上有效控制风险，用最经济合理的方法来综合处理风险，以实现最大安全保障的科学管理方法。风险管理作为一门系统的管理科学，在人类进入20世纪以后，伴随着社会经济、科学技术的迅猛发展而产生并得到广泛而迅速地推广与运用。通过引入风险管理的理论与方法对山地户外运动安全风险进行系统研究，其程序主要包括四个步骤：

（1）风险识别

山地户外运动风险识别包括确定风险的来源、产生条件，它是通过对大量来源可靠的信息资料进行系统了解和分析，认清运动项目存在的各种风险因素，进而确定项目所面临的风险及其性质，并把握其发展趋势。由于运动条件在不断变化中，人们面临的运动风险也会经常变化。因此，山地户外运动安全风险识别不是一次性就能完成的，应贯穿在运动项目的自始至终，让山地户外运动安全风险识别经常化、制度化。

（2）风险评估

准确的评估风险是进行风险管理的可靠前提。山地户外运动安全风险评估是指在风险识别基础上，对风险可能导致的后果进行定量的、充分的估计和衡量。进行山地户外运动安全风险风险评估，首先要有充分而准确的山地户外信息资源，同时在一定程度上还要依靠专家的经验和判断。

（3）风险应对

风险应对是在风险评估之后，对风险因素采取的处理方式。风险应对是山地户外运动安全风险管理过程中的一个关键环节，这一阶段的核心是风险应对策略的选择。风险应对策略的是从目标的确定、方案选择到实施的整个动态过程。执行风险应对策略要将山地户外运动安全风险对策细化，落实到山地户外运动安全各个环节之中。将各种风险控制方法协调配合使用，充分发挥各种风险调控方法的作用，取长补短。并要视实际情况的进展，及时反馈和调整。

（4）风险管理效果评价

风险管理效果评价是指对风险管理技术的适用性及其收益情况进行分析、检查、修正与评估。由于对山地户外运动安全风险的认识水平具有阶段性，风险管理技术也在不断的完善中，因此对风险识别、估计与评价、风险处理方法也需要定期检查、修正，以使风险管理适应具体情况，不断完善。

风险管理程序中的这四个阶段是一个有机整体，它体现了山地户外运动安全风险管理的完整周期。对一个项目进行了风险的识别、评估、处理之后，通过一个反馈的过程，即风险管理效果评价，可以为风险管理积累经验，对以后的进行更为有效的风险管理提供指导。

三、山地户外运动安全风险的识别与分析

1. 风险识别概述

风险识别是一项复杂的系统工程，需要对各种可能导致风险的因素进行比较分析，去

伪存真，对多种可能性和倾向进行推测。风险识别的方法有很多种，每种方法都有其适用的范围和条件，亦有其自身的优缺点，风险识别必须采用合适的方法才能取得好的效果。如果方法不当，不仅浪费人力物力、而且可能导致识别的结果失真，从而导致人员伤亡和财产损失。

（1）风险识别的定义

风险识别是指认识损失发生的可能性，确认损失的根源、性质及范围，同时也包括确认导致损失的原因。要管理风险必须首先识别风险，对风险的严重程度及可能造成多大的损失必须认真估量，如果风险不能被识别，它就不能被控制、转移或管理。然而在绝大多数情况下，风险并非显而易见，也不容易辨识和预测，至少不容易准确地预测。风险通常具有隐蔽特征，而人们常常容易被一些表面现象迷惑，或被一些细小利益所引诱，而看不到内在的危险。因此，风险识别在风险管理中显得尤为重要。风险识别结论的正确与否直接关系到风险管理的成效。

风险识别的基础是历史数据信息、经验和洞察力。然而山地户外运动每次活动都有所不同，即使是相似的活动，类似的风险也不一定重复发生，这就决定了使山地户外运动安全风险识别达到可接受的准确性在很大程度上依赖于管理人员的经验和洞察力。山地户外运动安全风险识别所需的信息，主要是通过调查、问询、现场等途径获得。

（2）山地户外运动安全风险识别的主要特点

①全程性

山地户外运动从运动的策划准备阶段到运动中的组织控制再到运动的收尾，整个过程安全风险无处不在，无时不有，决定了风险识别的全程性，即山地户外运动安全风险识别不是一次性的，它必须贯穿于项目的全过程。

②全员性

由于山地户外运动安全风险的隐蔽性、复杂性和每个人的风险经历有所不同，并且每个人风险管理经验都有一定的局限性，为确保山地户外运动安全风险识别的及时、准确而且尽可能没有遗漏，风险识别要靠组织中的人员共同来完成。

③信息性

山地户外运动安全风险的识别需要收集大量的相关信息，如活动目的地的天气、地质、水文、植被的变化和复杂程度等等。信息的全面性、及时性、准确性决定了风险识别结果的可靠性和精确性。

④动态性

由于每一次山地户外运动的参与人员、装备和运动环境都在不停的发展变化之中。特别是自然环境的变化是不以人的意志为转移的，上次运动山间各因素可能是安全的，而下当一次运动时山间就可能充满各种各样的危险。因此，山地户外运动安全风险因素的识别并不是一成不变的，而是具有显著的动态性。

（3）山地户外运动安全风险识别的主要方法及其特点分析

①专家调查法

专家调查法包括专家个人判断法、头脑风暴法、德尔菲法等。它是以专家为索取信息的重要对象，各领域的专家运用专业方面的理论与丰富的实践经验，找出各种潜在的风险并对其后果做出分析与估计。这种方法的优点是在缺乏统计数据和原始资料的情况下，可以做出定量的估计，缺点主要表现在易受心理因素的影响。

②故障树分析法

故障树分析是一种根据系统可能发生或已经发生事故的结果，去寻找与事故有关的原因、条件和规律。该方法是利用图解的形式，将大的故障分解成各个小的故障，或对各种引起故障的原因进行分析。该方法可用于事故的预测、事故的调查分析、安全措施优化决策和安全性设计等多方面。该方法的主要优点是比较全面地分析了所有故障原因，包括系统内、外所有失效机理，直观性较强。不足之处是该方法步骤较多，对人员的能力要求较高，要求逻辑关系分析必须正确，一般人员不容易掌握。

③核对表法

核对表法是采用系统工程的分析思想，通过对系统进行逐项分析，找出所有可能存在的风险因素，然后以提问的方式把这些风险因素列在表格中。核对表的内容一般包括分类项目、检查内容及要求、检查以后处理意见等。核对表法的优点是简单易懂、容易掌握，是风险识别的常用方法。缺点是一般只能做定性评价。

④风险因素预先分析法

风险因素预先分析法是指对系统所存在的风险因素类型，出现的条件、导致事故的后果预先作概略分析。该方法一般包括四个步骤。找到了风险源、转化条件、出发条件以后，为了能够采取措施时能够分清轻重缓急，需要给风险因素划分一个等级。

⑤鱼骨图法

鱼骨图表示特性与原因的关系图，它对某项、某类风险特性具有影响的各种主要因素加以归类和分解，通过整理问题与原因的层次来表明关系。因此，能很好地描述定性问题。被广泛用于技术、管理领域。

上面所列举的风险识别的几种方法，使用时应针对实际问题不同的特点进行选择。为达到更好的识别效果，实际应用中并非只使用一种方法，往往是几种方法的同时使用。本研究在山地户外运动安全风险识别的过程中采用风险核对表法，为确保识别的科学性、有效性同时采用了专家调查法。

2. 山地户外运动安全风险来源

风险源是导致风险的根源。山地户外运动风险源识别是确认哪些危险因素有可能会影响项目的进展，是安全风险管理中十分重要的一步。进行风险源的识别要在已经总结的经验教训和收集的数据资料的基础上，结合山地户外运动现场的具体情况和自身运动水平，运用系统理论的方法对户外运动现场中的各种风险因素作全面分析。对风险源进行识别首先需要了解风险产生的机理。安全风险的直接表现是事故，事故总是在对风险源控制不利、危险趋势未得到及时控制时产生。根据海因里希因果连锁论，事故的发生的原因是人的不安全行为或物的不安全状态。人的不安全行为是指使事故有可能或有机会发生的人的行为，包括操作失误、忽视安全、使用不安全设备等。物的不安全状态是指导致事故有可能或有机会发生的机械、物质的状态，包括装备的故障和环境因素。

山地户外运动安全风险的分类是指通过分析风险发生的原因和条件，将风险划分为不同的类别，并判断各个风险的性质和特点。按照风险的来源我们将山地户外运动安全风险分为内部风险和外部风险。内部风险是指由于个人或组织的过失、疏忽、恶意等不当行为给山地户外运动带来的风险，内部风险来源于参与人、领队和团队三个方面。参与人风险主要有技术风险、体能风险和心理风险；领队风险主要包括能力风险、经验风险和道德风险；团队风险包括协作风险和沟通风险。外部风险主要指由装备与环境处于不安全状态给山地户外运动带来的风险，外部风险包括装备风险和环境风险两个方面。装备风险包括质量风险和使用风险；环境分为自然环境和人环境，自然环境风险主要有地质风险、气象风险和动植物风险，人文环境风险主要指管理风险。虽然山地户外运动安全风险的来源可分为内部风险和外部风险两大类，来自人、物、环境和管理几个方面。但总的说来可归结为人的不安全行为和物的不安全状态。

3. 山地户外运动安全风险系统的组成及结构

系统是由相互作用和相互依赖的若干组成部分结合而成的具有特定功能的有机整体，而且这个整体本身从属于另一个更大的系统。

山地户外运动安全风险系统是由人员、装备和环境共同组成的一个复杂的有机整体，它们在山地户外运动安全中，相互作用、相互联系，从而构成一个特定的相互依赖的系统，山地户外运动安全风险系统是一个人、物、环境组成的特殊系统：人、物与环境的特性变化，安全性也会随之发生变化，山地户外运动的致险因素就是出现在人—人、人—物、人—环境系统的接触和依存的各个交界面上。

4. 山地户外运动安全风险识别

对山地户外运动安全风险因素进行识别，了解客观存在的风险类型并且分析风险产生的原因，是整个安全风险管理的出发点。风险识别作为对风险的定性分析，是建立风险估计和评价量化模型的基础，也为后期风险管理手段和风险控制技术的选择提供了重要依据。

（1）山地户外运动安全风险识别的过程

山地户外安全风险识别的过程包括对所有可能的风险事件来源和结果进行详实的调查与分析。

①确认损失可能性的客观存在。进行风险识别时，要识别所发现或推测的因素是否存在损失的可能性，只有客观存在的损失可能性才可以视为风险。如在雨季到峡谷徒步穿越，遭遇山洪的可能性就较大。

②建立初步清单。将识别出的风险一一列出，建立风险清单。清单中应明确列出客观存在的和潜在的各种风险，必须客观、全面，尤其是不能遗漏主要风险。

③确定各种风险事件并推测其结果。根据初步风险清单中的各种重要的风险来源，推测与其相关联的各种合理的可能性。例如在自然岩壁上攀岩时，存在高空落石的可能，如果没有任何控制措施，一旦出现落石将会有严重甚至是致命的后果。但事先施加防护措施，如戴上头盔、合理站位等，将会不同程度的减少损失的可能性或减轻事件的后果。

④风险分类。将识别出的风险进行分类便于进一步了解风险，管理风险时更有目的性并为下一步的风险评估做好准备。

⑤建立风险因素核对表。通过对风险因素进行综合分析和归类整理，建立风险因素核对表。

（2）山地户外运动安全风险识别方法

根据山地户外运动本身的特点及所处环境要求，以及目前山地户外运动管理人员自身的特点，来选择合适的方法进行风险识别，方法既不宜过于复杂，又要把风险源辨识出来。“核对表法”是进行安全风险检查，发现潜在安全风险的一种实用而简单可行的方法，具有容易被广大山地户外运动管理人员掌握，能够做到识别的系统化、完整化的优点。因此，可以选择“核对表法”对山地户外运动进行安全风险识别。运用核对表法首先必须有一份风险核对表，风险核对表需运用自己、专家的知识、经验和可靠的资料，对山地户外运动安全风险进行细化分解来编制，所拟定的安全核对表必须能够系统、全面的发现山地户外运动过程中的各种安全风险。在编制过程中，综合运用经验法、头脑风暴法、故障树分析法等识别方法来编制核对表内的具体风险项目及内容，使编制的核对表更加全面、科学、合理。

（3）山地户外运动安全风险核对表编制的程序与方法

运用系统工程的分析思想，通过对山地户外运动安全风险系统进行逐项分析，找出所有可能存在的风险因素，然后把这些风险因素列在表格中。山地户外运动安全风险核对表编制的程序。构建了风险系统的框架之后，对每一个风险子项进行分解。如内部风险来源于参与人、领队和团队。参与人风险主要有技战术风险、体能风险和心理风险三个方面，而技战术风险、体能风险和心理风险又可以继续细化下去，作进一步分解。

为了保证山地户外运动安全风险核对表的有效性，请有关专家对初稿进行逐项审查，对不适合的条目进行了必要的调整，进而形成山地户外运动安全风险核对表。然后，采用“二选一”的方式，请山地户外运动教练员、领队及管理人员逐一对表中所列举的风险因素进行“是”与“否”的判断。如果还有未列出的风险因素，请他们做出必要的补充。风险核查表简单易懂、容易掌握，使用核查表可以快捷有效地识别出山地户外运动中所面临的诸多安全风险因素，为进一步的风险评估打下基础。

四、我国山地户外运动安全保障体系的构建

山地户外运动安全保障体系是使山地户外运动能够安全、顺利进行的保障。构建山地户外运动安全保障体系，对有效地防范山地户外运动安全风险已显得非常必要。按照山地户外运动安全保障的系统功能将其分为山地户外运动安全政策法规系统、山地户外运动安全教育系统、山地户外运动救援系统和山地户外运动保险系统五个子系统。山地户外运动安全保障体系中，政策法规系统是全局性的保障和管理依据，预警系统和教育系统属于事前的预防和事中的监管体系，山地户外运动保险属于事后的补偿体系，而山地户外运动救援则是事中采取的应急措施。

1. 山地户外运动安全政策法规系统

山地户外运动安全政策法规系统是山地户外运动安全保障系统的基础，为山地户外运动安全风险管理提供法律依据。山地户外运动安全政策法规系统能够从政策法律的权威性和强制性的角度来规范和指导山地户外运动从业人员的行为，强化从业人员的安全防范意识。山地户外运动安全政策法规体系，还能够唤起社会公众对山地户外运动安全问题的关注，从而为山地户外运动安全风险管理创造良好的社会环境。

（1）山地户外运动安全政策法规体系的构成

由于山地户外运动安全的特殊性和复杂性，山地户外运动安全政策法规系统应该能够涵盖山地户外运动安全所涉及的各个环节，并能切实保障山地户外运动主体和从业者各主体的安全和正当权益。

从宏观角度看，山地户外运动安全政策法规体系应包括表现形式、涉及环节和保护与约束对象三个层面。山地户外运动安全政策法规体系表现形式有三种：一是由全国一级政府颁发的全国性政策法规与标准；二是由地方政府、行业主管部门颁发的地方性、行业性法规与标准；三是由山地户外运动俱乐部制定、实施的规章制度。涉及环节：人员、装备、环境、活动、竞赛和救援等。保护与约束对象：山地户外运动参与者、领队和山地户外运动俱乐部。

从构成类型角度看，山地户外运动安全政策法规体系由政策法规和质量标准两个类型组成。前者包括了宏观性的政策法规（全国性政策法规）和微观性政策法规（地方、行业性法规条例和俱乐部的规章制度）两部分内容，从而形成了全国层面的政策法规体系，地方、行业层面的政策法规体系和俱乐部层面的规章制度体系。三种形式的政策法规同时作用于山地户外运动安全保护与约束的对象，同时运用于山地户外运环节的安全控制与管理，从而形成了一个完整的、有效的、可操作性强并能规范与指导山地户外运动活动安全、有序地进行的安全政策法规系统。

（2）我国已有的山地户外运动政策法规

为了规范对国内外登山者行为进行管理，保障登山活动的安全，我国制定了相关的登山管理办法，如《外国人来华登山管理办法》《国内登山管理办法》《四川省国内登山管理办法》等。为了有效地建立与国内各登山户外运动俱乐部及相关从业机构和人员的联系和管理，落实“服务、引导、规范”的宗旨，制定了一系列政策，主要有《登山户外运动俱乐部及相关从业机构资质认证标准》、《登山户外运动俱乐部及相关从业机构技术等级标准》,《高山向导管理暂行规定》等。

为适应我国山地户外运动的发展需要，推动户外运动健康、有序地发展，促进运动人才资源合理配置，加强对运动员注册与交流工作的规范化管理，中国登山运动协会制定了一系列政策，如:《户外运动员注册与交流管理办法》(试行),《攀岩攀冰运动管理办法》、《攀岩运动员参加全国比赛代表资格注册管理办法》、《全国攀岩运动员注册与交流管理办法》等。此外，还有一些各政策组织专为某个短期活动制定的通知。《关于加强登山户外运动的组织和安全工作的通知》、《关于加强“十一”期间登山户外相关运动安全和组织工作的通知》等。

（3）亟须健全的山地户外运动政策法规

①建立山地户外运动安全救援体系的相关政策。如《救援法》等，从救援主体、责任、义务和救援保险等方面予以规范。

②健全山地户外运动安全事故报告制度。山地户外运动安全事故发生后，现场有关人员应尽快向本单位和当地登山户外运动协报告，重大安全事故要同时向当地人民政府和国家体育总局有关行政管理部门。

2. 山地户外运动安全预警系统

（1）山地户外运动安全预警的概念

安全预警是根据所掌握的与事物发展有因果关系的信息，并采用科学的理论和方法预先报告事物未来可能出现的情况或可能存在的状态。目的是对可能出现的问题提前发出警告，从而及时采取对策，解除警患，避免造成灾难和损失。山地户外运动安全预警是指围绕山地户外运动安全收集相关信息并采取科学的理论和方法对未来的山地户外运动安全做出判断、发出警告的方法。通过山地户外运动安全预警分析，可以发现未来山地户外运动安全可能存在的风险以及风险的程度，并能探明风险产生的原因。因此，山地户外运动安全预警对政府制定未来山地户外运动政策、采取有效措施消除山地户外运动安全隐患具有重要意义。

（2）警义、警情、警源与警兆

警义就是预警的对象，包括警素和警度两个方面。警素是指警情由哪些指标组成。警情是对预警结果的描述，反映预警的各种状态，而警度是警情程度的描述，是刻画警情的尺度。警情和警度的含义虽有所不同，但有时两者可以互相替代使用。依据是否会造成危害和损失，可简单地把警情确定为有警或无警，也可以根据造成损害的程度按警度把警情分为无警、轻警、中警、重警和巨警。

警源是引起警情的各种可能因素，是产生警情的根源。警源可以分为三类：自然警源、内生警源和外生警源。自然警源是指来自自然环境的影响因素，包括气候条件、地质状况、地形条件等。自然警源一旦出现异常变化，就有可能造成严重的自然灾害，对山地户外运动安全有重大影响。内生警源是指山地户外运动系统内部的影响因素，包括人员因素和装备因素。作为山地户外运动系统内部的因素，内生警源具有一定的可控性。如通过教育培训提高人员的素质，增加山地户外运动安全的程度。外生警源是指山地户外运动系统外部的影响因素，一旦发生不易在短期内快速调整和控制。例如国家山地户外运动政策、法规、制度的变化等。

警兆是指从警源发展到警情的过程中对警情的发生有征兆作用的信息和情报。任何事物的发展变化都是有原因的，警情的发生也必有一定的征兆。比如，天气突变、风雨交加、队员体力下降等等警兆的出现，预示着山地户外运动安全程度将下降，山地户外运动安全警度增加甚至有可能出现巨警。

（3）山地户外运动安全预警系统结构模型设计

山地户外运动安全预警系统是根据有关历史数据和信息以及预警的逻辑过程、采取科学的方法揭示并防范山地户外运动安全风险的系统。建立山地户外运动安全预警系统的目的在于预知未来山地户外运动安全可能存在的风险，并通过考察警兆，寻找主要警源，采取有效的策略和措施降低或化解山地户外运动安全风险。山地户外运动安全预警系统的主要功能是明确警义、寻找警源、分析警兆、预报警度、制订消警对策以及对消警对策的实施效果进行评价与反馈等。

山地户外运动安全预警系统是由多个相互依赖、相互支持的子系统组成的有机整体。只有各个子系统内部的功能完备、各个子系统之间相互配合，才能实现整个系统的最优化运行，才能保证预警的质量。根据预警系统的功能，其总体结构包括信息获取子系统、信息分析子系统、信息反馈子系统和调控与应急子系统。

①信息获取子系统

信息获取子系统的主要功能是根据山地户外运动安全预警分析的需要收集有关信息，并采用科学的方法对信息进行监测、分类与统计，目的是建立预警分析所需要的各类数据库，为预警的后继过程提供信息基础。根据信息获取子系统的功能，将其进一步分解为信息监测子系统和分类与统计子系统。

信息获取子系统是预警系统的输入系统，是山地户外运动安全预警系统的基础和前提，在整个预警系统中处于举足轻重的地位，该系统的优劣将直接影响到整个预警系统的效率与质量。因此，为确保整个系统的顺利运行和预警的质量，获取的信息必须满足以下条件：第一，适用性。信息收集需要一定的成本，一般来说，信息量越大成本越高。收集与山地户外运动安全预警关系不大或根本无用的信息，除了增加信息成本外，也不利于提高预警质量。因此，收集信息要做到有的放矢，根据山地户外运动安全预警的需要，有针对性地收集信息。准确性。信息的准确性对预警的质量有决定性的影响，再好的预警系统，如果输入不准确的信息，也不可能产生高质量的预警结果，甚至有可能得出不符合实际的结论。因此，提高预警质量的首要工作是收集准确的信息；第二，时效性。山地户外运动安全预警实际上是对未来的山地户外运动安全做事前分析，即使信息是适用的，也是准确的，但信息不及时，山地户外运动安全的事前分析就变成了事中或事后分析，预警也就失去了意义。因此，必须根据预警的要求及时收集信息。

②信息分析子系统

信息分析子系统是整个预警系统的关键与核心部分，我们将其进一步分解为预警指标分析子系统、模型分析子系统与专家评估子系统，其功能如何，直接影响到山地户外运动安全预警信息的质量。信息分析子系统是根据山地户外运动安全预警分析的需要设定预警指标体系，并依据信息获取子系统提供的信息，经模型分析和专家评估对未来的安全状态做出描述和判断，对可能出现的山地户外运动安全风险及其程度做出预报。预警指标分析子系统是根据山地户外运动规律和影响山地户外运动安全的主要因素确定警情指标，分析警兆指标，并寻找警源，为山地户外运动安全风险防范提供依据。

模型分析子系统是选择与山地户外运动安全相关的指标，在山地户外运动安全与这些指标之间建立模型，通过模型对未来的山地户外运动安全进行预测。因此，模型类型、模型中指标的选取、参数的确定等对预测和预警的效率和质量有重要影响。在实际预警中，根据变化了的情况和反馈的信息，要不断完善模型分析子系统，以提高预警质量。

专家评估子系统是根据一组具有山地户外运动经验和预测分析能力并掌握相关信息的专家对未来山地户外运动安全的预测和评估，揭示山地户外运动安全可能存在的风险及风险程度。

③信息反馈子系统

信息反馈子系统也是山地户外运动安全预警系统的重要子系统，属于安全预警系统的输出系统，其主要功能是及时准确地将预警分析结果运用现代化信息技术进行输出和表达，目的是向有关部门预报山地户外运动安全可能存在的风险及其程度，为调控与应急子系统提供决策依据。根据信息反馈子系统的功能，将其进一步分解为对外反馈子系统和对内反馈子系统。为了准确、直观地输出预警分析结果，信息反馈子系统要把按一定标准设定的警情所在的警度区间和反映预警分析结果的相关信息转换为一个综合性信息指标—警级，用一组类似交通信号灯的标志综合、直观地描述未来山地户外运动安全的运行状态，并客观、科学地表现其发展趋势。信息反馈子系统还要向山地户外运动安全预警系统本身反馈相关政策、措施的实施效果。如果发现政策、措施效果不佳或出现了偏差，要及时检查信息获取子系统的信息的准确性和信息分析子系统选取的指标的科学性以及模型的适用性等，保证山地户外运动安全预警系统的有效运行。

④调控与应急子系统

调控与应急子系统的主要功能是针对山地户外运动安全不同的警情提出各种可供选择的宏观调控方案，目的是采取有效的政策和措施，及时排除警患，防范可能出现的山地户外运动安全风险。根据调控与应急子系统的功能，将其进一步分解为应急决策子系统和应急执行子系统。为实现调控与应急子系统的功能，必须有针对不同警情采取的应急措施以及负责山地户外运动安全的决策和执行机构。针对不同警情采取的应急措施要有多个方案，各种方案要切实可行。要建立健全从国家到省、市的决策和执行机构，不同警情采取的应急措施要具体落实到各责任单位和责任人，防范山地户外运动安全可能出现的风险。

3. 山地户外运动安全教育系统

安全教育系统是山地户外运动安全保障体系中至关重要的一环。通过教育手段增加参与者和从业者的安全意、安全知识与安全技能，强化山地户外运动俱乐部的安全文化建设和职业道德建设，从而规范山地户外运动管理，减少山地户外运动相关人员的不安全行为。

4. 山地户外运动安全救援系统

山地户外运动安全救援系统指为实施山地户外运动救援而建立的、涉及与山地户外运动安全各相关层面的组织机构和包括山地户外运动救援的分工、协作的工作体系。安全救援系统首先要强调各级政府，尤其是体育行政管理部门在风险管理中的主导作用，强化政府在公共管理、公共服务、公共安全等方面的行政职能，成为风险管理及救援工作的主导力量。其次要推动、扶持成立区域性的救援组织，建设有专业素质的、职业和义务结合的救援队伍。另外，有必要尽快制定《救援法》，从救援主体、责任、义务和救援保险等方面予以规范。

5. 山地户外运动保险

保险是在安全事故发生后，保障相关利益主体正当合法的权益、补偿损失的重要途径。在当今中国的山地户外运动发展过程中，保险已显得尤为重要。保险对个人来说是风险发生后主要的经济补偿手段，对俱乐部来说是意外事故发生后迅速恢复运转的有力经济支持，而对管理者来说是市场经济条件下整个行业持续健康发展不可或缺的保障机制。实际上，保险是把山地户外运动中的各相关利益主体权益风险转嫁到保险公司身上。由于风险的转移，俱乐部可以有更多的精力投入到加强管理和提高服务上，从而为山地户外运动中整体服务水平的提高解决了后顾之忧。

第四节　我国户外运动俱乐部发展分析

随着我国国民生活水平的提高和户外运动在我国的推广，户外运动已经被越来越多的人接受和认可，成了很多人日常休闲生活的主要方式。各种户外运动可以提高参与者的身体素质和野外生存能力，还可以磨炼意志，提升团队合作能力，促进彼此之间的友谊。目前，我国户外运动尚处于起步阶段，各项管理和运作都缺乏经验和策略，特别是户外运动俱乐部作为新鲜事物近年来在我国迅速发展，很多俱乐部都属于盲目上马，缺乏前期调查和准备，最终导致亏损甚至倒闭。因此有必要对户外运动俱乐部在我国的发展前景进行 SWOT 分析，了解当前户外运动俱乐部发展中的内部优势和劣势以及外部的机遇和威胁。

一、户外运动俱乐部在我国发展的 SWOT 分析

1. 内部优势

（1）丰富的户外运动资源

户外运动是一项依托各种自然场地开展的一些集体项目群，因此丰富的自然环境资源是户外运动开展的先决条件。我国地大物博、幅员辽阔，境内有多样化的自然环境资源，森林、高山、溪流、瀑布、悬崖、雪原各种自然环境丰富，可以为各种户外运动项目提供场地资源。当前全国各地的旅游区都依托自身的自然资源开发了一系列具有自身特色的诸如攀岩、滑翔、漂流、定向运动、蹦极、野外拓展训练、滑雪、穿越、探洞等户外运动场地和项目。如东北地区以雪上项目为特点的吉林省瓦萨国际滑雪节、北大湖滑雪场、莲花山滑雪场以及黑龙江省黑龙江国际滑雪节、二龙山滑雪场、亚布力滑雪场等以冰雪为主题的户外运动资源已经打造成了全国甚至全世界知名的户外运动品牌。以旅游区为依托的户外运动产品有杭州的千岛湖水上运动基地、无锡西部山地旅游区和青岛帆船基地等。丰富的自然环境和其衍生出的户外运动产品为我国户外运动俱乐部的发展提供了良好的物质保

障。

（2）人性化的服务和活动形式

户外运动俱乐部与传统的旅行社和一些学校户外社团相比有其自身的特点，无论是从服务内容、后勤保障还是活动形式都更加人性化。具体表现为以下几个方面：第一，户外运动俱乐部为参与者提供了一种新鲜刺激的旅行方式，这对于从小在书本里长大的大学生具有天然的吸引力；第二，在活动线路选择上更加注重参与者的主观意愿，在保证安全的情况下可以根据参与者的喜好确定活动路线；第三，与学校的户外社团相比，户外运动俱乐部在活动中有完备的安全预案和救援准备，能够最大限度地保障参与者的安全；第四，能够很好地解决装备问题，使参与者摆脱经济条件的限制，参与到户外活动中。

2. 内部劣势

（1）专业技术人才缺乏

当前，我国户外运动俱乐部发展的最大制约因素就是具备一定专业知识和素质的专业技术人才较少，大多数户外俱乐部的教练员都是兼职教练，且多为“半路出家”，缺乏系统的专业培养，这使得我国户外运动领域的教练员队伍整体水平较低，直接导致了服务质量不高、消费者需求得不到满足。很多教练仅仅是因为个人参加过几次户外运动，对这一行产生兴趣，经过一些简单的相关知识的学习便开始担任教练，这些人中很少有人具备相关部门认可的高山向导资格或者初级急救资格。在户外运动中遇到问题，他们更多地依靠经验来处理而非扎实的专业知识，以至于面对突发事件不能够冷静有效地解决。专业技术人才短缺是当前制约户外运动在我国发展的主要原因，也是户外运动俱乐部发展中必须面对和解决的问题，只有解决了教练员的整体水平问题，才能使户外运动俱乐部这一产业得到良好发展。

（2）现有户外运动俱乐部规模过小，产品品种少且质量不高当前，我国户外运动俱乐部还处在各自为政的状态，各俱乐部都把目光集中于现有的客户群，缺乏市场开发意识，彼此之间不正当竞争严重，这使得我国有限的户外运动资源零星地分布于各俱乐部，难以形成合力，打造具有全国甚至世界影响力的户外运动俱乐部。而户外运动俱乐部规模过小的现状直接限制了户外运动产品的创新和开发，导致现有各俱乐部产品品种少且质量不高的状况得不到有效改善，在一定程度上限制了我国户外运动俱乐部的发展。

（3）户外运动俱乐部自身风险意识较差

户外运动是一项高风险的运动，在活动中稍有不慎就会发生安全事故，这就要求户外运动开展过程中要加强风险管理，防患于未然。但是当前各俱乐部在活动开展过程中缺乏应对意外事故的风险意识。有调查表明：我国每年参与户外运动的人数达到几千万，但其中绝大部分处于无保险或无有效保险的状态。缺乏风险意识这一隐患如不得到解决将影响户外体育俱乐部的健康发展。

3. 外部机遇

（1）不断提高的经济基础和生活水平

“户外运动是建立在一定经济基础和收入水平之上的高层次消费活动，它与一个国家或地区的经济水平呈正相关关系”，这一点从户外装备高昂的价格就可以看出。近年来，随着我国经济迅速发展和人民生活水平日益提高，很多人的消费理念开始转变，居民消费水平也不断提高，在很多大城市已经具备了开展户外运动的客观条件和经济基础。

（2）较大的社会需求

近年来伴随着生活水平提高而来的一些“富贵病”逐渐增多，人们也逐渐关注起自身的健康问题，运动的健身保健价值受到越来越多的人的重视，在这种大背景下，户外运动因其独特的运动特点和趣味性受到了人们的追捧，各种户外运动在全国各地蓬勃开展。根据相关调查，当前参与户外运动的人“主要是年龄在21—40岁的个人、朋友群或专业的户外人士”，他们大多是白领阶层，具有较高学历，容易接受新鲜事物，由于生活和工作压力比较大，他们想通过户外运动使身心得到放松。随着我国社会竞争压力逐渐增大，这部分人群会越来越多。同时，由于户外运动进入我国时间尚短，没有得到广泛的普及，人们对户外运动的相关知识匮乏，加之一些户外项目存在一定的危险性，使得个人或团体独自进行户外运动存在很大困难，因此，这些有意参加户外运动的人希望能有一个专门的组织来引领他们参与到户外运动中来，这就为户外运动俱乐部提供了足够的市场空间。

（3）不断提高的户外运动认知度

户外运动从20世纪80年代开始进入我国，以其独特的组织形式和运动特点逐渐吸引了众多参与者，它的功能和锻炼价值也逐渐受到人们的重视和认可。近年来，随着各种户外活动的组织和开展，大多数人开始认识并了解户外运动，人们对户外运动的认知度不断提高，这也催生了户外运动产业的发展，为户外运动俱乐部的发展提供了难得的机遇。

4. 外部威胁

（1）户外运动装备存在质量隐患

户外运动是一个专业性极强的运动项目，很多活动项目关系到生命安全，因此这对户外运动的装备提出了高要求。当前经过专业认证的户外运动装备大多数都是进口产品，而且价格也很高。因为户外装备存在巨大的利润空间，国内市场仿制的户外运动装备也比较多，这些装备虽然价格相对便宜，但大多数都没有经过专业认证。户外运动装备质量没有保障给我国户外运动的发展带来了很大的隐患，也在很大程度上制约了户外运动俱乐部的发展，一旦出现安全问题将对我国户外运动俱乐部产业的发展产生致命的打击。因此，对户外运动装备质量的保障是户外运动俱乐部发展的必要条件。

（2）户外运动俱乐部发展的配套法规不健全

完善的法律法规体系是一个行业健康发展的前提和保证，当前户外运动俱乐部行业发展中配套法律法规的缺失限制了户外俱乐部的经营和发展。由于缺乏行业规范，很多俱乐部为了短期利益采取不正当竞争手段，造成户外运动俱乐部行业市场混乱，服务质量下降，各俱乐部经营和运作在低水平徘徊，影响了户外运动俱乐部行业的长远和健康发展。例如，由于没有行业知识产权的壁垒，加之开办户外运动俱乐部所需经费不多，很多人通过简单模仿知名俱乐部的经营模式和产品就可以进行户外运动俱乐部的经营，但这种简单模仿的背后是对知名俱乐部利益的损害，也导致户外运动俱乐部行业整体服务质量和水平下降。

二、户外运动俱乐部在我国的发展策略

通过对我国户外运动俱乐部产业发展的优势、劣势、机遇和威胁的分析，可以断定随着我国国民经济的持续发展和国民生活水平的不断提高，在我国的一些大中城市，户外运动产业将面临非常广阔的发展空间，这也为我国户外俱乐部的发展提供了良好的机遇。

1. 健全管理结构，完善管理体系

确保我国户外健身运动俱乐部的良性发展，首先要建立健全的管理机构。各级政府机关和部门加强对户外健身俱乐部的管理与监督。避免出现注册、年审环节的违规操作。另外，政府管理部门还应该加强户外运动健身俱乐部的法制化管理，完善的行业服务标准，加强对相关从业人员的培训制度和技术等级制度的培训与管理，对他们的资格证书进行年检和实践测试。加强立法，明确规定有关企业和从业人员的义务和权限。加强执法打击力度，对于行业违规行为进行严厉打击和惩罚。以此来规范行业的法制建设，推动我国户外健身俱乐部朝着法制化、科学化和正规化的方向发展。

2. 加强俱乐部的自身建设和管理水平

户外运动俱乐部的发展，最终必须靠自身的管理和建设。健全组织管理人员，从决策机构、执行机构和监督机构来进行合理的人员配备，权责清晰，各部门互相监督与制约；树立正确的经营理念，坚持把顾客利益放在重要位置，诚实守信，树立长远的眼光；注重员工的技能培训，引进先进的组织管理人才，提高俱乐部内部员工的素质。建立俱乐部内部的管理规章，自上到下必须严格执行。

3. 积极了解市场需求，制定正确的营销措施

户外运动项目单一，无法吸引顾客是当前俱乐部面临的窘境。因此对于健身俱乐部的人群，不能一概而论。必须对顾客划分不同的层次。从消费水平、身体素质、对体育项目的了解程度等制度正确的营销理念。老年人更希望到户外呼吸新鲜空气，但考虑到老年人身体素质，不能向他们推广登山等运动项目。年轻人更喜欢刺激和交友，应该让他们体验更时尚的运动项目。在营销策略方面，比如一些法定节假日，可以为顾客提供一些户外活动的路线，真正地为顾客着想。

4. 提高俱乐部的员工素质

首先，户外健身俱乐部作为一个发展前景巨大的行业，可以成为就业的方向和渠道。所以，一些培训机构，可以邀请这方面业务能力强和专业素质高的员工，对学生进行相关方向的培养。参考市场的需求，定向培训学生的技术、管理和营销能力。对于俱乐部本身的工作人员，应该加强队伍建设，提高他们的环保意识和户外健身过程中必须具备的安全意识，处理紧急情况的能力和团队协作的能力。定期对业务人员进行培训，让他们树立不点学习的理念，与时俱进地推动整个行业的良性发展。

5. 消费者要树立正确的消费观念

对于消费者而言，不能够盲目地听从相关人员的介绍。要考虑到户外健身运动存在一

定的安全风险。可能由于环境的因素或天气因素有一些意外的突发情况，所以要提前做好预防措施。另外在运动项目的选择上也要量力而行，考虑到自身的身体状况和适应环境的能力。不同年龄、不同消费水平要做出理性的选择。要利用法律途径维护自身合法权益。如果在运动过程中因俱乐部的欺骗或是其他因素，出现侵犯消费者权益的行为，要懂得用正当途径保护自己的合法权益。

随着我国人民对身体素质要求的不断提高，户外健身运动的发展成为必然。不可否认现阶段户外健身运动还存在一些问题，健身教练素质低下，企业组织管理体系不完善等等，但通过对我国当前户外健身运动的分析，从企业自身建设、教练素质、市场需求、消费者等角度找到了一系列的应对措施，希望能为当前户外健身运动俱乐部的发展提供一定的思路。

三、河南省户外俱乐部发展的实例分析

户外运动，是一种相对城市生活而言的，把旅游和体育健身相结合的运动，是旅游、运动、文化、社交、社会人文，自然等叠加的复合生活方式。户外运动于 20 世纪 90 年代传入我国，并迅速发展起来。目前国内以登山、攀岩、野营、远足等为主体的各种性质的户外俱乐部已达数百家之多。但历经几年的发展变迁，现实的情形是：郑州市户外运动发展的大环境潜力无穷，但这些户外俱乐部的经营却日显后劲不足。以郑州市为例，通过对从事户外运动的有关组织机构进行全面调查研究的基础上，力求较为翔实地概述郑州市户外运动俱乐部的发展现状，并为进一步推动户外运动在郑州市的发展，以及促使这项运动成为人们科学、文明、健康的生活方式起到应有的借鉴作用。

1. 郑州市从事户外运动组织的总体情况

（1）目前郑州市户外运动俱乐部的经营性质都是商业性质，而高校中的各种学生社团则基本是公益性组织。

（2）从各俱乐部经营的规模看，都为小型组织。

（3）从经营模式看，郑州市户外运动俱乐部与国内各户外俱乐部经营模式大致相同，一是卖场 + 户外俱乐部，另一种是挂着户外俱乐部招牌，只经营单一的卖场。另外，郑州市部分户外俱乐部还采用所谓的会员制经营方式，即服务对象主要是个人消费者以及非会员制的团体客户等。

（4）从宣传营销看，各家俱乐部都注重网络宣传等媒体手段，其中部分户外俱乐部拥有自己的网页。但宣传营销的内容大体包括三大方面：即本俱乐部开展活动的宣传、经营产品的介绍以及一个供所谓会员进行交流的“论坛”。

（5）从俱乐部经营项目（除产品外）的内容看，目前由郑州市各俱乐部推出的户外活动都隶属于户外活动中的层次较低的内容，而且“旅游”烙印特别明显，其中开展最为普遍的是登山和野营。

2. 郑州市户外运动俱乐部发展过程中存在的问题

（1）对“户外运动”定义的理解过于片面和狭窄，自身发展定位不准

具体表现：刻意强调户外运动是“挑战自然，探索险境”；追求所谓的“纯户外路线”；

忽略户外运动放松身心、陶冶情操等作用。

分析：户外俱乐部自身发展的定位已经成为一个导向问题。如果现在各家俱乐部坚持走“高端户外产品”、所谓的“纯户外”等路线，则会很难赢得广大现存及潜在客户的认同，必将限制自身的发展空间。

（2）虚设的“会员制”

具体表现：会员多以自负盈亏的“忠实玩家”和想享受优惠的“临时爱好者”居多，总体人数少且不稳定；各俱乐部网页所拥有的那些“网络会员”仅仅是一种形式会员而已。

分析：针对各家户外俱乐部形同虚设的“会员制”问题，解决的根本办法还是在俱乐部自身。就现实情况而言，这些俱乐部还不能为会员提供深层次水平上的服务，这也是为什么俱乐部的会员总发生“跳槽”和“撤离”的根本原因。

（3）“封建＋无序竞争”的经营方式

具体表现：各俱乐部自立门派，相互之间根本没有交流，无序和恶意竞争比比皆是，甚至出现卖次货、假货、库存货等现象；缺乏培育郑州市整体户外运动市场及把户外市场这块蛋糕做大的经营思想；没有“品牌意识”，目前还处于“贴牌”经营阶段。

分析：在影响户外俱乐部发展的众多因素中，经营管理思想薄弱、品牌意识差等问题已经成为制约俱乐部自身发展的重要因素之一。如果各家俱乐部不采取从根本上解决培育市场、改变经营策略、树立品牌意识等手段，那么，这些俱乐部就无法摆脱低层次运作的怪圈。

3. 对策

（1）强化管理，激励员工

郑州市户外运动俱乐部的现状滞后于全国户外运动的总体发展水平。俱乐部形式单一，规模较小，组织管理松散，基本处于“概念式经营”状态。

建议采取激励政策，针对店内的销售人员，货品售出后，当月给予相应的提成，以提高其积极性，对户外领队，通过客户回访表进行考核奖罚，以提高服务质量，对户外领队，销售货品的情况，提成同销售人员等同，对于集团业务的各种公关费用，从该次货款中报销，另加提成。

（2）加强人力资源建设

郑州市户外运动俱乐部缺乏受过系统培训的专业人士，对有限的户外资源开发不足，存在对“户外”定义不准确、服务水平低、环保意识差、恶意竞争等不良现象，且存在一定程度的违规经营行为。而新生企业的快速发展取决于其特色和优势，从人力资源方面来说，高学历高水平户外运动专业人才，对服务产品的创新起着非常重要的作用，这就需要俱乐部拥有一个不断推陈出新的优势团队。

（3）健全管理监督机制

缺少管理监督机制是影响郑州市户外俱乐部健康发展的重要因素之一。建议相关职能部门加强对户外俱乐部的管理，特别是要加大监管力度，避免无序竞争、破坏有限的户外资源的现象发生。

四、国内城市户外运动现状调查与分析——湖北省户外运动俱乐部

为了加强对我国户外运动俱乐部工作的指导，进一步了解户外运动俱乐部的发展情况，登山中心党委书记栾开封和中心办公室主任张志坚同志及中国体育报记者共同组成调研小组，赴湖北省进行户外运动俱乐部情况的调研活动。在湖北期间，调研小组考察了湖北省孝感市双峰山国家森林公园户外运动基地；召开了专题座谈会，武汉穿山豹户外运动俱乐部、武汉指南针户外俱乐部、武汉中国龙户外俱乐部、跋涉者俱乐部、神农氏俱乐部、武汉天际俱乐部、东兴户外俱乐部等相关俱乐部的代表参加了座谈会；调研小组专程拜访了野山、穿山豹、中国龙、神农氏、指南针户外俱乐部。借此机会，调研小组还与省体育局局长李建明、省社体中心主任王中流等同志就湖北户外运动的发展问题交换了意见。

1. 就“湖北现象”的内涵和产生原因进行了总结与探讨

在第四届全国户外运动俱乐部年会上，来自湖北省的近 10 家户外运动俱乐部在大会交流和小组讨论中介绍了他们在俱乐部经营中的一些做法和经验，受到协会领导和与会人员的关注，被称为“湖北现象”。与会代表认为，湖北省户外俱乐部的做法有很好的借鉴作用，希望对“湖北现象”进行总结，以利于在全国推广，推动我国户外运动的健康、持续发展。“湖北现象”的内涵概括起来主要包括以下几个方面：

（1）积极顺应我国户外运动快速发展的社会需求，自主创业、白手起家。湖北省的户外运动俱乐部同全国各地的户外运动俱乐部一样，基本是以民营为主，所不同的是，大部分经营者是从爱好者转变为经营者的。此前，有的是机关公务员，有的是公司或饭店高管，由于对户外运动的痴情和对户外运动市场的看好，而毅然决然地投身其中，没有依靠国家，通过自主创业、白手起家，靠着一点资金和朋友以及家人的支持，成为我国户外运动俱乐部的第一批创业者。目前比较大的十几家户外俱乐部在克服了种种困难之后，形成了一定的规模。

（2）实行资源整合，加强合作，做大做强湖北的户外运动产业。从 2005 年开始，由武汉穿山豹、武汉天际、武汉指南针等联合发起成立湖北省户外运动俱乐部联盟。共有十几家户外俱乐部参加。联盟是建立在完全自愿基础上的比较松散的组织，是属于内部约束、自律性质的。联盟成员采取资源整合的做法，因为各个俱乐部规模和块头都比较小、资金也有限，单个的俱乐部很难单独承包或建设一个场地。即使有能力单独建设或承包一个场地，由于客源的问题，也会面临场地闲置或部分闲置的难题。为此，共同使用一个场地是降低成本、提高效益的好办法。比如孝感市双峰山国家森林公园户外运动场地（含拓展场地），就是多家俱乐部与双峰山管理公司共同合作开发的。通过此举，以达到资源共享、互惠互利的目的。另外，在互相介绍客户、互相调配技术和专业人员等方面进行合作，有利于克服“大而全、小而全”的传统模式，达到了优势互补、促使各生产要素效用最大化的目的。实行资源整合和行业合作，是符合现代化大生产规律的，有利于降低成本和发挥资金效益，防止了“单打独斗”和“各自为战”的落后方式，使各种生产要素最优化地发挥作用。

（3）建立一个良好的利益机制，既竞争又合作，防止无序竞争或恶性竞争。在社会主义市场经济条件下，竞争是必不可免的，也是推动经济发展的根本动力和良好机制之一。但竞争如果偏离方向，就会形成无序竞争，甚至恶性竞争。为了争夺客户，互相杀价，自相残杀，结果是同归于尽，这是大家都不愿意看到的。因此各俱乐部都有一种危机感。这样合作就成为大家的共识和愿望。但合作也不是无原则的，而是建立在维护大家共同利益基础之上的。因而俱乐部联盟从一开始就建立了一个良好的利益机制，避免吃大锅饭、平均主义、和稀泥。这样做到了既有竞争，又有合作，维护共同的利益，使户外俱乐部的发展进入良性循环。

（4）加强自律，共同维护市场秩序。拥有一个良好的市场秩序是户外运动发展的基本条件。由于户外运动产品的“同质化”特点，要求户外俱乐部联盟的成员都要自觉自愿地维护市场秩序，保持一个合理的价格，防止互相拆台，通过自律维护经营者的利益，共同做大市场，做大户外运动这块“蛋糕”，使经营者从中受益。

（5）明确户外运动俱乐部的发展思路，在当前要坚持“政府指导、社会参与、产业运作”的模式。户外俱乐部在发展中，政府的支持和指导是必不可少的。由于政府对于户外运动俱乐部只能给予政策支持，因此，所需资金要依靠俱乐部自己去筹集，俱乐部在组织活动和开展业务时，就要实行产业运作的模式，通过开发市场、提供优质服务来吸引客户，做大做强户外产业。这是符合我国文化体育产业改革方向的，有利于我国户外运动俱乐部的发展进入良性循环的轨道。

（6）输出户外运动品牌和服务，成为湖北文化体育产品向外输出的先锋，有着广阔的市场和前景。在调查中我们了解到，湖北省的户外俱乐部中出现了向外省市输出户外产品的现象，像中国龙、指南针、穿山豹等俱乐部都向周遍的河南、湖南、江西等销售出了自己的产品。这一方面说明我国户外市场的不断扩大；另一方面也说明周遍省市对湖北户外运动产品的认可。正如湖南的影视和传媒产业、产品向全国输出那样，如果湖北的户外运动产品能够做大做强，做出品牌，在全国独树一帜，成为湖北省文化体育产品中的拳头产品，为湖北在社会主义市场经济的发展中赢得一席之地也是难能可贵的。

“湖北现象”形成的原因分析：一是户外俱乐部之间的共识和努力；二是经过多年磨合形成了一个经营者的核心。包括指南针的刘艺、穿山豹的代新华、天际的赵树刚等，成为湖北户外俱乐部的核心中的主要成员，他们的团结协作主导了湖北的户外市场；三是武汉的社会氛围和良好的自然环境与地理条件。湖北尤其是武汉大型企业、外资企业很多，党政军机关和大专院校很多，这是参与户外运动的社会基础。加上湖北尤其是武汉得天独厚的自然和地理环境：长江、汉水穿城而过；碧波万顷、水天一色的东湖，城市周围的山川美景，是开展户外运动的难得的好去处。俗话说：靠山吃山、靠水吃水，湖北的人文环境和自然地理条件成为我国户外运动发展的温床和良好土壤。

“湖北现象”的现实意义。在我国户外运动起步阶段，在大部分省市还处于各自为战的情况下，湖北省的户外运动俱乐部能够闯出一条相互合作、优势互补、资源整合、共同发展的新路子，是十分难能可贵的。也为各个省市的户外俱乐部提供了很好的示范和借鉴作用，具有重要的参考价值。

2. 让户外运动成为一种生活方式

中国人最早了解户外运动，可能是从“背包客”开始，这些形象大都是在国外或港台电影或电视上看到，或者是来中国的外国背包客们。在许多人尤其是年轻人的心中，那曾是一种理想、浪漫并且有着神秘、挑战色彩的生活方式，而在一些成年人的眼睛里，那更是一种衣食无忧的家伙们干的无聊的事。总之，人们最初认识“户外运动”，都是带着许多的另类或理想化的色彩看它。国内最早的户外玩家们，也不过从 80 年代开始，在那个年代，户外运动是一个充满挑战和刺激色彩的代名词，在人们的印象中，登雪山、骑自行车环绕中国、徒步穿越沙漠等等这些才算是户外运动，这是一群特殊的个性人物，有些人理解，有些人尊敬和佩服，更多的人觉得不可思议和惊叹，人们更多赋予了“英雄”和“探险家”的色彩给这个群体。

90 年代末，随着改革开放后中国经济的持续迅速发展，国内尤其是都市人们物质生活得到很大的提高，于是乎，开始出现受人关注的“登山族”“背包族”“户外热”等现象。开始有更多的人加入到户外运动的行列。此时，户外运动在许多人眼中，它是年轻人的时尚活动，或者有些学者说户外运动是年轻人的“亚文化”现象的反映。时代在发展，认识、了解和参与户外运动的人群也在扩大，因此，我们对户外运动的认识不应该仅仅停留在时尚或年轻人这个小众群体上。

首先，户外运动是一种休闲生活方式，是人们追求返璞归真的一种健康的生活方式。中国人过去习惯在闲暇时间吃吃喝喝，或者打牌，后来随着经济的发展，娱乐业在中国迅速发展，并迅速充斥进人们的空闲活动安排里。但是，随着人们物质生活越来越富足，长久呆在城市人造森林里的人，在繁华绚丽的都市生活里，仍然有一些“缺失”。于是，一些人开始选择在假期离开自己生活的地方，去外面去看看。“远方陌生的地方”永远是充满神秘的地方，而大自然又永远是给予人类生命力量的地方，所以，这个时候，户外运动开始应运而生，开始吸引了许多人的参与。有人说，一旦玩上户外运动你就立马会被它吸引，为什么呢？因为它既满足了人们的好奇心，又能让人远离工业社会现代生活回到返璞归真的生活状态。玩户外的一族们，似乎永远都恪守着一些自己的游戏规则，在户外运动中，没有地位、身份和学位的差别，并且与工作和生活清晰地分开。所以说，户外运动应该是一种非常符合现代人需要的健康的生活方式，是一种每个人都可以拥有的新鲜的生活方式之一。它的兴起，最重要的意义在于它使人们逐步走出家门，走到户外去，走向荒野，纵情于山水之间，向大自然寻求人类生存的本质意义。

其次，我们对户外运动的定位起点太高。说到户外运动可以成为每个人的生活方式之一，可能很多人会因为户外运动花费太贵，购买装备也比较贵，表示不能赞同。而且玩起来太辛苦了，注定只能属于少数人经济条件好的年轻人的玩乐活动。其实，跟任何休闲活动一样，户外运动可以轻松地玩，也可以玩专业的，还可以玩超级挑战性的。当然，如果你想要玩的更加专业和富于挑战性，确实需要比较好的装备条件和体力技能条件，这是一般人所达不到的。进行户外运动不要只是为了探险和挑战才进行户外运动，它首先是一种简单的休闲方式，人们通过这种休闲方式可以提高生活的质量，它不是一个要达到的目标或者要攀爬的一座高峰。然而，我们对户外运动的概念往往定位的太高，似乎一定要具备优良的装备、攀爬过多少高峰，或者玩过什么更加专业的户外项目才叫真的在玩户外。户外运动，首先是要走出家门，走出现代都市生活，去接近自然，体会自然的生活方式。每个人由于工作生活状况和个性特征的不同，可以选择自己喜欢的户外运动形式，有些人更喜欢舒适休闲性的户外活动，一些人喜欢新鲜的户外活动，而另一些人又喜欢冒险和富于挑战性的户外活动。最重要的，是最后我们获得的一种体验，而并不是具体的形式。

那么，户外运动归属地在何处？2005 年，国家体育总局正式将“山地户外运动”设立为我国正式开展的体育项目，隶属于登山项目下属分项，其业务工作由国家体育总局登山运动管理中心管理。虽然户外运动这种早已受到众多群众欢迎的活动暂时找到了自己的归属地，然而，很多人还是很难将户外运动当成一项单纯体育运动来认识。的确，户外运动和传统的体育项目有比较大的区别。

首先，传统的体育项目都有比较固定的场地和设施，活动都是在限定的范围内。竞技体育一般需要比较严格标准的场地和设施，普通人进行大众体育时也至少需要一些简易的场地条件，如我们在室外打羽毛球玩，也一般需要至少一个大致的场地范围，有时候还需要在中间拉一根线作为网子。场地和设施条件的控制，是传统体育项目的重要特点之一，其目的主要在于控制运动时的可变化的环境因素。然而户外运动则恰恰相反，户外运动是完全以自然环境为活动场所，而它的魅力就在于自然环境永远是无法控制的，它总是处于不断的变化中，不同季节、气候时都不同，即使同一个地方，不同时间去它的环境都会不同；其次，传统体育项目的重要特点之二是其规则要求性，也即标准化，没有规矩不成方圆，传统体育项目所有的项目无不强调规则的重要意义。规则的主要目的是为了方便竞争，也就是说，传统体育更强调一种“文明的竞争”。当然，无可否认体育的重要魅力在于其竞争性。然而，过于严格苛刻的规则有时候会丧失体育的自然身体活动的魅力，而太过强调竞争性又常常让参加的人们感到体育运动中的等级概念，也经常容易受到挫折。户外运动则不同，它从一开始就更加强调一种参与和挑战，却不是与他人的竞争。它富于人更多的自由性和自主性，参加者可以根据具体情况随时改变活动形式和计划。让人们在与自然的接近中，领会更多融入自然的感觉。从本质上来看，户外运动是一种休闲、旅游、体育融合的产物。它并不是一个简单的体育项目。抑或说，户外运动，应该是属于大家的，也是存在于人民生活当中不可缺少的生活方式和面貌体现，而不应该是仅仅属于精英和专业人士们的。应该是建立在提高我们每个人的生活质量本身上而进行的（健身最终是为了提高生活质量）一项活动方式。

3. 打造“户外休闲运动”专业媒体势在必行

随着我国电视事业的不断发展，数字有线电视自 2003 年成立以来，便以势不可当的发展趋势迅速落地。目前，尽管专业化的数字电视频道在国内尚属新生产业，对于拥有全世界五分之一收视人群的电视产业大国来讲，中国观众同样抱以强大好奇和关注。如今的电视频道也越来越专业化，栏目也越来越对象化。这就使得频道与栏目面向社会在选择与表现上分工越来越细化，观众择其需求也逐步分流成越来越固定的收视群体。在这种大环境下，想要创办一个面对不同观众群体，能唤起不同年龄层次、不同职业和不同文化素养的观众共同感兴趣的而又能提高收视率的专业频道，显然成为电视制作人亟须思考的问题。

早在 20 世纪 80 年代，中央电视台审时度势，率先与全国地方电视台开辟一档以反映我国自然景观、风土人情、民俗风情、人文景观的旅游类栏目——《华夏掠影》，至此，该片便成为我国初期电视旅游栏目的一个成功范例引领先河，深受电视观众的喜爱，同时也首次以电视媒体为载体打开国门，让更多国外电视观众认识中国、了解中国、走进中国。如今，随着经济的不断发展和人民群众生活水平的逐步提高，休闲度假、外出旅游变得日益“热”了起来，神游山水间、畅享自然，已经成为现代人提高生活质量和品位重要形式之一，同样，户外休闲运动潜在的商业前景也已经成为推动国民经济增长和提高国民综合素质强有力的助推器。由此，电视作为如今存在于人们生活当中传播最为便捷的载体，必将受到广大户外运动爱好者及户外产业热烈追捧！

五、户外运动俱乐部的规范化发展

2000 年，长沙凌鹰户外运动俱乐部成为湖南省首家户外运动俱乐部，至今全省有各类户外运动俱乐部 50 余家。其中凌鹰俱乐部是湖南省唯一 (全国 5 家) 获得中国登山协会户外运动与攀岩双项资格的专业户外运动俱乐部，2005 年被评为中国十佳登山户外运动俱乐部。其他成立时间较早、规模较大且知名度较高的俱乐部还包括“喜马拉雅”“畅行天下”“发现者”“橙色冒险”“山水行”“山猫”“飞虎”“山夫”等户外运动俱乐部。其中畅行天下俱乐部有会员 500 多名，2 000 多人网上注册；爬山虎俱乐部会员 400 多名，3000 多人网上注册。就经营水平和经营状况而言，目前大多数户外运动俱乐部还处在扩大阵营和提升人气的初期发展阶段。经过对 302 份调查问卷的归纳整理和统计分析，发现湖南省户外运动参加者大致呈现出以下特征：第一，年龄层次偏向于年轻化，26 ～ 35 岁群体占总份额高达 85%，36 ～ 40 岁的占 9.0%，41 岁以上占 4.33%，20 岁以下占 1.67% ；第二，文化层次偏高，大专及本科以上比例占 67.33%，高中 (中专) 占 16.34%，高中以下文化程度的仅占 16.33% ；第三，参加户外运动目的各不相同，选择比例由高到低依次为经历新鲜事物 (84.17%)、放松心情 (53.29%)、锻炼体魄 (48.32%)、磨炼意志 (44.98%) ；第四，户外运动项目类型向往比例依次为登山 (79.80%)、徒步穿越 (74.30%)、探险 (45.20%)、漂流 (41.60%)、森林 (32.90%)、滑雪 (30.40%)、沙漠 (25.70%)、攀岩 (19.37%)、狩猎 (16.45%)。

1. 户外运动俱乐部发展问题

（1）俱乐部行政管理不到位

我国户外运动尚处于起步阶段，加之相关法律法规的滞后，目前户外运动管理还存在着一定的政策缺失。由于行政效力限制，户外运动的归口管理单位国家体育总局登山运动管理中心无法真正管理俱乐部经营业务，相应管理办法大多停留在各省级登山协会，很难落实到每一家户外运动俱乐部。针对个别未注册的网络论坛地下俱乐部更无法开展行业管理。另外，户外运动从本质内容上属于体育运动范畴，却又明显带有旅行社组织旅游团的商业性操作模式。尽管户外运动活动按照规定须经省市体育部门严格审批，但这种带有交叉性质的综合性活动往往很难单独由体育行政部门来规范管理。体育部门和旅游部门在行政执法和业务管理方面的交叉盲区为户外运动俱乐部的规范管理留下了一定的法律真空和管理空白地带。

（2）户外运动安全事故不断

户外运动有别于常规休闲游憩活动，一些高危险的运动相应要求参与者具有相应的经验和救身设备。尤其是户外者最向往的登山、探险、漂流等户外运动，危险系数相对较高，因而也成为近年来户外运动悲剧发生的“重灾区”。据国家登山协会统计，2000年至2004年，国内登山和户外运动共死亡43人，其中登山15人，户外运动28人；2005年户外运动伤亡17人；2006年则高达23人，其中山地户外遇难17人，增长率达112.2%，达到自2000年以来的最高点。在这些事故中，大部分都是在未获取有关部门批准、自发组织活动的情况下造成的，正规户外俱乐部组织的活动事故很少。但目前我国户外运动俱乐部良莠不齐，行业规范还未能很好地得到普及应用。实力强的俱乐部组织户外活动时要求领队必须事先取得国家体育总局颁发的教练证或资质证；而个别实力差的俱乐部，纯粹就是由经验丰富点的老“驴友”带队开展户外运动，技术指导和安全救援难以得到保障。无任何资格证书的领队带队现象并不少见，无证领队甚至还敢带队走从未走过的线路。领队组队不科学、线路设计不合理、危险救助不及时等成为俱乐部开展户外活动的最大薄弱环节。即使是老资格的专业户外领队也不能完全避免悲剧。例如，湖南衡阳某户外俱乐部负责人在四川康定田海子山攀登失踪、上海某户外俱乐部创始人在云南哈巴雪山滑坠身亡等案例即为明证。至于通过论坛互联的民间自发户外组织形式，大部分参与者没有接受过专业户外知识培训，仅通过自己的经验积累或从网络获取相关户外专业知识，其户外活动安全保障更是无从谈起。

（3）户外运动市场混乱无序

目前，湖南省户外运动俱乐部整体上还处于起步运作阶段。绝大多数俱乐部实名注册正式会员人数在100～300之间，其中交费会员为100～200人。起步较晚的俱乐部注册正式会员不足100人，会员和吸引参与者规模数量均相当有限。由于大多户外运动俱乐部属户外爱好者创建，起先只是当作一种个人爱好展示平台和交友渠道，缺乏足够的俱乐部市场化运作机制。一些俱乐部为吸引眼球而采取低价竞争等不规范操作，扰乱了全省的户外运动市场，让正规的户外运动失去了市场竞争力。当前全省大多数俱乐部赢利主要包括户外运动用品销售和商业团队拓展训练经营收入，经营业绩最好者年营业额不足50万元。更多俱乐部呈现“人气旺而财气不旺”的不盈利状态。在实地调查中还发现，为拓展市场经营范围，有个别旅行社以“特种旅游”的名义进行户外运动组织。在户外线路的实际操作中，为节约经营成本，旅行社往往用自己的导游代替专业户外领队。旅行社的非规范介入加剧了户外运动市场的混乱局面。

2. 户外运动俱乐部规范发展

（1）加强户外运动安全管理

安全是开展户外运动的首要前提条件。面对呈现倍增态势发展的诱人的户外运动市场，在经济利益驱动下，户外俱乐部难免会走入急剧扩张的发展通道。为此，须对户外运动俱乐部加以正确引导和管理，强化户外运动安全管理，最大限度消除户外运动中的安全隐患。

①树立户外运动安全意识

根据系统安全理论的观点，世界上不存在绝对安全的事物，任何人类活动中都潜伏着危险因素。这就要求俱乐部管理者摒弃侥幸心理，随时随地地保持安全意识，切实加强并落实户外运动安全管理工作。同时，树立并重视“主动预防”的安全理念，绝对不能把安全保障希望全部寄托在户外运动保险上。事实上，任何保险只可在一定程度上规避经济风险，却不能完全预防安全事故的发生。户外运动从业者必须走出“保险”认识误区，积极消除户外活动安全隐患，变被动预防（保险）为主动预防，从而最大限度地避免户外安全事故的发生。

②加强户外运动组织管理

严格执行俱乐部组织户外运动的准入制度，对户外运动的组织者和领队实行“资格认证”制度，只允许取得“户外运动指导员资格证”的人士从事和组织各种户外运动，确保户外参与者的人身安全。在活动策划中不以“奇、险”为噱头或卖点，避免片面追求冒险刺激而人为增大风险系数。经营者在组织户外运动时，须事先实地勘察活动地点和行进路线，制定周密的活动计划及紧急救护应急预案。组织者在召集活动时，需慎重考虑线路的难度等级是否与全体队员的经验、体能状况相符，提高户外运动者的自我保护意识。领队则需在队员挑选、装备检查、活动时间把握、活动强度控制、行进路线确定、事发后的急救等诸多方面严格把关。在确定户外领队之后，还需明确责任认定及快速救助责任人。建立户外运动申报制度和事先备案制度，以供相关主管部门掌握户外活动的动向。随时与户外运动

③强化户外专业队伍建设

户外运动往往在非成熟旅游地进行，各种基础接待设施和保障设施条件尚不完善。当面对各种无法预料的自然灾害威胁时，户外者自身失误或任何一丝疏忽即可导致人身伤亡事故。在目前的很多探险活动中，参与者彼此熟悉程度低，相互协作程度及效率均不高。除购买人身意外伤害保险外，个人安全问题基本由本人完全负责。这就要求组织者必须具备丰富的户外运动实践经验、灵敏的突发事件反应以及强烈的责任心，熟悉出行路线并掌握参加者的身体状况和心理素质等基本情况。而在现实中，户外运动组织者和领队资格标准并未成型，相关人员的审核评定工作严重滞后。因此，急需制定安全路线标准并培训专业组织人员。在各级登山协会指导下，积极面向俱乐部和户外爱好者开展户外指导员、户外教练员、户外保护员、户外救生员、红十字紧急救护员等专业人员的培训考核工作，切实建设具备实战能力的户外运动安全保障队伍。定期对俱乐部会员及户外运动爱好者进行安全教育与训练，使之具备切实可行的救援常识和基本技能。

④强制使用安全认证装备

户外运动装备包括基本装备（如背包、睡袋、地图、指北针、刀、火种、急救箱等）和专业性装备（如卫星定位器、冰抓、登山索、潜水器材等）。根据中国户外资料网提供

数据，目前中国已有200多家国内户外用品生产商和70多家全球著名的户外产品制造商，户外运动用品装备年销售额8亿元。品质优良且性能卓越的户外装备是户外活动者生命安全的有效保障。然而，受个人经济能力水平的制约，户外者所配备的户外装备设施往往品质不一，成为户外运动中最难解决的问题。为此，必须对户外用品经销商的户外运动产品进行全面检查。未取得国际登山联合会(UIAA)安全检测认证的产品一律予以清查罚没，杜绝假冒伪劣户外运动装备流入市场，从技术能力方面保障户外活动者的自我保护和有效自救能力。

⑤普及户外运动专项保险

2006年9月推出的“登山及户外运动专项保险”是国内唯一专门针对户外运动的保险产品，较之以往的美亚旅行保险、普通旅游险或者普通意外险等保险产品，该专项保险的保险责任大大拓宽。不仅包括登山、滑雪、拓展、攀岩、攀冰、高山探险等户外运动，而且还扩展承保冲浪、帆船、漂流、洞穴探险等其他运动；不仅承保意外伤害及其医疗费用和救援费用，而且还承保登山中的高原病和冻伤。此外还包括面向户外俱乐部的专项责任保险，将俱乐部在户外运动意外事故中的经济赔偿责任转移给了保险公司，免除了俱乐部的经济负担，保证了户外俱乐部的正常运营。俱乐部在进行各种户外运动时，根据自身规模、管理情况、组织活动的经验等情况，结合活动项目和活动地点等内容，选择最恰当的保险方案。除了为所有户外参加者购买人身意外保险外，还应同时购买相应的俱乐部责任险以降低可能出现的经济赔付风险。当然，再好的保险也只是事后的补偿和安慰，而非万全的护身符。增强户外运动安全意识仍将是户外运动俱乐部最重要和首位考虑的大事。

⑥完善户外运动安全救援

近年来的户外救援案例显示，针对高山、密林、雪山等地形条件复杂情况下的户外遇险，公安、武警、消防、医疗等部门并不都具备专业的救援力量。尤其在偏远地区，同样不熟悉当地情况的武警等力量，有时也因缺乏高山救援器材而难以有效进行救援。为扭转救援不及的被动局面，户外运动组织则可以发挥自己的专业优势，与政府部门合作建立反应敏捷且专业性强的救援机制。2005年湖南省首支民间户外运动搜救队——“PSH翼虎搜救队”正式成立，标志着湖南省户外运动又向前迈进了一步。但限于参与人员数量及搜救能力，目前救援地域范围限定于湖南省境内及江西明月山、武功山地区。为满足现实户外运动救援需求，应大力拓展救援覆盖范围，与周边省区的紧急救援系统积极融合，提高户外救援的时效性。

（2）落实资质认证和年审制度

我国开展户外运动的机构类型很多，不管是民间自发组织还是商业化运作的俱乐部，目前均缺乏省市体育局等对口部门的统一管理。俱乐部的鉴定和审核没有相应标准，市场呈现一定程度的无序混乱状况。为此，应尽快健全完善户外运动俱乐部及相关从业机构资质认证标准体系及规范、户外运动教练员资质认证标准体系及规范，积极推广全国户外运动俱乐部资质认证体系。明确规定户外从业人员的资质、能力、经验、技术、装备质量等，提高户外俱乐部申请认证和开发经营的准入门槛。资质认证体系是提高户外俱乐部技术含量的有效保证，只允许符合全部条件的俱乐部组织户外运动。从事户外运动俱乐部必须具备相应的硬件条件和培训力量，经国家审批和体育、工商部门注册，接受当地体育行政部门管理。俱乐部按照相关规定接受严格年审，违规操作和不达标俱乐部予以停业整顿直至吊销其经营资质。全力清理取缔各类非法“地下”户外俱乐部，规范户外运动市场并创造良好的市场竞争环境。

（3）增加户外运动俱乐部盈利点

目前户外俱乐部的盈利方式主要归纳为以下四种：以户外活动带动户外装备销售；以户外活动带动拓展训练业务；以户外用品销售捎带开展一些户外活动；完全靠户外活动盈利。其中，户外设备销售和拓展训练是大多数户外俱乐部的主要盈利项目，户外运动自身却尴尬地属于吸引和提升人气的媒介角色。根据问卷调查的反馈结果，可重点针对26～35岁之间、具有较高学历和一定经济支付能力的青年群体开展户外运动。从市场需求出发，以探索新旅游地为吸引点，针对不同级别户外爱好者，大力推介徒步穿越、登山、探险、漂流、森林等深受户外者欢迎的活动项目。通过深挖户外运动自身盈利潜力，大力打造户外运动这一特种体育产品品牌，赚取应有的经济利润。同时延伸开发与户外运动相关的住宿餐饮、教育培训、广告宣传等业务领域，构建合理的户外运动上下游产业链，不断增加户外俱乐部新的盈利点。

（4）组建户外俱乐部联盟/协会

户外俱乐部无序恶性竞争的直接后果就是各俱乐部生存艰难，得到初步发展的户外运动行业最终将被彻底毁掉。为此，有必要建立户外运动俱乐部联盟或户外运动协会，将分散各地、各自为政的户外俱乐部的资源进行整合和优化。借助于户外联盟(协会)这一更高平台，通过及时交流俱乐部发展信息，各俱乐部可实现户外线路资源和户外经验、安全技术等信息的共享。在规避不必要经营风险的同时，俱乐部还可迅速提高自身的安全性保障和服务经营水平。以联盟或协会的形式合作开展安全培训、联合勘探野外线路、兴建拓展训练基地、教练培训、相互开放培训基地等活动，除了可实现俱乐部之间的优势互补外，还可降低户外活动的单位生产成本，从而大幅度增加俱乐部户外活动的经济效益。通过户外联盟(协会)的规范化制度统一市场价格定位，规范户外用品销售和户外活动策划等行为。各个俱乐部通过在合作中可不断提升自己的品牌、信誉和业绩，最终做大做强户外运动这一个新兴体育市场。

户外运动在我国的迅速发展势不可当，尤其在青年人群体中有大规模普及的趋势，但同时产生了一定程度的活动风险，应予以积极关注。当前我国户外运动俱乐部存在着经营管理不善、安全保障不够、市场竞争混乱等现实情况，急需进行相应的规范和改进。人身安全保障是户外运动开展的首要前提，可通过审查、认证、管理、培训、技术、设施等多种方式和措施来提高俱乐部组织的户外活动安全系数。建立区域性乃至全国性的户外运动联盟或户外运动协会，是促进我国户外运动持续、健康发展的有效途径之一。

第五章　影响中国户外运动发展的因素分析

第一节　山地户外运动在中国发展的积极因素

一、社会经济发展是户外运动发展的基础

1. 人口状况

（1）人口基本情况

户外运动作为一种现代休闲方式，人口是其发展的必备条件。一个国家人口的数量、质量以及人口结构情况对整个社会的休闲行为乃至休闲经济都会有很大的影响。首先，由于各个群体的观念、偏好不同，导致其休闲行为不同。其次，由于不同的群体的经济状况、社会地位不同，导致其对休闲的态度和行为也不同。我国人口状况大致表现为：

①庞大的人口数量一直是中国国情最显著的特点之一

虽然中国已经进入了低生育率国家行列，但由于人口增长的惯性作用，当前和今后十几年，中国人口仍将以年均 800 ～ 1 000 万的速度增长。受 20 世纪 80—90 年代第三次出生人口高峰的影响，在 2005 年—2020 年期间，20 岁～ 29 岁生育旺盛期妇女数量将形成一个高峰。人口总量高峰将出现在 2033 年前后，达 15 亿左右。

②人口健康素质和文化素质的不断提高

随着政府加大公共卫生事业建设力度，我国人口健康素质得到日益提高。平均预期寿命已从新中国成立前的 35 岁上升到 2004 年的 71.8 岁。其次，中国教育事业的加快发展，使得中国人口科学文化素质也得到了显著的提高。2004 年，中国普及九年义务制义务教育的人口覆盖率达到 93.6%，各种受教育程度人口占总人口的比重分别为：大学以上占 5.42%、高中占 12.59%、初中占 36.93%、小学占 30.44%，受高层次教育的人数大幅度增加，受小学教育人口比重逐步下降。

③人口城镇化水平日益提高

90 年代以来我国经济社会的快速发展极大地促进了城镇化水平的提高。2004 年末全国城镇人口已经达到 54 283 万人，占总人口的 41.76%，乡村人口为 75 705 万人，占

58.24%。我国人口城镇化水平的这种提高，主要是城镇区域扩张和市镇个数增加所造成的。进入21世纪后，城市化进程将进一步加快，有研究预测，到2010年城市人口将达到44.10%～49.90%之间。

④人口老龄化现象开始出现

从人口年龄结构看，在2004年末全国总人口129 988万人中，15～64岁人口为92 184万人，占70.92%；65岁及以上人口为9 857万人，占7.58%。2005年增加到72.0%和7.7%。值得一提的是，中国老龄化现象正在显现，并且呈现速度快、规模大、“未富先老”等特点，对未来社会抚养比、储蓄率、消费结构及社会保障等产生重大影响。

中国庞大的人口基数、人口质量的逐步提高以及城镇居民的日益增加，这些为户外运动发展的提供了有利条件。各种户外运动服务组织，应该更具参与人群的特点和需要，提供相应的服务。而人口老龄化趋势，则提示我们，在户外运动开展过程中，应该关注老年人的休闲需要，注重培育中老年人户外运动市场。

（2）中产阶层与户外运动

调查显示，国内户外运动参与者主要集中在中产职业群体或中等收入群体。中产阶层具有一定的经济收入和文化素养，并且追求生活的品质和精神质量，这些都非常符合户外运动的条件和要求，从而成为户外运动潜在的主要参与群体。新中国中产阶层的出现始于1978年改革开放以后，其产生与20世纪80年代后中国社会的转型和中产阶层的兴起有着密切的联系。1978年改革开放以来，中国社会原先固化了30年的阶级阶层状况又出现了新的变动。一个不争的事实是，中国社会经济领域内改革开放的不断深入，带动了社会结构的变化，在中国传统的产业工人和农民之外，出现了一个新的中产阶层，或者说出现了一个中等收入群体。尽管仍然存在着意识形态方面的障碍，中国官方在正式的文本中尚未使用“中产阶层”（middle class）的概念——使用“中等收入阶层”，或“中等收入群体”，再或“中间阶层”的概念是一个常见的替代，但改革开放20多年来中国社会结构出现了新的变动，一个新的社会阶层业已出现并获得了官方的承认。

关于我国中国中产阶层的数量，一直都有许多学者进行相关的研究。有学者曾推算，如果将人均收入在1～10万元、户均金融资产在3～10万元的人口和家庭都计算在内的话，估计目前进入中产阶层的人数约占全国总人数的20%～25%。也有人根据在全国城乡范围内的抽样统计，计算出在中国社会“职业中产”占人口比例为15.9%；“收入中产”为24.6%；“消费中产”为35.0%；“自我认同中产”为46.8%，达到上述全部指标的中产阶层人数占总人口比例仅为4.1%；而在另一项研究中，在北京、上海、南京、广州和武汉全国五大城市中，符合职业、教育和收入三项综合指标的中产阶层人数达到总人数的11.8%，而主观认同人数更是高达59.6%。由于中产阶层在中国再生后，其生长和发展的势头极其迅猛。仅仅在10年之前，美国未来学家奈斯比特还颇为大胆地预测，20世纪末中国中产阶层的人数将达到100万人。但现实的发展却远远超出了奈斯比特的预测：在2002年完成的一项研究中，中国中产阶层的人数已达到8 000万人以上。中国国家信息中心的官员则指出，自2001年起的未来5年内，中国将有2亿人口进入中产阶层消费群。而原中国对外贸易部副部长、中国入世首席谈判代表龙永图2001年在新加坡的一次讲演中，更是大胆预测，在未来10年中，中国具有中等收入的群体将达4亿之多。“中产阶层”作为户外运动的主要潜在参与人群，虽然我国“中产阶层”正在培育过程中，但是，随着我国经济的发展和社会的进步，中国“中产阶层”的规模将不断快速增长。这些潜在的户外运动参与和消费人口，都是户外运动发展的重要基础和条件。

2. 社会经济发展是户外运动发展的基础

改革开放以来，中国从1980年开始进入经济高速增长阶段，1980 — 1990年GDP的年平均增长速度达到8.9%。1990年后经济增长速度又显著加快，1994年为11.8%。随着经济迅速发展，我国社会开始由温饱向小康型发展，并在21世纪初向发展型迈进。在今后数十年我国经济仍将保持较快的增长速度。随着经济的增长，近20余年中国居民收入也不断增长，尤其是城镇居民收入水平这些年得到大幅度上升。1978年，城镇居民人均可支配收入仅为343.4元，到1990年增长到了1 510.2元，2000年达到6 280.0元，而2003年已经达到了8 472.2元。另外，随着收入的增加，我国城镇居民生活消费结构发生巨大变化，1989年以前属于供给式消费向温饱型消费发展的模式，1989年以后则是由温饱型消费向小康型消费的发展过程，由此可见，我国城镇居民消费结构从传统的基本生活消费逐步向发展型和享受型消费转移。其中，近些年教育文化娱乐消费大幅攀升。随着收入水平的提高，在满足吃、穿等消费后，教育文化娱乐消费成为居民家庭的首选。2013年，城镇居民人均教育文化娱乐服务支出为2 563.3元，仅次于食品和交通。总之，城镇居民是户外运动主要参与群体，我国城乡居民收入的快速增长，以及城镇居民生活消费结构的逐渐转变，为户外运动的发展提供了必要的物质条件。

3. 体育与经济在我国社会发展中的辩证关系

世界各国人民的发展历史证明，经济是体育的基础，体育的发展有赖于经济的发展。同时，体育产业也是一项全民的具有重大经济效益的事业，对物质生活和国民收入的增长起直接和间接的促进作用。党的十三大决定，把发展科学技术和教育事业放在振兴国民经济战略首要位置，把经济建设由主要依靠粗放经营转移到依靠科技进步和提高劳动者素质上来。这是十一届三中全会以后，我们党在经济建设指导思想上的一个重要发展。党的十六大又提出了全面建设小康社会的奋斗目标，这是一个融政治、经济、文化、人的全面发展、人与自然和谐为一体的综合目标。这一目标的科学内涵，十六大用六个“更加”进行了简明的概括，即“经济更加发展、民主更加健全、科教更加进步、文化更加繁荣、人民生活更加殷实”。为了认真贯彻党的经济建设指导思想。落实体育事业的地位，促进经济教育的良性循环，推动生产力的发展，很有必要研究体育事业的发展与经济的关系。体育以其特有的功能，在以经济建设为指导思想中发挥着不可代替的作用。我们要充分发挥体育的经济功能，为全面建设小康社会，提升人力资源水平奠定基础。研究体育与经济的关系，首先要明确体育与经济的含义。

体育的含义。体育一词，有多种解释，从教育经济学的角度。体育的概念是指人类社会特有的一种社会活动，它是根据一定社会的要求，有目的、有计划、有系统地教育和训练，是开发人的潜在能力的活动。从教学的性质看，是社会主义造就德、智、体、美、劳全面发展的新型人才不可缺少的一部分。因此，体育事业是国民经济发展的重要组成部分，因为体育产业可以为生产发展和经济增长提供熟练的劳动力和专门人才，因此体育事业的发展本身客观地包含着经济的因素。体育发展是超前的事业，因为体育培养人才周期长，体育的经济效益具有迟效性的特点，因此，体育事业的发展必须先行。经济的含义。经济代表一定的财富和生活用度，也可代表生产资料和生活资料的总和。体育与经济之间的联系可表现为体育的进步对经济发展水平的依赖关系，以及体育对社会经济发展的日益突出的作用，诸如强健的体魄可以提高工作效率等等，显示体育是提高劳动质量必不可少的条件。这些都是熟为人知的。

（1）体育事业发展的物质基础在于经济的繁荣

体育作为人类的一种社会实践活动，它的发展与社会的发展有着同步的节奏，与人类的经济活动有着最根本的因果关系。体育发展不是主观的东西，想怎么发展就怎么发展。它一方面受经济发展水平的制约，另一方面要受社会实践的检验，体育事业的发展，基础在于经济。经济发展的水平和社会需要，是体育事业发展的物质和社会基础。这一客观规律性主要表现在两个方面：

①体育事业的发展必须与国家的经济协调发展

社会的物质生产水平从根本上决定着体育运动发展的规模和速度，决定着体育事业内部的结构和比例。马克思指出：人类始终只提出自己能够解决的任务，因为只要仔细考察就可以发现，任务本身，只有在解决它的物质条件已经存在或者至少是在形成过程中的时候，才会产生。体育事业发展的规模与速度，一方面取决于物质资料再生产的规模为其发展提供一定的物质保证，保证必要的财力，提供体育的基建设备、场地、图书、器材等，提供体育基建费用和体育经常性费用。国外学者对 1984 年奥运会奖牌分布及获奖国的经济状况进行了比较研究，发现 98% 的奖牌都为经济水平较高和人均寿命较长的国家所获得。一个国家或地区国民总收入、国民平均收入等基本指标是体育运动发展的前提指标。另一方面，取决于社会再生产对劳动力的需求程度。这种需求不仅决定着劳动力的总数量，而且决定着各种劳动力的比例关系。劳动力的总数量决定着体育事业发展的规模及速度；各种劳动力的比例关系决定着体育体系、体育结构。

②经济发展的速度与水平决定体育发展的规格与方向

物质资料再生产的方式和水平，制约并最后决定着体育的质量，即制约并最后决定着劳动力的规格，因而也决定着体育培养人才的规格和发展方向。一个国家或地区国民总收入对竞技体育可起较大的作用，国民平均收入等基本指标则对群众体育和学校体育的影响较为直接。21 世纪初叶是中国实现小康社会，走向现代化的关键时期。在新的世纪里，社会化大生产不断向广度和深度发展，将给人们提供越来越多的物质财富和精神财富，人民的生活质量得到了很大的提高，在进入小康社会后体育事业的发展必将得到更大的社会支持。

（2）经济的发展也需要依靠体育事业的推动

经济的发展同发展体育事业一样，也不是主观的东西，单凭调整生产关系是不行的。马克思认为：生产力中也包括科学技术。按这个意义，科学技术是属于生产力范畴的。特别是现代经济越来越要依靠科学技术，依靠人的劳动能力的提高，这就需要体育技能的培养。经济的发展与体育技能的这一“依靠”关系，主要表现在以下三方面：

①体育技能训练是劳动再生产的重要手段

马克思主义政治经济学基本原理告诉我们，社会再生产是物质资料的再生产，同时也是劳动力的再生产。这两种生产在数量上要保持一定的比例，在质量上也要相适应，整个社会再生产才能实现。有一定生产经验和技能的劳动力的再生产在任何社会都是实现再生产的必要条件，而体育训练则是劳动力再生产的必要条件。体育发展与生产力的发展最基本的联系是通过劳动力的再生产来实现的。劳动力的再生产包括两个方面的内容：一是指恢复和保持现有生产过程和科学技术活动中，从业人员的劳动能力，使他们能继续从事劳动和工作；二是培养和训练新的劳动力，以替换退出生产过程的劳动力和补充扩大再生产所需要的劳动力。在劳动力再生产的两个方面中，前者主要是通过生活资料的消费来进行的，其中包括需要花费一定数量的物质资料对劳动者进行教育和训练，更新知识和技能，以适应生产发展的需要；后者则要通过投资于体育来进行，发展体育事业是劳动力生产的重要手段。

体育在劳动力再生产中的作用主要体现在：一是体育训练能传授和积累劳动技能。马克思指出：工人阶级的再生产，同时也包括技能的世代传授和积累。体育训练的基本职能就是要向受训者传授前人积累的知识和技能，保持和发展生产过程和科学技术活动中从业人员的劳动能力；二是体育能生产劳动能力。人的劳动能力，是人的体力和智力的总和。马克思：教育会生产劳动能力。这一科学论断揭示了在现代生产条件下教育与经济的基本联系。青少年经常参加体育锻炼，有利于身体发展，形成良好的身体形态，发展身体的运动能力。练就了健壮的体魄，使之成为合格的劳动力。国外学者的研究表明，经常参加体育活动的劳动者，比不参加体育活动的人，劳动生产率均高出 0.6—10.0%。体育运动可保护和增强社会生产力的主要因素——劳动力，促进劳动生产率的提高；再次，体育投资能产生更大的经济效益。马克思指出：人的劳动能力有一个特征，就是它在生产过程中除了生产和自身价值外，还能创造出新的价值。经过培养与训练的劳动才在生产过程中能够创造出超过它自身的新价值。这不仅说明体育投资具有生产性，而且体育投资在生产中所产生的经济效益，往往较之消费掉的费用是一个“扩大”了的量，是劳动者智力素质在生产中的作用，这种作用是在生产中一次次地反复而实现的。据报道：2008 年北京奥运会体育设施建设投入 713 亿元人民币，将极大地改善体育产业的硬件设施条件并能带动其他行业对体育产业的投入，从而加大我国体育产业的发展规模。

②体育事业发展也是科学技术转化为直接经济的重要途径

科学本身就是经济，但是它还不是具体的、直接的经济，而是一种知识形态的潜在的经济，要把科学转化为具体的、直接的生产力，一部分是可以通过体育来实现的。一方面通过体育教育，科学技术被劳动者所掌握，变成劳动者的知识技能，构成劳动力的要素；另一方面，通过技术的发明创造，物化在生产工具和劳动对象上，构成生产资料的要素。这一过程也是通过体育科学所培养的科技人才来实现的。社会科学也可以通过体育科学转化为物质力量。一方面社会科技的发展可以不断开拓劳动者的知识视野，提高他们各方面的素质，产生新的更高的劳动效率；另一方面，社会科学的发展，可以不断揭示生产活动的社会组织规律，提高生产过程的科学管理水平。

③体育教育是使科学技术实现再生产的重要手段

科学研究是一种精神生产，也称为科学生产。教育不仅仅能积累、继承前人的科学技术，而且还担负着发展科研的任务。体育教育培养体育健儿，为经济发展奠定基础。体育教育可使学生在一定时间系统地掌握某一领域前人的科学精华，也包括从前人某些思想技术中获得的启示，并在此基础上进行研究、实验，向未知领域探索，最后达到突破，促进体育事业不断向前发展。

（3）体育事业在经济发展中的新问题

①体育社团的建立与发展

经济为体育社团的发展提供了良好的社会环境。20 世纪 80 年代以来，我国各种社会团体在改革中获得适当的土壤和气候而迅速成长，到 1992 年有全国性社团 1 400 个，省级社团 19 601 个，县级社团 16 000 个 (据《中国日报》，1992 年 5 月 7 日)，“社会发展的转折与中国政治经济体制发展的转折吻合，然后转化为民间结社愿望和自由的主观力量，自下而上地推动社团的崛起”。但就其数量和质量、社会参与程度和开展体育活动的独立性上，与体育发达国家相比还有较大的差距。可以采取两个办法来解决这个问题：第一，采取“民办官助”的办法，由政府和财团提供资助靠民间体育组织来开展国内体育活动和参加国际体育比赛。我们已经这样做了，而且会越做越好。这种“结合型”的经费来源结构，由于有政府给予必要的拨款，可以确保体育组织的基本工作条件和国家体育计划的实施，又能引导体育组织强化自身的经济功能，调动其利用体育办体育的积极性，有助于体育组织与社会各界密切联系，增加企业团体的社会责任感，并对体育工作质量实行自发的监督；第二，在市场经济条件下，国家的各种社会资源不再由政府垄断，被分解到社会的各个利益群体，使市民社会、世俗社会得到了相应的发展。

②农村体育的发展问题

农村体育问题是我国体育事业发展的一个持续难点和重点。农村体育，是指在县级以下广大农村开展的，以农民为主要参加对象，以增强体质，丰富社会文化生活，促进社会主义物质文明与精神文明建设为主要目标的群众性体育活动。农村体育所涉及的内容包含农村社区体育、学校体育、小城镇体育，还有部分竞技体育的成分。在我国 13 亿人口当中，有 9 亿是农民，在建设中国特色社会主义伟大事业的历史进程中，我们党和国家历来以发展农村、建设农村、改善农民生活作为安邦治国的大事。发展农村体育在我国体育事业发展中占有最大的人口基础和战略地位。农村体育的发展程度，直接关系到中国大多数人口的体质和健康水平。发展农村体育，有利于《全民健身计划纲要》的全面贯彻实施，有利于体育文化的建设，有利于中华民族身体素质的增强，有利于提高农业劳动生产力，促进农村经济的发展。因此，农村体育问题的解决与否与解决程度，成为中国体育事业发展的另一个重要变量。

其发展建议有以下几点：第一，加强对体育价值的舆论宣传，通过各种新闻媒介大张旗鼓宣传，提高全社会公民体育意识。使每个公民真正了解体育工作的重要意义；第二，加强对各级行政部门领导的教育，提高其思想认识，使他们懂得一些基本的体育知识，充分认识到体育的经济价值和社会价值；第三，加强监督职能：发挥新闻媒介的舆论监督作用、对体育工作的好坏要“曝光”、群众对领导重视体育的态度及落实的措施进行评价、体育工作列入督导检查重要内容；第四，加强体育师资队伍的建设和加强体育场地、器材设备的建设，注意增加体育经费的投入。

只要我们认真分析和思索农村体育工作的现状，研究农村体育发展的特点、规律，加强体育内容与过程的优化，层层重视，齐抓共管，农村体育工作一定会有新的局面。

③认清体育与经济的辩证关系

改革开放以前，我们的教训是忽视体育事业发展需受经济发展的制约。具体表现在往往追求表面“高指标”，导致规模大、效益低，大起大落。根源在于发展与条件脱节，条件跟不上发展，这是以前乃至当前的一些问题的症结所在。因此，我们必须做到：要正确认识和贯彻“体育发展必须为经济建设服务。经济建设也要依靠体育事业的发展”的指导思想。要贯彻和处理好“服务”与“依靠”的辩证关系。体育事业发展必须坚持以条件定发展的方针。

④体育产业亟待发掘

体育产业是新兴的并具有发展前途的、主要满足人们精神文化健身等需求的产业。社会的分工，经济的发展。使体育产业从非独立行业而逐渐成为独立行业，使该产业在国民经济中发挥特定的功能。目前体育产业的主要市场有健身娱乐业、体育用品业、体育竞赛转播业、体育博彩业、体育广告业、体育经纪业和体育电子商务等有待于进一步开发。体育运动的发展必然扩大对有关部门产品或劳务的需求，为这些部门提供市场，推动这些产业的发展。首先，可推动运动器材、运动服装、运动训练和科研仪器设备、运动饮料、药物等生产的发展。据资料反映：目前全球体育产业的年产值高达 4 000 亿美元，并且保持着 20%以上的年增长速度，占世界贸易总额的 2.5%。1998 年美国体育产业产值达 631 亿美元，体育产业产值占 GDP 的 2%。相比之下，中国的体育产业起步较晚，规模较小，其存在的问题在于：第一，体育产业发展不平衡，东南沿海明显快于西部；第二，结构不合理：具有本质功能的体育健身娱乐明显落后于体育表演业；第三，其他部门没得到协调发展，部门之间的关联也很低。我国体育产业总体来说，发展前景诱人，空间广阔，成长潜力惊人。据估计，按目前中国的发展速度到 2010 年体育产业产值至少可达几百亿元。

那么，怎样才能使我国体育产业很好地运作，成为我国国民经济的重要组成部分呢？主要谈以下几点建议：第一，加大对西部体育产业的投资和开发。利用西部独特的地理环境开发体育旅游。注重西部农村社团体育和学校体育的普及，土法上马、土洋结合、因陋就简、因地制宜、自制为主。充分发挥其独特的价值；第二，调整体育产业结构。加大健身娱乐业的发展。加强社区健身指导员的培训等；第三，通过“民办官助”，其他各部门的资助合作带动体育产业及其相关产业的发展；第四，扩大体育产业规模，在政府的支持下，争取举办世界级的大型体育赛事。

体育产业要从体育服务业为重点，多业并举、门类齐全、结构合理、规范发展，形成多种所有制并存，要社会共同参与、共同兴办的格局。积极引进体育消费，培育体育市场；

加强体育健身服务市场的规范化管理；提高中国体育用品业的自主创新能力，促进体育无形资产的开发和保护；完善体育产业政策；理顺体育产业活动的管理体制；做好体育彩票的发行工作。使体育产业增加值在国内生产总值中占的比重明显提高，城镇居民人均体育消费显著增加，充分发挥体育产业在推动消费、优化产业结构、扩大就业中的作用，把体育产业培育成国民经济新的增长点。

二、余暇时间的增多是山地户外运动发展的重要前提

1. 闲暇时间

闲暇时间使休闲存在的一种“物质载体”，在某种意义上，没有闲暇时间就没有休闲。同时，也正是由于闲暇时间的增多从而推进了休闲活动的发展。因此，闲暇时间的存在是户外休闲活动开展的必备条件之一。

中国居民可自由支配的时间在不断地增加。王雅林曾经对哈尔滨、天津、上海三城市居民生活时间分配情况做过调查研究，结果表明，都市居民日闲暇时间已经占到全部生活时间的 23.4%，工作时间占 18.1%。也就是说，都市居民日闲暇时间平均超过工作时间 75.56 分钟，约 5.3 个百分点。近年来，我国居民可自由支配时间有三次十分鲜明的转折点，第一次是 1978 年中国确定国家工作真心的新转移；第二次是 1995 年中国开始实行每周 5 日工作制；第三次是 1999 年全国年节及纪念日放假实行新办法。虽然从总体上讲，人们的闲暇时间在不断增加，但有调查显示，中国人的闲暇活动质量还是不够理想，闲暇活动呈现出单调、活动种类不丰富、趣味不高雅的倾向和特点。

（1）室内休闲活动花费时间太多

调查显示，闲暇时间增长出来得那一部分大多被电视占用了，无论男女老少都面临着同样的处境。仅看电视一项平均每天就占闲暇时间总量的约 1/3，看电视成为闲暇时间里占有时间最长的活动。

（2）休闲活动空间狭小

尤其是一些经济收入低的家庭，户内和户外休闲活动比例不协调（户内活动通常主要指：利用大众传媒消遣、自娱活动、无事休息；户外活动通常指：体育锻炼、去娱乐场所等），仅有 21.5% 的非在业者出游过市区及附近风景区；2.9% 的出游过郊区度假村；5.7% 的出游过省内风景区；14.8% 的出游过省外风景名胜区。近 2/3 的闲暇时间是在家中度过的，在户外度过的时间约占 1/3，且户外活动中约 40% 的时间是用于逛商场、超市、夜市，这表明户外休闲活动的质量是不高的。

（3）青少年群体学习压力大、自由发展空间狭小；闲暇时间的利用与分配表现单调、畸形；自然天性受到压抑，思想创造性明显不足。

（4）整个社会对闲暇时间的价值缺乏正确的认识，休闲教育在中国还是一片空白。导致闲暇时间的利用空间狭小、观念陈旧、休闲情趣单一、休闲技能缺乏。

以上表明，人们在户外活动的时间以及户外休闲活动的质量并不高，尤其是低收入和非在业人员。除基本生理时间以外，看电视、家庭活动及其他多种单调的室内娱乐活动占

据了人们的主要闲暇时间。而人们对于闲暇时间的价值也没有正确的认识。因此，在开展户外运动的过程中，应该注意积极宣传和引导人们正确的休闲观念，倡导人们更积极地利用闲暇时间进行休闲活动，宣传户外活动的积极休闲价值，引导大众认识户外运动的价值和意义。同时对青少年进行必要的休闲教育，使人们养成健康、科学的休闲价值观。

2. 交通设施与通信

现代户外休闲活动，越来越受到交通网络和设施等因素的制约，户外运动作为户外休闲活动，一般需要在城镇郊外甚至异地进行，于是，交通因素成为户外运动的进行重要制约因素。而有少数户外运动则需要利用一些人工建筑和设施来进行。除此之外，由于户外运动活动地区和活动方式与一般休闲活动以及体育运动的不同，在户外运动进行中通常都需要特定的专门适合户外运动的装备，如专门的户外服装、日常用品以及活动进行所必需的专业技术辅助装备。另外，随着现代科技的发展，网络通信变化迅速，它正以人们闻所未闻的方式改变着社会休闲生活。电视的大众普及化，从而使看电视成为人们最耗时的休闲方式。而随着网络通信的发展，从而将电视由单向式转变为交互式。电子游戏和网络的发展对休闲产生了不可估量的影响，上网成为又一个花费掉现代人们大量闲暇时间的主要休闲活动。当然，网络通信的发达，给户外运动的组织、传播和开展，带来了非常大的影响。户外运动的服务部门，大都通过网络通信传递活动的各种信息，从而是潜在的顾客群有更多的机会了解他们的活动内容、理念和计划。而对政府和私有非营利性的户外运动组织而言，电脑通信还为他们向顾客或潜在顾客提供上门服务并与他们进行持续性的对话提供了可能。

三、资源因素与文化背景

1. 资源因素

户外运动发展的重要条件之一就是环境资源的利用，尤其是自然资源。中国国土 960 万平方公里，仅次于俄罗斯与加拿大，居世界第三位，海域 473 万平方公里。中国主要自然资源的总量均居世界前列。实际耕地约 20 亿亩，占世界的 6.8%，居世界第三位。森林面积 19 亿亩占世界第 5 位。草地面积约 60 亿亩居世界第二位。河川径流量 2.7 万亿立方米居世界第六位，可开发的水力资源 3.7 亿千瓦居世界第一位。地大物博，资源丰富，种类齐全是中国资源的优势。一个国家的人口与经济发展的规模在很大程度上取决于该国的自然资源总量，目前除日本等少数国家外，世界上经济大国都是资源大国。另外，广大的自然资源也给户外运动的开展提供了必要的环境基础。但是，由于中国人口众多，按人口平均，中国人均占有资源量少，资源相对紧缺，生存空间狭小。各类资源的人均量是：人均耕地 1.65 亩，仅为世界平均数的 1/3；人均草地 5 亩，为世界平均数的 1/2；人均森林面积 1.5 亩，为世界平均数的 1/6；人均森林储积量为世界平均数的 12.2%；人均水资源是 2300 多立方米，为世界平均数的 1/4；人均可开发的水力资源装机 0.31 千瓦，所占比重最大，也仅为世界平均数的 3/4；人均矿产储量总值 1 万美元左右，至于各类矿产资源如果按 12 亿人口平均，绝大部分均低于世界人均占有量。人均占有资源量少是中国资源的一大劣势，一个国家居民消费水平和生活方式在很大水平上取决于该国的人均自然资源的占有量或消费量，中国人口仍将持续增长，人均占有资源量还将继续降低，这是难以改变的事实，表明中国人口对资源的压力过大。因此，在户外运动的发展过程中，应该注意控制发展规模对环境资源的影响。

2. 文化背景

（1）“天人合一”的传统中国哲学观点

中国人的休闲是一门博大精深的学问，特别是以士大夫为主的休闲文化，是中国传统文化中很重要的组成部分，它与自然哲学、人格哲学、审美情趣等许多方面发生极为密切的关系。中国人的休闲哲学的基本出发点是人与自然之间的统一和谐，崇尚自我心境与天地自然的交流与融合，人类不能征服自然，只能融于自然并继而契合“天人合一”的传统中国哲学观点。户外运动强调的就是人与自然的融合，从这个意义上讲，它的实践本质是与中国人的休闲哲学相符合的。户外运动是欣赏自然的大美与真美，是人与自然的真正意义上的融合，尽管在时间上是短暂的。

（2）中国传统户外活动

登山运动在中国有着悠久的历史，春秋战国时期，孔子就有“登东山而小鲁，登泰山而小天下”的名言。中国拥有举世无双的山峰资源，世界上 14 座 8 000 米以上的山峰，有 9 座在中国境内及其边境线上。自古以来，中国人就以各式各样的理由登山，而且很早就对在高海拔的生存艰难有了深切的体会。

另外，一些中国的传统节日，也积极倡导人们到户外活动庆祝。如中国农历九月九日这天的重阳节，人们在这一天通常采用各种方式庆祝，通常包括出游赏景、登高远眺、观赏菊花、遍插茱萸等户外活动方式。今天的重阳节，被赋予了新的含义，在 1989 年，我国把每年的九月九日定为老人节，传统与现代巧妙地结合，成为尊老、敬老、爱老、助老的老年人的节日。全国各机关、团体、街道，往往都在此时组织从工作岗位上退下来的老人们秋游赏景，或临水玩乐，或登山健体，让身心都沐浴在大自然的怀抱里；不少家庭的晚辈也会搀扶着年老的长辈到郊外活动或为老人准备一些可口的饮食。

（3）现代人与自然的疏离

大自然是人类赖以生存与发展的母体，人类文明发展的历史，也是人和自然共存和互相依赖的历史。原始社会时期，人对于自然是高度依靠和融合的，由于人们对于自然的蒙昧，从而产生强烈的敬畏和神秘感。到农业文明时期，人类通过长期积累的知识和经验，开始认识自然，并发现自然的一些规律，并利用这些自然规律来改善自己的生活。事实是，在工业革命以前，人类与自然的依赖关系一直是人类的生存与发展的保障。“在农业和畜牧业中，人类的技术力量与大自然的生产能力是平衡的”。但是工业革命以后，“人们获得了征服生物圈的力量，这一点就是史无前例的”。随着工业文明的不断演进，人类在信誓旦旦地对自然进行进一步的探索、改造甚至未来“征服”或“驾驭”的同时，现代技术造成的新形式显示出人类对自然的依附。恰恰通过人类日益增长的对自然的控制，自然以这种前所未料之方法，威胁要控制人类。人类从技术上造成了第二自然，但危险在于他可能被第二自然所窒息。

人类依靠自己的智慧，造就了一个崭新的自然——第二自然，即人类为了摆脱对自然的依附而改造过了的自然。在这个第二自然世界里，应有尽有，严密、方便、舒适、迅捷，让人们饱尝了物质财富恩会的同时，但是却对人类造成新的桎梏，而逐渐让人类与真正的自然阻隔开来，人与自然日益疏离。

工业化的实质是人化自然的深度发展，但它拉大了人与自然的距离。现代都市，就像一座人造森林，人们生活在人造森林里，使人完全包围在高科技技术、产品以及各种服务中，无论需要什么，都可以在这里很快找到自己需要的东西，人们一方面再也看不到外部世界和大自然的奥妙和神秘，人们与真实世界失去了接触；另一方面，人们已经习惯这种生活，懒得去关心真正的大自然。但是，就是在这样的“幸福”人造森林里，人们却反而却越来越容易变得无助、焦虑、神经质。回到自然去，回到人类的母体去，这个呼声在现代社会越来越因此，随着人类足迹的延伸，可以接近自然的地方和机会将越来越少。因此，户外运动必然将越来越受推崇，引起人们广泛的参与。

四、户外运动对当地旅游的影响

随着山地户外运动被列为我国正式开展的体育运动项目，户外运动赛事由国家体育总局长期主办，并向全国推广的一项品牌赛事，户外运动取得了长足的发展。在这样的背景下，由国家体育总局批准“中国·百色乐业国际山地户外运动挑战赛”应运而生。百色乐业户外山地挑战赛在2006年举办了首届，2007年和2008年由于基础设施未完善，唯一能进入乐业的道路维修等原因停办了两年，2009年至今相继共举行了五届。每年都有近20支国内外队伍参加比赛，每届参加队伍水平都有所提高，参赛队伍中的新西兰队是目前世界水平最高队伍之一。赛事的举办扩大了百色乐业在国内外的影响，对旅游资源拓展和旅游业发展提供了不可多得的机遇。通过不断举办体育赛事，发展特色旅游，在2011年2月24日，ISPO国际户外展上，户外探险杂志举办的2010年第五届中国户外金犀牛奖，广西乐业获得最佳特色户外目的地奖。百色乐业县通过举办赛事，较大的提高了乐业县的知名度，产生了较大的社会影响力，对百色乐业县乃至广西的经济发展，特别是旅游的发展起到了促进作用。由于旅游业是相当脆弱的行业，很多不确定因素都会造成负面的影响，承办国际户外运动挑战赛，对乐业县旅游业发展是一次难得的历史机遇，同时对乐业县丰富的自然旅游资源地位的快速提升也是一次挑战。

1. 户外运动赛事对百色乐业县旅游业的影响状况

（1）旅游业软、硬件水平全面提升

自首届赛事成功举办以来，乐业县不断完善旅游基础设施，首先投资了4 300多万元对全县的旅游公路进行了建设。其次投入了近1亿元进行了体育及文化休闲公共设施和客运设施进行了建设。最后投入了近1亿元对县城区域关键路段、绿化和污水垃圾处理厂加强了建设。通过举办赛事使乐业县的财政实现了质的飞跃，旅游业的发展想要长期得到效益旅游的服务功能是一个关键，所以赛事给乐业县带来效益的同时，也促使乐业县提高旅游服务功能，星级宾馆从无到有，全县三星级宾馆2家，大小宾馆共有60多家。乐业县还对旅游从业人员开展培训 21 次，学员有 1 600 多人。

（2）举办地的旅游经济发展突飞猛进

旅游产品是以目的地活动为基础的有形和无形要素的组合。随着户外运动的发展以及人们关注参与户外运动积极性增加，乐业县抓住机遇，继首届成功举办赛事后，从第二届以后每届比赛都配合开展了许多主题活动来作为宣传乐业，发展乐业县旅游的新方式。第二届时开展的中国百色国际天坑旅游节，第三届时的第二届中国百色国际天坑旅游节暨百家户外运动俱乐部“嘉年华”。随着乐业县举办赛事的知名度不断提高，引进了另一项高级赛事进入乐业，在第四届时的全国攀岩分站赛（乐业站），第五届时的亚洲攀岩锦标赛。自 2003 年乐业县开放大石围天坑，以赛事促游，累计接待旅客 145.3 万人，年均增长 51.8%，旅游的综合收入 2.16 亿元，年增长 38.6%。仅在 2010 年国庆举办的“第二届中国·百色乐业国际天坑旅游节暨百家户外运动俱乐部‘嘉年华’活动”旅游总收入就达到了 5 604 万元，此次活动期间接待游客 15.69 万人次。户外运动赛事的举办对乐业的旅游市场呈现出前所未有的发展速度，乐业县财政收入由早期的 2 258 万元增加到 2009 年的 11 075 万元。

（3）形成体育旅游文化

户外体育赛事的成功策划，一方面在于自身的品质和内涵，另一方面离不开相应的背景依托和支持，包括著名民族民间文化、自然地理资源等。百色乐业位于我国西部的大石山区，乐业天坑是世界顶级探险旅游胜地，具有丰富的户外运动资源。以天坑旅游为核心，其他旅游资源如生态文化村等为辅助的旅游资源，推出以户外探险为主题的时尚旅游，形成丰富的旅游吸引系统。自户外运动赛事在乐业成功举办后，乐业相继开展了旅游节、百家户外俱乐部嘉年华等主题活动，比赛的同时有专业的户外运动员给到场的游客进行表演，期间现场的观众还可以自发的报名参与体验，使户外运动得到了推广和普及。

2. 对户外运动的赛事促进广西及百色乐业县旅游业的发展的建议

（1）抓住中国—东盟自由贸易发展机遇和区位优势

随着中国—东盟的自由贸易区的建立发展，广西与东盟旅游业互为主要客源市场，旅游业已经成为中国—东盟自由贸易的重要内容。广西地理位置优越，利用自由贸易的优惠政策与丰富的旅游资源，发挥区域优势，大力开发体育旅游资源和发展广西体育旅游业。注重以如休闲、娱乐和健身于一体的旅游产品开发，推出新颖、参与性高、特别的旅游项目，与广西其他旅游区形成特有的旅游线路。

（2）发挥政府职能，统一规划，加强组织引导

政府对体育赛事的举办所提供的支持是必不可少的。国家和相关部门给予广西发展提供了许多优惠政策，充分发挥政府的主导作用，使政府在规划、政策、旅游大环境及建立融资平台为主导与各部门联动，发动全社会支持，整合旅游生产力各要素，使之形成合力，整体推进旅游资源的开发和发展。充分认识体育品牌赛事对我国特色文化软实力的作用，使更多的重大体育赛事受到关注。广西体育旅游资源开发潜力巨大，应通过多渠道、多方位、多层次的宣传，形成市场导向。吸纳社会各方资金，提高旅游产品的文化和科技含量，加快体育旅游业的发展步伐，促进资源优势向经济优势转化。

第二节　山地户外运动在中国发展的制约因素与规划

一、我国户外运动发展的障碍因素分析

1. 我国户外运动发展现状

（1）我国户外运动起步较晚，但发展迅速

户外运动在欧美和日韩等国家非常普及，1857 年在德国就出现了以登山、徒步为主要项目的现代户外运动俱乐部雏形。在日本有近三分之一的人参加户外运动，在韩国则有近一半的人热衷于户外运动。而在我国，户外运动的发展起步较晚，我国大规模的民间户外运动始于 1995 年，最初是由一些比较前卫的大学效仿国外大学组建的登山运动队，但是到了 2006 年底，我国以登山攀岩、野营远足等为主体的大众性户外运动俱乐部已经发展到 700 多家，主要集中在北京、广州、深圳、上海、成都等经济发达地区和大中城市，拥有会员达数万人，每年组织上万人次参加各种形式的户外运动。

（2）网络自发组织的户外运动日益增多

1999 年以后，随着我国计算机网络的蓬勃发展，一种通过网络自发召集户外运动爱好者参加野营、登山、探险等户外活动的组织形式出现。这些户外运动爱好者有相对固定的群体和聚集地，参加者大多是以外企员工、大学生、国家公务员、自由职业者为主，文化层次比较高，年龄主要集中在 20—40 岁之间，他们在网上建立的户外网站和个人论坛就有上万家之多。

（3）国家对户外运动项目日益重视

2001 年，国家体育总局下属的登山运动管理中心成立了户外运动部，专门负责户外运动的竞赛和行业规范的制定，还相继出台了户外运动俱乐部资质认证标准和户外运动俱乐部技术等标准，此后，又陆续加大了户外运动技术培训和资质认证力度，对从业人员和机构进行了规范化管理。2005 年，国家体育总局将山地户外运动列为我国正式开展的体育项目。

（4）户外运动保险有所进展

2006 年 9 月，太平保险有限公司、中体保险经纪有限公司联合推出了登山及户外运动专项保险，成为了我国保险市场上唯一的专项登山户外运动保险产品，填补了我国在该领域的空白，为我国登山户外运动的健康发展提供了一份保障。

（5）安全问题日益凸显

随着户外运动范围的扩大、参加人数的增多，意外事故也陡然增加，户外运动的安全管理问题日益凸显。据国家体育总局登山运动管理中心统计，2016 全年共发生 311 起登山户外运动事故，造成 64 人死亡，3 人失踪。

2. 影响我国户外运动发展的障碍因素

（1）我国户外运动俱乐部质量参差不齐

由于我国户外运动整体发展的时间较短，市场运行不规范，因此户外运动俱乐部出现了鱼目混珠、质量参差不齐的现象。据了解，目前国内许多大中城市都有不少组织户外运动和从事户外运动用品经营的企业和中介机构，然而绝大多数没有经过专门机构审批许可，这些经营者为了牟利将野外生存、登山、探险等户外项目，以旅游的性质做掩盖，有的将户外运动用品作为普通运动服装经营，以逃避相关部门的监管，给整个户外运动市场造成了不良影响；其次，俱乐部专业化程度低、组织管理松散也是当前普遍存在的问题。目前国内具备资格的户外指导员、教练员、领队以及受过专业户外技能培训的人非常少，很多户外俱乐部的从业者、管理者都是由户外运动的爱好者转行而来，而且很少经过正规的专业培训，专业素质相对较低，无证上岗现象较为普遍。在组织管理上，不同的俱乐部也存在着很大差异，比如有的俱乐部有活动计划书，有的则没有；有些俱乐部没有办理保险；有些俱乐部没有定期的专业培训；有的只接受 18 岁以上的成人，有的则没有年龄限制等等。

（2）行业管理不规范，监管机构缺位

户外运动繁荣的背后，却存在着行业管理不规范，监管机构缺位等问题。我国的户外运动俱乐部是属于营利性机构，要到工商部门注册，要对俱乐部人员进行资质认证，由相关的体育部门管理，但是国内不少户外运动俱乐部还没有到相关部门备案登记，处于无证经营状态，难以得到有效的监管。据不完全统计，目前国内户外运动俱乐部有几百家，但是得到中国登山协会认证的只有 34 家。其次，我国目前还没有出台户外运动的相关法律法规，一些地方性规定还不健全，大多数地方的俱乐部资质认证及培训体系尚未建立，缺乏统一的管理，相关监管部门在具体工作中相互协调不够，监管机构缺位等等。另外，国家登山运动管理中心只能在宏观上进行管理并没有真正的管理实权，其导向作用在各地区不明显，各地的相关体育职能部门与俱乐部之间的指导监管不够，因此很难进行规范化管理和约束。

（3）网络自发组织的户外运动容易引发安全事故

当前以网络自发组织的户外运动团体在我国备受青睐，这类团体的组织者和参与者以完全自助、费用 AA 制的形式，通过网络发帖邀约一起进行户外运动，以达到结交朋友、锻炼休闲等目的，但是这些擅自组织活动的团体往往存在着专业性差、组织松散、没有责任主体、缺乏安保障、相互认识不深等问题。据了解，目前我国正规运动组织机构（协会/俱乐部等）组织的户外运动中，很少发生重大风险事故；而风险事故绝大部分发生在非正规机构组织者和爱好者自发组织的活动中，这是由于组织者经验不足或忽视安全问题，从而导致重大事故的频频发生。

（4）缺乏专业知识和应急处理能力

户外运动是一项专业性、技术性很强，危险性很大的运动项目。对于这项新兴的体育项目而言，我国广大的户外运动爱好者仍是新手，在这方面没有足够的专业知识和训练，缺乏对突发事件的应急处理能力，一旦发生意外往往束手无策，无法自救。

（5）对户外运动的认识存在误区

户外运动发展的多样化造成了许多人对其认识产生误区。由于国内最初对于户外运动的理解来自于国外背包自助旅行的形式，所以很多人把户外运动片面地理解为自助旅行，其实户外运动无论是从范围上、性质上都比自助旅行要大得多，严肃得多，技术要求也高得多。

（6）缺乏风险防范意识、缺少安全保障

户外运动由于环境的不确定性以及内容的复杂多样性，决定了参与者必须面对一定的风险。但是我国大部分的户外运动参与者在如何防范风险，如何应对困难，如何在野外保护自己等方面的经验仍旧不足，对风险的规避意识仍然缺乏；其次，由于受到我国长期传统的价值观念、思想文化、宗教信仰等方面的影响，人们在进行户外运动时，投保的意识非常薄弱。在我国参加户外运动的爱好者当中，大部分人不愿意加入专业的户外俱乐部，因为专业俱乐部组织的活动，通常要收取一定的费用，所以他们宁愿选择一些网友自发组织的活动，以至于发生意外的概率增加；此外，政府和民间团体的专业救援队伍以及应急救援保障体系还没有建立。

3. 对策与建议

（1）尽快出台相关法律法规

要确保我国户外运动健康有序发展，必须尽快出台相关的法律法规，要进一步制定和完善户外运动的各种行业服务标准、组织管理办法、从业人员培训制度、资格认证制度和技术等级制度，把我国户外运动纳入法制化管理轨道。

（2）规范行业管理，加大监管力度

首先，中国登山协会和各级相关职能部门要加强和规范户外运动的管理，中国登山协会对各地户外运动的开展要充分发挥导向作用。其次各地要明确监管机构，对本地区的户外运动团体、协会、俱乐部要进行调查备案，积极开展指导、扶持和服务工作，切实掌握情况，严格制定审批制度和管理办法，严格执行谁批准，谁负责的原则，加大监管力度和处罚力度，正确引导本地区户外运动行业的健康发展。

（3）提高风险防范意识，做好安全防范措施

户外运动具有一定的挑战性和危险性，需要做好安全防范措施。首先，户外运动团体、户外运动组织者和参与者要提高风险防范意识，在参与活动前要购买保险以保障运动的安全；其次，广大的户外运动爱好者要根据自身的健康状况，参与比较成熟的、有组织的、有安全保障的户外运动项目，要选择正规的有资格认证的户外运动机构；另外，户外运动参与者和组织者，要具备一定的户外运动专业技术和实践经验，尽量选择成熟的路线，不要选择一些危险地区或未经开发的区域进行户外运动；出行前必须统筹安排、周密考虑，做好充分的准备工作，如事先了解背景资料，挑选合适的时间、地点，做好身体、精神、物资和全面救助的准备；活动中组织严密，量力而行，一旦出现危险状况，要及时终止活动。

（4）加大宣传力度

充分利用电视、广播、报纸、网络等媒体加大宣传力度，使更多的人认识、了解户外

运动，营造全社会关注户外运动的舆论氛围，培养公众理性参与的习惯，推动户外运动在公众中深入开展。

（5）建立完善的应急救援系统

建立完善的户外运动应急救援系统，能有效地减少安全事故的发生和降低事故的死亡率。各级政府和有关部门要制定预防户外运动事故的应急预案，定期进行安全模拟演练，不断提高处理安全事故和突发事件的能力。

4. 结语

户外运动的发展对于增进国民身体素质，提高生活质量，推动社会主义精神文明建设具有重要的作用。各级政府、各级体育行政部门、相关机构及广大户外运动参与者要努力解决和克服各种影响我国户外运动发展的障碍因素，以促进我国户外运动健康有序地发展。

二、重庆市山地户外运动在中国发展的制约因素的实例分析

重庆市户外运动产业发展尚处于初级阶段，概念界定不统一，大众认识模糊；参与群体高学历、年轻化，时尚诉求突出；人才培养不规范，并且受到经济发展水平和收入水平、传统体育文化背景、休闲教育发展水平及社会体育发展状况等因素的制约。但是重庆户外体育运动的发展具有坚实的自然基础和群众基础，户外运动产业经济效益也有很大的提高空间。

1. 重庆市户外运动的发展现状及存在的主要问题

（1）户外运动的概念及发展历程

我国国家登山运动管理中心将户外运动定义为以自然环境为场地（非专用场地）的运动项目，且带有探险性或体验性的体育运动项目群，其主要包括水上、陆地、空中等三大类。如户外健身步行、驾车游玩、游泳、野餐、钓鱼、自行车、野营、徒步旅行、户外摄影、登山、露营、攀岩、蹦极、漂流、冲浪、滑翔等。户外运动起源于18世纪末欧洲的阿尔卑斯地区的登山户外探险运动，内容主要包括探险登山、野外攀岩、远足穿越、山地野营、溯溪漂流、荒岛生存等，同时这些户外运动项目都具有一定的探险性和挑战性，极具吸引性。户外运动在西方国家已经有将近100多年的历史，直至20世纪80年代初，户外运动项目才从欧美国家渐渐传入我国，并且越来越多的中国人开始了解、接触和喜爱，并逐渐热衷的投身户外运动之中，成为忠诚的户外一族。自1998年以来，户外运动项目在北京、广州、上海等大中城市悄然兴起，并很快就蔓延到全国各地，迅速发展，逐渐在中国演变成为一种新兴的社会时尚的体育运动项目。

（2）重庆市户外运动的发展现状

随着社会经济水平的提高，人们精神生活追求的水平也在逐渐提升，工作之余的人们于是把目光转移到了室外，而随着北京奥运会的成功举办，政府对体育的重视程度也空前加大，投资和兴办体育产业成为新一轮的产业聚焦点和投资模板，体育产业在GDP中的比重越来越大。重庆市是长江中上游的经济文化中心，是西部唯一的直辖市，在信息流、资金流、人才体系上具有较大的优势。在中央一系列具体政策的关怀下，尤其是在财政上、

建设发展经费上的巨大投入，重庆市在加大建立具备与之地位相符合的体育产业发展格局的科学战略发面取得了令人瞩目的成绩。这其中最为显著的即有一系列山地和公开水域的挑战赛。

组织户外比赛是重庆利用山地资源发展的优势项目。“中国重庆武隆国际山地户外运动公开赛”从 2003 年至今已成功举办了 9 届，经过 9 年的艰辛发展，武隆国际山地户外公开赛已由首届 9 个国家和地区的 25 支参赛队发展到 2011 年的 34 个国家和地区的 66 支队伍，并成功跻身为享誉世界的影响力和号召力最大的三大户外赛之一，仅在 2010 年 9 月举行的公开赛吸引了海内外 51 支队伍，其中不乏探路者队、新西兰探险等享有盛誉的、越野赛系列赛事综合排名前十的境外团队。“中国重庆武隆国际山地户外运动公开赛”已与“世界山地户外运动锦标赛”“阿布扎比户外运动挑战赛”并称世界三大户外运动赛事。比赛内容丰富，赛地众多，在鬼斧神工的芙蓉洞、天生三桥、龙水峡地缝、芙蓉江、乌江等多个旅游景区内举行，“和谐、自然、快乐、超越”为主题的 4 天赛事更是让选手充分享受比赛，越野跑、山地自行车、溜索速降、暗河穿越、抬滑竿、皮划艇定向、骑跑交替、游泳、溯溪等多个竞技项目。这是武隆的自然资源优势，具体在小范围区域内同时完成皮划艇、渡河、攀岩等户外赛事的地貌，其他地方难度很大。可见重庆户外体育运动的发展具有坚实的自然基础和群众基础，户外运动作为一项新兴体育项目，迅猛发展，并向着大众化、休闲化趋势发展。如果将重庆市户外运动产业与旅游产业更好的结合运营，这个产业的经济效益也有非常大的提高空间。

但是，从客观情况来看，由于我国整体上户外运动起步较晚，并且缺乏规范的指导，因此重庆市户外运动规模并不乐观，与国外成熟的城市经营的市场产业相距较大，户外运动产业化还处于起步阶段，因此其本身的发展还存在很多问题：

①广大参与者对户外运动实质概念、特性等理论认识不足；

②人们参与户外运动的组织形式呈多元性，诸多安全事故的发生是由于参与者的专业知识和技能缺陷导致的；

③户外俱乐部等组织机构参差不齐，行业管理不规范；

④缺乏风险防范意识、应急处理能力和安全保障等；

⑤人才培养不规范，专业建设近乎空白。

2. 重庆市户外运动存在问题的原因分析

（1）政府管理型体育管理体制的制约

我国现行的社会体育管理体制正在由政府管理型体制向政府与社会结合型管理体制过渡，但是这种过渡型管理体制仍然带有极强的行政和政治色彩，在一定程度上抑制了社会体育多样性的发展和社会参与的积极性，体育社团的作用未能得到充分发挥，影响了社会体育的自我完善和发展。户外运动属于社会体育范畴，其发展不可避免地要受到社会体育管理体制的制约。

（2）经济发展水平和收入水平的制约

户外运动作为一种休闲娱乐消费方式，必将受到社会经济发展水平和收入水平的制约。

重庆直辖15年以来，虽然社会经济文化水平有了突飞猛进的发展，截至2011年，重庆GDP总量突破万亿元，人均GDP达5400美元，但是仍低于全国平均水平，更低于与北京、天津、上海以及深圳等一线大城市。因此，在重庆普及发展户外运动仍有不小压力。

（3）传统体育文化背景的制约

中国传统体育以养生为核心，讲究动静结合、天人合一，神形兼备，养神为先，强调运动的节制性，认为竞技比赛“邀名射利，内伤骨髓，外消筋骨”。锻炼内容以武术、棋类等项目为核心，锻炼方法主要是自我练习，对户外运动可能有抵制情绪。

（4）休闲教育发展水平的制约

休闲意识的培养与教育密切相关，而我国休闲教育尚处于萌芽阶段，办学条件很不成熟。教育部核定的专业目录中还没有休闲专业，因此不存在真正意义的休闲专业文凭和学位；高等院校很少有专设的休闲专业，而往往与运动休闲专业、旅游休闲专业等边缘学科结合；所开设的休闲课程基本上没有正规教材；专业教师通常从边缘学科抽调或从休闲管理人员中聘任。

（5）社会体育发展状况的制约

衡量一个地区社会体育发展程度与水平的重要指标包括体育人口比例、场地设施、活动内容、经费投入、组织机构等。重庆市社会体育活动内容比较单一，以健身为主；社会体育经费来源渠道单一，主要依靠财政拨款，远不能满足实际需求；单项体育协会、行业体协、人群体协及体育俱乐部等社会体育组织发展还处于初级发展阶段，民间体育社团数量很少，都没有真正发挥功能。

3. 重庆市户外运动发展对策

尽管国内户外运动产业存在的诸多问题，但是重庆市户外运动产业仍被许多人看好，毫无疑问，重庆的户外运动蕴藏着巨大的、无限的商机。正是由于对未来的看好，在诸多户外运动先行者的主导下，众多组织机构正采取各种措施积极铺垫，谋求重庆市户外运动的迅猛发展。

（1）教育与宣传相结合，增强大众的参与意识

从教育来看，应将休闲教育纳入终身教育体系，发挥家庭的桥梁作用，学校的基础作用，社区的阵地作用，以及成人教育的辅助作用。从宣传来看，通过主流媒体的大力宣传使更多的人了解户外运动的内涵及作用，在全社会营造户外运动的舆论氛围，培养公众理性参与的习惯，推动户外运动的广泛开展，培养户外运动文化，给户外运动注入持久的活力。

（2）制订完善政策和法规，确保行业健康发展

我国中央及地方政府应该建立和完善一套包括财政投入、税收、信贷在内的完整、系统的户外运动政策体系，为户外运动创造良好的发展平台。一方面要完善现有的管理办法，拓展其范围，将部分运作成熟的管理办法提升到法律层面；另一方面，要通过监管加大法律法规和管理办法的执行力度。

（3）以教育机构为依托

培养高素质的专业人才，通过高等院校学科资源与社会资源的有效整合来培养高素质

的户外运动专业人才。

（4）整合区域优势，规划户外运动资源开发

重庆市要充分利用自身千山万水的独特自然优势，将这些优势充分利用，合理规划，以武隆县模式为模型，创造更多的亮点。

4. 实例启示

通过对重庆市户外运动发展现状的分析研究发现，户外运动在重庆发展迅速，具有得天独厚的自然优势和群众基础，但是也受经济发展水平、收入水平、传统体育文化背景、休闲教育发展水平及社会体育发展状况等因素的制约。重庆市户外运动规模要想进一步发展就必须加大宣传教育、培养专业人才、完善法律法规、充分利用区位优势等。

三、山地户外运动产业发展规划

山地户外运动产业是健身休闲产业的重要组成部分，是以自然山地环境为载体、以参与体验为主要形式、以促进身心健康为目的，向大众提供相关产品和服务的一系列经济活动，主要包括登山、徒步、露营、骑行、自然岩壁攀登、定向与导航等项目。当前，我国进入全面建设小康社会的决胜阶段，人民群众体育消费方式从实物型消费向参与型消费转变，大力发展山地户外运动产业是满足人民多样化体育消费需求的重要途径，是落实《全民健身计划（2016—2020 年）》、建设健康中国、激发产业发展活力的重要内容，对释放消费潜力、打造经济增长新动能具有十分重要的意义。为普及和推广山地户外运动项目，加快山地户外运动产业发展，特制定本规划。本规划实施时限为“十三五”时期。

1. 发展基础与面临形势

伴随国民经济水平的不断提升，群众的体育消费需求也持续高涨，山地户外运动产业取得了快速增长：全国户外运动爱好者已达 1.3 亿，户外用品市场规模已达 180 亿元，我国山地户外运动产业总体实力、产业覆盖面、社会参与度、市场认可度均得到较大的提升。同时，制约山地户外运动产业的薄弱环节依然突出：产业规模较小、产业基础较为薄弱、产业体系不健全，中低端消费动力不足与高端消费外流并存，产业协作日趋紧密与多部门协同缺位并存、管理体制不完善与运行机制不顺畅等矛盾并存。当前，山地户外运动产业必将迎来新的战略发展机遇，伴随“健康中国”战略的逐步实施、供给侧结构性改革的不断深入、“互联网 +”、智慧旅游、大数据等理念与工具的广泛应用，公众的个性化、层次化、体验化需求趋于旺盛，我国山地户外运动产品供给将从低水平、单一化向多层次、多元化扩展，参与群体将从年轻化向不同年龄、阶层、职业的消费人群拓展，产业范围将从封闭化向开放化、融合化扩展，对经济发展的贡献将进一步增强。

2. 总体要求

（1）指导思想

全面贯彻党的十八大和十八届三中、四中、五中全会精神，按照“五位一体”总体布局和“四个全面”战略布局，牢固树立和贯彻落实创新、协调、绿色、开放、共享的发展理念，

以增进人民福祉、提高健康水平为出发点和落脚点，以山地户外运动产业供给侧结构性改革为主线，以创新发展思路、挖掘产业潜力为抓手，推动山地户外运动产业健康持续发展，为扩大体育消费需求、实现体育产业转型升级、拉动经济增长提供坚实稳定的支撑。

（2）基本原则

改革引领，创新发展。强化改革对山地户外运动产业发展的推动作用，加大改革力度，通过政策创新、管理创新、技术创新和服务创新，最大限度释放市场潜力。破除行业壁垒、清除制度障碍，形成有利于山地户外运动产业健康快速发展的政策体系。加强规划、政策、标准引导，创新服务方式和山地户外运动产业发展模式。完善市场，激发活力。遵循产业发展规律，完善市场机制，强化市场监管。积极培育多元市场主体，吸引社会资本参与，充分调动全社会的积极性与创造力，提供适应群众需求、丰富多样的产品和服务。因地制宜，突出优势。立足发展现状，整合空间资源，充分发挥我国地大物博、山地自然资源丰富的优势，发展区域特色山地户外运动产业，建立区域间协同发展机制，有效推动山地户外运动产业可持续发展。强化安全，优化环境。加大安全保障投入，深化安全责任意识，强化安全主体责任制、监管责任制和岗位责任制。强化生态保护意识，遵循严格的环保标准，强化对饮用水源地和自然保护区的保护，防治环境污染，促进国民综合素质提升。

（3）发展目标

基本形成布局合理、功能完善、门类齐全的山地户外运动产业体系，市场机制不断完善，消费需求愈加旺盛，对其他产业带动作用明显提升。到2020年，山地户外运动产业总规模达到4 000亿元，成为推动经济社会持续发展的重要力量。市场主体不断壮大。到2020年，涌现一批影响力大、带动性强的龙头企业，推出一批品质优良的户外运动产品，培育一批具备执业资格的山地户外运动俱乐部、大量具备执业资格的山地户外运动指导员，形成一批特色鲜明的产业集群和知名品牌。产业基础明显改善。山地户外运动场地设施供给明显增加。形成不同层次、多元化的山地户外运动赛事体系。参与山地户外运动人口不断增长，居民山地户外运动消费额占人均可支配收入比例明显提高。产业环境不断优化。体制机制活力明显增强，切实破除行政垄断和地方保护，标准体系进一步完善，资源信息交互服务平台逐步形成，监管机制规范高效，市场体系健康有序。

3. 主要任务

（1）加快场地设施建设

完善基础设施网络。加强山地户外运动场地设施的科学规划与布局，建立“点、线、面”立体、多元的山地户外运动场地设施体系。适当增加山地户外运动设施用地和配套设施配建比例。结合智慧城市、绿色出行，规划建设城市慢行体系和统筹城乡绿道网络，打造国家步道系统和自行车路网。建设一批户外营地、登山道、徒步道、骑行道等户外运动场地及相关服务设施，推进星级标准建设。建设山地户外运动场地设施，以“点、线、面”结合的形式，科学布局，形成立体、多元的山地户外运动场地设施体系。

“点”：大城市周边的大型国民户外休闲运动中心（基地），中型户外运动露营地，小型山地户外设施集中投放功能区等。

“线”：具有各种功能的国家步道、户外骑行道系统，具有运动健身功能的绿道网络、慢行系统等。

“面”：以线状运动休闲健身路径串联场地设施各点，配套相应的公共服务设施，形成一体化平台。

盘活现有场地资源。充分利用公园绿地、城市户外空置场所，重点建设一批便民利民的户外运动设施，深度挖掘户外山地闲置资源，支持使用未利用地、废弃地、边远山地等建设山地户外运动项目。拓展场地发展空间。引导具备条件的城郊区域建设登山健身步道、山地户外营地、徒步骑行服务站等山地户外运动基础设施并完善配套服务。规划和完善山地户外运动综合体建设。鼓励旅游景区、国有林场等合理规划建设山地户外运动设施。支持农村集体经济组织自办或以土地使用权入股、联营等方式参与山地户外运动项目。

（2）丰富赛事活动供给

①完善赛事体系

持续完善、不断创新，打造顶级赛事引领、专业赛事推动、业余赛事普及的赛事层级体系。有机结合山地户外运动精品赛事活动和大众赛事活动，积极推动全国赛事活动和地方赛事活动的有效衔接。

②培育特色活动

着力创意策划一批高水平、高质量的山地户外运动主题赛会活动，打造以区域特色、地方文化为主题的户外运动会和户外运动节，培育以环境保护、户外知识与技能、人格塑造为主题的户外体验探险活动，创办以山地户外运动、户外文化和户外产业交流为主题的论坛和展示会。

③打造品牌赛事

扩大赛事规模，增加赛事种类，培育一批国际级品牌赛事，打造一批具有国家影响力、国内知名的品牌赛事，形成“一项一品”、“一地一品”的山地户外运动赛事发展良好局面。

（3）培育多元市场主体

支持企业发展。引导有实力的山地户外企业通过管理输出、连锁经营、规模发展，进一步提升其核心竞争力。鼓励大型山地户外企业实现跨地区、跨行业、跨所有制的兼并、重组、上市。鼓励优势品牌企业海外并购，拓展国际市场。支持经营性户外运动俱乐部快速发展。鼓励各类中小微山地户外企业向“专、精、特、新”方向发展，强化特色经营、特色产品和特色服务。壮大社会组织。大力支持各类非营利性的山地户外运动项目协会、联合会、俱乐部等社会组织发展。积极推动全国性山地户外运动协会试点改革，探索建立法人治理结构。鼓励各类社会组织依法独立运行，降低山地户外运动俱乐部从事相关业务的门槛。

（4）全面提升产业能级

①调整产业结构

进一步优化山地户外运动服务业、装备制造业及相关产业结构。加快山地户外运动服务业发展，支持各地打造一大批优秀山地户外俱乐部、优秀企业、品牌赛事。大力推动山地户外运动装备制造向研发、设计、销售等高端环节发展，提高自主研发生产能力，培育一批具有自主知识产权的高端健身休闲装备知名品牌。

②提升山地户外运动装备制造水平

支持建立世界领先水平的山地户外产品研发中心，对核心技术、关键技术和共性技术进行重点攻关，形成具有自主知识产权的核心技术支撑体系。开展重大技术应用示范和推广，对产品研发与设计的创新技术、产品营销、零售商业模式等环节的先进经验进行推广普及。

③加强示范引领

推动山地户外运动服务标杆引领，精心选择一批特色鲜明、产业要素丰富的地区和项目，创建一批具有引领价值的山地户外运动精品。建设3—5个国家级山地户外运动示范区、50条山地户外运动精品线路、50个山地户外运动精品项目，加快山地户外运动营地星级建设。

④完善产业布局

围绕全国地势、地貌、资源分布特点，优化空间布局，打造“三纵三横”的全国山地户外运动战略布局，积极推进资源相近、产业互补、供需对接的区域良性互动，形成各具特色的山地户外运动产业集聚区和产业带。统筹规划、科学优化项目布局，大力发展登山、徒步、露营、山地自行车等大众项目，稳步发展高海拔登山、攀岩等专业项目，积极拓展山地户外运动项目的新形式和新内涵，推动山地户外运动项目的健康发展。

⑤布局山地户外运动空间

“三纵三横”是以自西向东地理层级的划分作为基准，包含了我国地势的三大阶梯、山川地貌的特点；以自北向南的温度带划分以及地形地貌等差异作为参考，包含了气候、植被、景观、水文、地质、人文等各种特色。以现有的山地户外运动聚集区为标准，包含了徒步、自行车、自驾游、漂流等项目。

主要的布局架构如下：第一，沿太行山脉的500公里步道线路，以及沿京杭大运河、串联徽杭古道、徐霞客古道的户外运动线路，共同构成的我国东部纵向山地户外运动带；第二，西安至成都的骑行和徒步线路；第三，沿青藏公路（西宁经格尔木、唐古拉至拉萨）的骑行和徒步线路；第四，沿丝绸之路的山地户外运动线路；第五，沿318国道的骑行和徒步线路；第六，沿长江及两岸的山地户外运动线路。

⑥推动融合发展

推动山地户外运动需求升级形成耦合效应，积极打造高度智能化、网络化和互动化的产业融合体系。发展智能科技山地户外运动产品，推动山地户外企业与移动互联网的融合，充分利用大数据、云计算、智能硬件和各类主题APP拓展发展空间。大力发展山地户外旅游，支持和引导有条件的景区景点拓展山地户外运动旅游项目，打造优质户外旅游目的地。充分利用和挖掘康体大数据，推动山地户外与健康服务融合发展。

⑦推动“互联网+”山地户外运动

大力支持山地户外运动O2O模式，充分利用和挖掘健康群体的大数据，通过构建联网的信息服务功能平台，支持山地户外运动的场地预订、向导预约、运动社交、运动品销售、运动康复等APP开发，不断优化运营管理模式，丰富经营服务内容，全面提升综合服务功能。大力支持智能联网模式，顺应发展需求，将移动互联、创新的运动理念与传统行业相结合，打造物联网互动山地户外运动平台，实现山地户外运动产业的融合发展。

（5）积极引导大众消费

丰富产品的供给。大力推广适合公众广泛参与消费的山地户外运动项目，积极引导具有消费引领性的山地户外运动重点项目健康发展，鼓励登山、露营、徒步、山地车、攀岩、高山探险、户外拓展、峡谷漂流等适合不同人群、不同地域特点的特色运动项目发展，逐步满足广大人民群众层次化、多元化消费需求。引导消费理念。利用报纸、杂志、广播、电视、网络等各类媒体，广泛宣传山地户外运动的知识和方法，推介各类山地户外运动场所和消费信息，鼓励利用各类社交平台，提升消费体验，积极引导和激发居民消费意愿，促进居民转变消费观念，增强公众自觉参与山地户外运动的意识。

（6）健全安全救援体系

打造安全急救网络。加大对山地户外运动安全教育、救援的工作力度，规划建设山地预警、报警系统和山地户外应急救援系统，打造山地户外运动参与者信息管理和行迹追踪系统，建立便利、全覆盖的山地户外救援服务体系。

加强安全信息警示。建立山地户外运动目的地风险等级信息库，积极更新发布山地户外运动目的地周边地区的天气状况、交通管制等信息。完善风险多发区域的安全警示、紧急救援、消防、安全防护等标识信息。建立应急救援机制。稳步推进山地户外救援队伍建设，强化预警、控制、救援、装备、保险应答演练，逐步建立健全综合救援机制。加快建立和完善集救援、医疗、运输一体化的全方位水陆空应急救援服务体系。

专栏 5：建设山地户外安全救援系统

①标识系统：建设导视标识、警示标识、劝示标识、服务指南等体系。

②安全系统：建设安全防护装置、预警装置、应急救援装置、紧急庇护所、救援队及救援装备等体系。

③救援系统：建设救援、医疗、运输一体应答反应体系。

④救援服务站：建设服务中心、休息点、露营地、驿站，完善供水、供电、照明、停车场、卫生间、垃圾回收处置等体系。

4. 保障措施

（1）创新体制机制

进一步完善体育行政部门的山地户外运动产业宏观管理职能，加快形成权责清晰、分工合理、运转高效、法治保障的政府机构职能体系。打破行业、地区壁垒，简化审批手续。落实国务院《行业协会商会与行政机关脱钩总体方案》，持续推进单项山地户外运动项目协会改革试点工作，完成全国性山地户外运动协会与体育行政机关的脱钩。

（2）完善政策体系

切实落实国家支持体育产业发展的现行规划布局、税费、价格、土地等政策。统筹利用现有资金渠道，对山地户外运动产业予以必要支持。推广运用政府和社会资本合作模式（PPP），推动山地户外运动保险服务、救援体系和产业统计等政策创新。

（3）夯实工作基础

加强山地户外运动集中区的公共服务体系建设，推动集中区及周边的政策、交通、安保、信息和技术服务、救援体系等服务保障体系的建立和完善。加快推进山地户外运动和山地户外产业的标准体系建设，制定山地户外运动服务规范，健全山地户外活动的安全、秩序和质量保障体系，提高山地户外运动和山地户外产业在设施建设、服务提供、技能培训、人员资质、活动管理、项目运营、器材装备等方面的标准化水平。建立和完善山地户外运动产业统计制度和指标体系，建立评价与监测机制，形成山地户外运动产业数据监测、定期发布常态化机制。

（4）加强人才保障，鼓励多方投入，开展各类职业教育和培训

鼓励有条件的高等院校设立山地户外运动产业专业，鼓励高等院校、科研院所、职业培训机构和体育企业建立山地户外运动产业教学、科研和培训基地。加强山地户外运动产业人才培养的国际交流与合作，加快山地户外运动产业智库建设。

（5）强化组织领导

建立山地户外产业有关主管部门沟通协调机制，及时分析解决山地户外运动产业发展情况和问题，研究制定山地户外运动产业发展的各项政策措施。将山地户外运动产业纳入各级国民经济和社会发展规划，以及相关行业和部门的发展规划。各级体育行政部门要加强山地户外运动产业的工作力度，推动山地户外运动产业发展。

（6）加强督查落实

各级有关部门要结合本地区实际，进一步明确山地户外运动产业发展的基本任务、工作目标和保障措施，准确把握工作重点，明确职责及分工，做好各项工作的组织实施和贯彻落实。要健全规划实施的督查落实机制，采取切实有效的措施，对规划实施情况进行严格监督，确保规划的顺利实施。

第六章　国内外户外运动产业发展对比研究及其对我国的启示

第一节　国外户外运动产业的发展现状分析

一、美国山地户外运动的发展现状

随着社会的不断发展和进步，越来越多的人热衷于户外运动。然而在学术界户外运动仍没得到合理的解释。自 2000 年以来，户外运动就在中国如狂风暴雨般席卷而来，大量的户外运动俱乐部相继建立，于是对户外运动的研究也成为了热门研究对象。自十九世纪初，户外游憩就在美国盛行开来，作为户外运动第一大国的美国，其户外运动人口为美国总人口的一半 48.4%，由美国户外基金会提供的报告，报告共选取了 32 658 个在线调查对象，其中包括 15 167 位个人以及 17 491 个家庭，所涵盖国民为 6 岁及以上美国居民。这一庞大的样本数量为该报告提供了较为完善的数据并且保证了统计的准确性。2015 年参与户外体育运动的总次数达 117 亿，在 2015 年度约有 1 亿 4 240 万的美国人参与者参与到了户外体育运动中去，平均每人每年参加 82.5 次户外体育活动。露营和自行车是所有户外体育运动选项中，不分年龄，一定会在最吸引人的户外体育运动选项中前三名出现。而从 2012 年到 2015，站立式划桨是所有项目中成长最多的，上升了 26 个百分点。而皮划艇项目（皮划艇钓鱼、海上皮划艇、淡水皮划艇）也在这几年成长许多。2014 年最后欢迎的跑步与慢跑则在 2015 年则下降了 5 个百分比。传统的铁人三项在 2015 年这一年成长最多，成长了 24 个百分点。非传统铁人三项和越野跑是 2015 年的热门户外活动中。由美国户外基金会提供的报告中，美国户外运动人口年龄划分为两个年龄段：年龄在 6 岁到 24 岁之间的青少年及青年为一个年龄段。25 岁及以上为成年人年龄段。

1. 美国户外运动休闲现状

根据调查报告青少年参与者的人口统计中，男性与女性参与户外运动休闲人数是相当的。在青少年及青年中，6 岁到 12 岁参与户外运动休闲人数 38%，13 岁到 17 岁参与户外运动休闲人数 28%，18 岁到 24 岁参与户外运动休闲人数 33% 参与，可以看出 6 岁到 12 岁参与户外运动休闲人数为最多。平均每位青少年及青年每年参加 96.5 次户外体育活动，而成年人参与者平均每位成年人参加 74.9 次户外体育活动。

在美国最受青少年及青年喜爱的户外活动中，跑步、慢跑、越野跑在 2015 年暂居第一（24.2%），总参与人数为 1 990 万，但与 2014 年相比少了 80 万人。第二名为骑行包含公路、山地、极限小轮车（20.6%），总参与人数 1 690 万，也比 2014 少 30 万人。第三名为露营（汽车、后院、房车）18.2%，总喜爱人数为 1500 万。第四为钓鱼（垂钓、海钓、溪钓）18.0%，总喜爱人数 1 480 万。第四名为徒步旅行：参与率：13.1% 总参与人数：1 080 万，比 2014 上升 40 万人口。

最受成人欢迎的户外活动中，与青少年及青年一样，跑步、慢跑、越野跑为成人第一喜爱的运动，参与率为 14.9%，总参与人数为 3 160 万人，比 2014 年少了 140 万人。第二名为钓鱼（垂钓、海钓、溪钓），参与率为 14.6%，总参与人数为 3 090 万人，比 2014 年少 50 万人。第三名为徒步旅行，参与率为 2.5%，总参与人数 2 640 万，比 2014 多 50 万人。第四名为骑行（公路、山地、极限小轮车）参与率为 12.3%，总参与人数为 2 610 万人，比 2014 年少 70 万人。第五名为露营（汽车、后院、房车），参与率为 11.8%，总参与人数为 2 500 万人。在 2014 年原本排名第 3 的骑行，到 2015 年被原本第 4 名的徒步旅行取代。

在青少年及青年最常参与的户外运动中，跑步、慢跑、越野跑也是在第一选项，每位跑者平均 97.4 次，总参与次数为 19 亿次。第二名为骑行（公路、山地、极限小轮车），每位骑行者平均 76.5 次，总参与次数为 13 亿次。第三名为滑板，每位滑板爱好者平均 62.4 次，总参与次数为 28 590 万次。第四名钓鱼（垂钓、海钓、溪钓），每位钓鱼爱好者平均 17.9 次，总参与次数 26 510 万次。第五名露营（汽车、后院、房车），每位露营爱好者平均 12.2 次，总参与次数为 18 200 万次。2015 年与 2014 年不同的为排名第四、第五本来是冲浪、赏鸟，在 2015 年则为钓鱼与露营。

成人参与频率最多的户外运动，跑步、慢跑、越野跑，每位跑者平均 87.1 次，总参与次数 28 亿次。第二名为骑行（公路、山地、极限小轮车），每位骑行者平均 54.2 次，总参与次数 14 亿次。第三为徒步旅行，每位滑板爱好者平均 62.4 次，总参与次数 62 150 万次。第四为赏鸟，每位赏鸟爱好者平均 40.6 次，总参与次数 42 230 万。第五为观赏野生动物，每位露营爱好者平均 26.4 次，总参与次数 41 340 万次。徒步旅行在 2015 年直接进入前五名，且暂居第三名，而在 2014 年位于第三、四名的赏鸟及观赏野生动物各下降一名次。

美国上百所大学设有“体育、健康、娱乐”学院和体育系、健康系和娱乐系，大多开设体育市场和体育经济公共课程，其他专业的学生也可选修。专业学生在校期间不但要修完学位课程，还要达到行业协会所规定的各种要求，包括理论课程，实习与实践。专业课教学资源由高校与行业协会共同提供，行业协会也会委派专家担任专题讲座的主讲并对人才的培养质量全面把关。

2. 户外运动市场规模

美国在 2010 年时，户外运动市场规模达到 150 亿美元，欧盟达到 140 亿欧元，目前美国各种主题、不同星级露营地超过 2 万块，而中国只有 40 块左右。据美国户外产业协会（OIA）Vantage Point 调查显示，2012 年 9 月，美国大部分户外产品销售呈上升趋势，总销售额达 9.28 亿美元，同比小幅增长 1.4%，其中耐用消费品类销售坚挺，不过服装类依旧如 8 月份一样呈颓靡之势，与前者的增长两相抵消。耐用消费品类同比增长 6.7%，达 4.482 亿美元，其中皮划艇类、水上运动、户外电子产品类呈两位数字增长，技术型及休闲背包销售均增长强劲。2012 年 8 月份，美国户外用品总收入 8.169 亿美元，同比上涨 2.2%。其中户外店销售额 3.205 亿美元，同比上涨 5%。

户外运动的逐渐兴起，一方面满足的不仅仅是人们希望拥有健康生活方式和健康体魄的心理需求，同样由户外产业发展带来的经济效益更成为促进美国国民经济发展的重要力量。在当前我国户外产业发展方兴未艾的背景下，美国国民积极参与户外运动的热情或许同样值得我们国人思考。户外运动在美国的发展有政府立法与资金双重帮助，广大人民群众广泛参与，多层次多渠道培养人才的特点，为户外运动的发展积累了许多宝贵经验。目前我国的户外运动刚刚起步，渐渐引起政府及相关部门的重视，随着经济社会的进步和人们健身、娱乐等精神文化生活需求的不断增加，户外运动势必会茁壮成长。

二、欧洲山地户外运动的发展现状

欧洲被称为“户外运动之乡”，是现代户外运动的发源地和户外运动产业趋势的引领者。2003 年，由 19 家国际知名户外公司共同成立了当前国际户外行业影响力最大的组织——欧洲户外联合会（The European Outdoor Group，简称“EOG”），旨在解决泛欧洲户外产业内的问题，建立整个欧洲户外行业的相互合作体系，代表整个欧洲户外市场的共同利益。目前该协会成员已超过 70 家。根据 EOG 的调查报告显示，2013 年，欧洲户外产业销售额已超过 100 亿欧元。目前，欧洲户外运动市场正处于一个健康稳步发展的状态并持续走向成熟。欧洲户外运动的发展得益于两个条件，一是气候条件和地理位置，大部分欧洲国家山地、水源等自然资源丰富，利于开展户外运动；二是后工业化时代，在城市生活的人们更渴望远离城市的浮躁与喧嚣，回归大自然。经过一百多年的发展，户外运动已经渗透到人们的日常生活中，逐渐成为一种主流的生活方式，被大众所接受和喜爱。欧洲户外运动市场，呈现出以下三个特点：

1. 自然资源丰富，户外条件优越

阿尔卑斯山脉、地中海、斯堪的纳维亚半岛等不同的地质条件和自然资源，给人们参与户外运动提供了得天独厚的丰富资源。面对高山、大海、岩石、森林等大自然的神秘地带，人类总是有探险和征服的欲望。

（1）阿尔卑斯山发展户外运动的自然优势

①地质特点及地质形成

阿尔卑斯山脉是阿尔卑斯造山运动期间涌现出来的，阿尔卑斯造山运动约在中生代将近结束的 7 000 万年前开始的。在中生代期间（2.5 亿～ 6640 万年前），河水将被侵蚀的物质冲刷并沉积在被称为特提斯海的广阔洋底，并在这里缓慢变成由石灰岩、黏土、页岩和砂岩组成的水平岩层。在第三纪中期（约 4 400 万年前），非洲构造板块向北移动，与

欧亚构造板块碰撞，那些早先沉入特提斯海的深层岩石被挤压向结晶体的基岩及其周围而形成褶皱，这些深层岩石随同基岩升高至接近今日喜马拉雅山脉的高度。这些构造运动持续到 900 万年前才停止。在整个第四纪期间，侵蚀的力量啃咬着这庞大的新近形成褶皱而被推挤上来的山脉，形成了今日阿尔卑斯山脉地形的大概轮廓。在第四纪期间，地形进一步被阿尔卑斯冰川作用和被填满山谷并溢向平原而不断伸展的冰舌塑造成形。如同圆形露天剧场似的凹地，宛如薄刀刨削过的刃岭，诸如马特洪峰（Matterhorn）、大格洛克纳山(Grossglockner）之类的巍峨山峰，皆从山顶上耸起形成；山谷被扩阔并加深成为一般的 U 字形，大瀑布从高出主谷底部数百尺的一些悬谷喷泻而出；修长而深不可测的湖泊给许多坚冰刨削后的山谷注满了水；融化的冰川沉积了大量的沙砾。当冰离开山谷时，无论是对横向山谷或 Z 字形山谷都是重新向下切削。迄今所有的河谷皆已被侵蚀成海拔大为低于周围的高山。在白朗峰附近的阿尔沃河 (Arve River）的河谷中，地形凹凸的差异达 3 993 公尺（13 100 尺）以上。

②地质构成

在阿尔卑斯山脉范围内，各地的高度和形态大不相同：有主山脉周围低洼的前阿尔卑斯形成褶皱的沉积物，也有内阿尔卑斯结晶体地块。从地中海到维也纳，阿尔卑斯山脉可分为西段、中段和东段，各段都有几个不同的小山脉。冰川作用改变了自然环境：谷地的气候比周围的高处温和得多，人类可深入山区建立居民点，交通便利了；由于冰碛沉积，土质也较为肥沃。在现代，仍有严重的冰川侵蚀在继续。在阿尔卑斯山脉中，仍有成千平方哩以上的冰川。

③著名山峰

阿尔卑斯山脉东西延绵 1 200 公里，南北宽约 120 ～ 200 千米，东宽西窄，平均海拔 3 000 米左右，一共有 82 座海拔超过 4 000 米的山峰，其中又有超过一半位于瑞士瓦莱州。阿尔卑斯山脉还有 1 000 多条现代冰川，总面积达 3 600 平方公里。

勃朗峰（Mont Blanc）：海拔 4 810 米，是阿尔卑斯山的最高峰，位于法国的上萨瓦省和意大利的瓦莱达奥斯塔的交界处，它是西欧的最高峰，由 Jacques Balmat 和 Michel-Gabriel Paccard 于 1786 年首登。

马特洪峰（Matterhorn 或 Monte Cervino）：海拔 4 478 米，马特洪峰是阿尔卑斯山脉中最著名的山峰，位于瑞士和意大利的边境，附近是瑞士瓦莱州小镇采尔马特和意大利亚奥斯他谷的小镇布勒伊·切尔维尼亚。马特洪峰的名称是由德语“Matt”（意为山谷、草地）和“horn”（意为山峰呈锥状像一只角）组成，由 Edward Whymper 和 Michel Auguste Croz 等在采尔马特当地父子向导大 Peter Taugwalder 和小 Peter Taugwalder 带领下于 1865 年 7 月 15 日由著名的霍里山脊（Hörnligrat）线路登顶成功，但最终只有 Edward Whymper 和 Taugwalder 父子成功下撤，其他人均不幸遇难。2015 年是马特洪峰登顶 150 周年纪念，在 2015 年 7 月到 8 月期间每晚 9 点到 9 点半，有沿着霍里山脊点亮马特洪峰的庆祝活动，颇为壮观。

杜富尔峰（Dufourspitze）：海拔 4 634 米，杜富尔峰是阿尔卑斯山第二高峰，向西正对马特洪峰，是位于瑞士和意大利边境的罗莎山群（Monte-Rosa-Massiv）的最高点，属于瓦莱阿尔卑斯山（或本宁阿尔卑斯山），北临瑞士小镇采尔马特（Zermatt）。罗莎山群由东向西人又有如诺登德峰（Nordend，4 606 米）、苏姆斯坦峰（Zumsteinspitze，4 563 米）、齐格纳尔峰（Signalkuppe，4 554 米）、利斯卡姆峰（Lyskamm，4 527 米 /4 479 米）、帕洛特峰（Parrotspitze，4 432 米）、卡斯托（Castor，4 223 米）和保鲁克斯（Pollux，4 092 米）双子峰等边境卫峰。周围既是登山圣地，也是拥有超过 200 公里滑道的世界著名高山滑雪场，也有可进行自由滑雪的山峰。

多姆峰（Dom）：海拔 4 545 米，是阿尔卑斯山的第三高峰，位于采尔马特的北部兰达（Randa）村东部，和魏斯峰隔河谷相对，它的东侧峡谷则是瓦莱州另一度假胜地萨斯费（Saas-Fee）。多姆峰是瓦莱阿尔卑斯山第二大山群米沙贝尔山群（Mischabelgruppe）的最高点，也是完全位于瑞士境内，瑞十实际意义上的最高峰。

魏斯峰（Weisshorn）：海拔 4 505 米，魏斯峰在很多登山者心中是阿尔卑斯山脉中最漂亮的山峰，其形状极似另一座“世界上最美丽的山峰”——位于南美安第斯山脉的阿尔帕玛尤峰（Alpamayo，5 947 米）。

艾格峰（Eiger）：海拔 3 970 米，艾格峰虽然海拔不到 4 000 米，却因为其著名的北壁而名声大噪，也是阿尔卑斯山三大北壁之一。瑞士极限登山者 Dani Arnold 于 2011 年 4 月 20 日打破了由瑞士著名“登山机器”Ueli Steck 保持的北壁攀登记录，为 2 小时 28 分，比 Ueli Steck 快了将近 20 分钟。Dani Arnold 同时也是马特洪峰北壁记录的保持者（1 小时 46 分，于 2015 年 4 月 22 日创造）。

④旅游资源

阿尔卑斯山景色十分迷人，是世界著名的风景区和旅游胜地，被世人称为“大自然的宫殿”和“真正的地貌陈列馆”。这里还是冰雪运动的圣地，探险者的乐园。山地冰川呈现一派极地风光，是登山、滑雪、旅游胜地。阿尔卑斯山地冰川作用形成许多湖泊。最大的湖泊莱芒湖，另外还有四森林州湖、苏黎世湖、博登湖、马焦雷湖和科莫湖等。美丽的湖区是旅游的胜地。西、中阿尔卑斯山风景宜人，设有现代化旅馆、滑雪坡和登山吊椅等。冬季滑雪运动吸引大量游客。山麓与谷地间的不少村镇，山清水秀，环境幽雅，每年都有大量游客来此旅游。另外，阿尔卑斯山也是每年环法自行车赛的必经之地，每年有大批游客被这两块金字招牌吸引来，一边欣赏阿尔卑斯山的美景，一边现场观看环法自行车赛，站在路边给运动员加油助威。

（2）斯堪的纳维亚半岛发展户外运动的资源优势

①地质概况

斯堪的纳维亚半岛位于欧洲西北角，是欧洲最大的半岛，也是世界第五大半岛。整个半岛大概处于北纬 56° ～ 71° 东经 5° ～ 25° 之间，长约 1 850 公里 (1 150 哩)。它北起巴伦支海 (Barents Sea), 东濒波罗的海，南临卡特加特海峡 (Kattegat) 和斯卡格拉克 (Skagerrak) 湾，西傍挪威海和北海。南北长 1 850 千米，东西宽 400 ～ 700 千米，面积约 75 万平方千米。其间没有明显的自然界线。主要为块状山构成，为古波罗的地盾的一部分。半岛有挪威、瑞典两国以及芬兰北端的一小部分。与俄罗斯和芬兰北部接壤，北至芬兰，人口约 1 200 余万。斯堪的纳维亚山脉（基阿连山脉，Scandinavian Mountains）横恒于两个国家之间，半岛西部属山地，西部沿岸陡峭，多岛屿和峡湾；东、南部地势较平整，半岛的气候属温带气候，其北端严寒。

②地理简介

斯堪的纳维亚半岛西部和北部为挪威领土。南临北海，西、北滨挪威海和巴伦支海。领土狭长，南北长 1 770 千米，东西宽 6.3 ～ 434 千米。国土 2/3 为山地。沿海多岛屿。挪威地形的特点，西部海岸破碎曲折，多峡湾。松恩峡湾最著名，伸入内陆 180 千米，宽 5 千米，入口处水深 1 350 米。西部山地多冰川地形。现代冰川 700 多条，面积有 5 180 平方千米。

挪威气候受北大西洋暖流影响，虽地处高纬度，但大部分地区仍属海洋性气候。冬季温和，夏季凉爽。河流短小湍急，水力资源丰富。挪威工业发展很快，人口增长率低，国民生产总值跃居欧洲前列。

斯堪的纳维亚半岛东部为瑞典领土。西临挪威，东北接芬兰，东滨波的尼亚湾，东南濒波罗的海，西南隔卡特加特和厄勒海峡同丹麦相望。海岸线长 7 624 千米，国土南北长 1 574 千米，东西宽 500 千米。地形主脊是贴近西北边境斯堪的纳维亚山脉，系一系列块状高原。高原上冰川地貌非常典型，最高峰凯布讷山，海拔 2 123 米。山脉向东呈阶梯式下降，第一阶是诺尔兰高原，第二阶是缓倾的丘陵，第三阶是海滨平原，不少地区十分低洼，广布湖沼。矿藏以铁矿为主。大部分地区属亚寒带针叶林气候，最南部属温带阔叶林气候。因受北大西洋暖流和波罗的海的影响，气候较温和。冬季南北温差较大。降水量西多东少。河流短小流急，虽水量充沛但通航价值不大。全国水力资源丰富。它是世界上湖泊最多的国家，比“千湖之国”的芬兰还多四成。最大的湖有维纳恩湖。许多湖泊之间都有河流沟通，但因水位不等，常形成急流瀑布。斯堪的纳维亚半岛北部的一小部分属于芬兰的领土。最高点哈尔蒂山位于芬兰与挪威的边界上。海拔 1 328 米。

③山脉

斯堪的纳维亚山脉纵贯半岛中西部。山脉构成半岛地形的主轴。山脉西坡陡峻，直临挪威沿岸。许多地方形成峭耸的悬崖。东坡比较平缓，成阶梯状经丘陵台地过渡到波罗的海的沿岸平原。山脉海拔 1 000 米左右，最高峰是挪威境内的加尔赫峰，海拔 2 468 米。

④地势

斯堪的纳维亚半岛西部属山地，西部沿岸陡峭，多岛屿和峡湾；东、南部地势较平整。山脉向东呈阶梯式下降，第一阶是诺尔兰高原，第二阶是缓倾的丘陵，第三阶是海滨平原，不少地区十分低洼，广布湖沼。半岛地质古老，更新世时期斯堪的纳维亚冰盖是北欧最大的冰体。该冰盖范围最大时几乎到达北纬 48° ，据估计大约覆盖了 660 万平方千米的面积，厚度达到 3 000 米。它起源于挪威的斯特达尔斯布雷恩地区，向西扩展到英国，向东几乎到达莫斯科。直到距今 12 000 ～ 8 000 年时，大陆冰川才最后消退，但目前山地上部仍留有总面积约 5 000 平方千米的冰原。由于受到第四纪冰川的强烈作用，半岛上冰川地形非常普遍。除大量的冰斗和冰川槽谷外，并多冰川湖泊，其中瑞典一国就有大小湖泊 9.2 万个，总面积达 3.8 万平方千米，占国土 8% 以上。挪威沿海，由于冰川槽受海水侵入而形成一系列典型的峡湾，这些峡湾狭长、曲折、幽深，宽仅一至数千米，长度往往超过 100 千米，两岸多为高峻的山崖，是船舰良好的停泊地。半岛地质古老，中西部纵贯着长 1 700 公里、宽 200 ～ 600 公里的斯堪的纳维亚山脉，构成半岛地形的主轴。山脉西坡陡峻，直临挪威海岸，许多地方形成峭耸的悬崖。东坡比较平缓，成阶梯状经丘陵台地过渡到波罗的海沿岸平原。

⑤气候

斯堪的纳维亚半岛为西坡温带海洋性气候东坡温带大陆性气候，一般属寒温带气候。全年盛行西风和北风，并受北大西洋暖流影响，冬季气温显著高于同纬度的其他地区，最北部 1 月平均气温仅 -15℃左右；降水比较丰沛，西部沿海地处山脉的迎风坡，年降水量达 3000 毫米，但背风的东部只有 450 ～ 750 毫米。

⑥资源

全区森林茂密，平均覆盖率达 50%，其中云杉、松树等针叶树占 5/6，仅南部长有白桦、栎、山毛榉等阔叶树，构成混交林，森林工业在挪、瑞两国均为重要经济部门。半岛上河网稠密，河流均短小流急，水量丰沛，水力资源蕴藏量达 5 000 万千瓦，其中 2/3 已开发利用。半岛金属矿藏丰富，矿藏有铁、铜、钛、黄铁矿等。尤以铁矿驰名。瑞典、挪威均为铁矿砂出口国，瑞典的基律纳是主要产地，是世界上地下开采的最大铁矿，储量达 20 亿吨。挪威沿海又是世界最大的渔场之一，捕鱼量向居世界前列。在加工工业方面，瑞典、挪威均以造船业见长，所造船舶大部分供出口，两国也都拥有规模庞大的商船队，在世界海运业中，多年来一直占有举足轻重的地位。林业、水力发电、铁矿开采、渔业、造船业和航运业，均为斯堪的纳维亚国家富有特色的传统经济部门。

2. 专业化程度高，知名品牌众多

欧洲户外市场专业化程度高，各种户外用品配备齐全，涌现出众多知名户外品牌。据统计，迄今为止，已有 208 个欧洲户外品牌进入中国市场，占国外品牌的 45%。始祖鸟（Arc’Teryx）、狼爪（Jack Wolfskin）、乐斯菲斯 (The North Face)、沃德（VAUDE）等知名品牌，在全球户外市场的品牌输出广度、深度均较高。德国在户外运动用品市场上具有领先的地位，知名品牌众多，市场占有率高。事实上，德国是欧洲户外用品最大的市场，也是欧洲户外用品行业增长最快速、最健康的市场。其次，意大利、英国、法国市场份额比重也较大。而在法国的户外品牌中，零售业巨头迪卡侬则成为主导品牌，市场占有率高达 65%。

3. 群众基础广泛，户外人群庞大

以法国为例，2012 年参加户外运动的人数超过了法国人口总数的一半以上，达到 3 400 万人。人们热爱的户外运动排名前五的分别是：自行车、游泳、远足、跑步、滑雪，参加的人数分别是 1 800 万、1 400 万、1 260 万、800 万、700 万。在德国，有 58% 的德国人是活跃的户外运动爱好者，年龄在 25 岁以下的年轻人已成为户外用品最大的消费群体。

三、日韩与新西兰的山地户外运动的发展现状

1. 日韩山地户外运动的发展

从户外运动发展的整体情况来看，欧洲的户外市场容量最大，美国次之。而在亚洲，虽然户外运动的起步较晚，发展时间也不及欧美，但近年来，户外热在亚洲悄然兴起，户外运动成为了新的生活理念，也成为了人们追逐的新时尚。户外运动在亚洲的发展十分迅猛，其中，中国、日本、韩国户外运动呈现爆发式增长，跃升为户外用品的主要消费国，其市场前景不可小觑。2012 年，日本户外用品市场规模达到 1 552 亿日元，折合人民币 113 亿元，市场容量剧增。日本发展户外运动的最大特点是政府对学生的户外运动非常重视。目前来看，定向运动在日本的学生当中已经非常普及，此外，日本还开设青少年野外教室、少年自然之家等户外活动场所，通过对学生进行集体的野外体验活动，增进与大自然的接触，从而促进学生的身心健康。

韩国的户外运动大概比中国早发展 30 年，韩国是一个多山的国家，特殊的地理条件使得韩国人对山地有一种偏爱，民间登山运动十分普遍，因此户外运动在韩国的普及率很高。相对于日本而言，韩国的国土面积只占其 25%，人口也只有日本的 40%，但发展势头更为迅猛。据统计，自 2000 年以来，韩国的户外用品销售一直保持着每年 10%—30% 的增长势头，其中，2012 年的市场规模约为 3 万亿韩元，折合人民币 166 亿元，成为亚洲最大的户外用品消费市场。

2. 新西兰——以皇后镇为例

户外运动除了在上述国家和地区发展较为迅速以外，在大洋洲、南美洲的发展势头也很迅猛。在新西兰等国家，丰富的自然资源和独特的地理条件更利于户外运动的开展。总体而言，户外运动在西方发达国家以及新兴的发展中国家发展较为迅速。新西兰皇后镇（Queenstown）海拔高度为 310 米（1 202 英尺），面积 8 467 平方公里，位于瓦卡蒂普湖（Lake Wakatipu）北岸，新西兰南岛奥塔哥地区的西南部，被南阿尔卑斯山包围，依山傍水，景色变化万千、湖光山色宛如仙境，是全新西兰乃至世界闻名的旅游度假胜地。皇后镇人口稀少，加上流动人口，其人口总数 20 000 左右，其中欧美人士约占 80%，亚洲 10%，其他种族则为 10%。新西兰因其多变地理景观，被喻为“活地理教室”，而皇后镇是新西兰地势最险峻美丽而又富刺激性的地区，故以新西兰“探险之都”和“户外运动天堂”著称，同时加上其完善且高端的旅游服务设施，也使其成为名副其实的奢华旅游之地。在夏季，天然的湖泊与充足的日照令皇后镇成为一个享受阳光、享受垂钓、远足与休闲乐趣的理想之地。秋日天高气爽，正是打高尔夫的好时节，美丽的落叶将山峰映衬得格外绚丽。冬天，群山白雪皑皑，无以数计的滑雪与雪板爱好汇聚于小镇附近的滑雪场地。滑雪运动可一直持续至仍有可能迎来大雪的春季。这里全年都可从事刺激活动，如喷射船、激流泛舟和跳伞。皇后镇也是高空弹跳之都与诞生地。有别于新西兰其他城市的都会风光，皇后镇的特有景观则是林立的一家家高空弹跳、激流泛舟、滑雪、喷射快艇、骑马、健行等旅游咨询中心。一般而言，户外冒险活动，是到皇后镇旅游的重头戏。而缘于皇后镇本身所拥有户

外活动的特性，店家所贩售的户外活动用品相当齐全。不论是登山用的帐篷、睡袋、靴子、防寒衣、单车等一应俱全。

①滑雪

皇后镇是世界上公认的“探险之都”，常年运营的活动与景点约220种之多。从充满传奇色彩的蹦极到喷射快艇，从漂流到山地自行车，户外探险者见随处可见。

作为冬日度假的最佳胜地，皇后镇拥有多个滑雪场地，迷人的滑雪文化与丰富多彩的冬季节日，因而吸引了无数游客前来这个充满活力的度假小镇打发寒冷的冬日时光。

科罗奈特峰拥有南部湖群（Southern Lakes）最古老的、也是最著名的雪场。这里非常适合在夜晚与清晨滑雪，所以其滑雪时间也较新西兰的其他滑雪场地更长。与皇后镇之间交通便利的卓越山滑雪场地。无论是雪板滑雪、自由式滑雪，还是全家大小一起滑雪，科罗奈特峰多变的地形地貌能够满足任何人的要求。雪地开放时间为6月初，通常可持续至10月。

②蹦极

皇后镇拥有世界上第一个商业化的蹦极场地——卡瓦劳大桥（Kawarau），其经营历史可追溯至1988年，被认为是现代蹦极运动的开创。受到瓦努阿图（Vanuatu）葡萄藤蹦极运动的启发，新西兰的亨利·凡·阿希（Henry van Asch）与AJ·哈克特（AJ Hackett）创造了这种新西兰独有的旅游项目，并从此风靡全球。皇后镇拥有世界三大著名的蹦极地，包括市内的蹦极地，它特别配有一条“跑道”，以将蹦极者送往距地面400米的高空。

③喷射快艇

此外，商业喷射快艇的发源地也在皇后镇。游客们可以在著名的休特弗河上观赏壮丽的峡谷风光，也可以在皇后镇码头（Queenstown Pier）乘坐喷射快艇（Kawarau Jet），体验穿越休特弗河峡谷（Shotover River Canyons）的惊险感觉。

④漂流

休特弗河与卡瓦罗河四季皆可进行漂流活动。甚至是在冬季，人也可以乘坐直升机前往休特弗河体验漂流的乐趣。卡瓦罗河是新西兰商业化漂流河流中流量最大的一条，也是初学者的理想选择。如果希望寻找更加刺激的感觉，休特弗河的船长峡谷（Skippers Canyon）将是人真正的挑战。

⑤山地自行车

对于热爱山地自行车的人们而言，皇后镇众多的车道选择可以满足各种技术水平的需求。冬季一过，科罗奈特峰（Coronet Peak）上的滑雪道便成为自行车观光降滑道。古老的船长峡谷背包车道将带人领略更多的历史景观，鲍伯峰（Bob's Peak）的降滑体验而更加惊险刺激。

⑥高尔夫

皇后镇的灿烂的阳光、广袤的草地、美丽的湖泊，为高尔夫运动的开展提供的天然的美好环境。

⑦节日庆典

皇后镇冬之祭（winter festival）又名冬季嘉年华，最早可以追溯到1974年，当时只是个为了吸引滑雪爱好者的活动，内容也是以滑雪为主。随着皇后镇的冬季活动愈来愈多，到了八十年代中期，冬季嘉年华已经变成南半球的大型活动，吸引了世界各地的观光客与媒体前来共襄兴举，内容也不再只限于滑雪，而是包含各式热闹节目的庆典。每年冬之祭都在5月底到7月初举行，为期十天左右。虽然在皇后镇全年都可从事刺激的活动，比如跳伞、漂流、喷射船等，不过最好的游玩时机还是冬祭日。

冬之祭活动包括超过75种活动项目，除了各式滑雪比赛、冰上曲棍球赛、雪雕与表演之外，还有许多精彩无比的节目。首先登场的是皇后镇市中心的花车大游行，拥挤的人群在街头上尽情狂欢；等到天夜渐暗，满天的火树银花，壮丽的烟火点燃整个城市的夜空；接下来的八天里，每天的节目表都排了满满的活动，白天是适合全家参与的BBQ餐会、雪雕比赛、专业滑雪比赛，晚上则有浪漫悠闲的爵士音乐会、美食品尝会以及热闹非凡的调酒大赛和舞会。节日充满喜剧娱乐色彩——身着奇装异服的人们会跳进瓦卡蒂普湖冰冷的湖水中；狗与主人们在滑雪坡地上追逐跳跃。除此以外，60种以运动、音乐、喜剧、美食与佳酿为主题的活动将让所有人乘兴而来，尽兴而归。节日活动场地遍布皇后镇的大街小巷、湖滨水畔、雪山坡地、葡萄园、山谷以及历史上有名的淘金村落。

“同志滑雪周”（Gay Ski Week）是皇后镇另一个倍受欢迎的节日。它于每年的8月底至9月初举行，是南半球最大的同性恋高山聚会，吸引了无数来自世界各地的游客。

四、国际知名户外机构与企业管理案例探究

1. 国际南极旅游经营者协会

1991年8月，由探险者协会、海上旅游轮船公司、国际探险联合会等7家南极旅游公司在美国奥林匹亚联合注册了“国际南极旅游经营者协会”，旨在提倡、推动和实施安全的和对南极环境负责的南极旅游，该组织是具有一定管理性质的国际行业协会，其成员遍及美国、德国、英国、澳大利亚、加拿大、新西兰、日本、智力以及荷兰。国际南极旅游经营者协会是国际户外旅游组织的典型案例，其模式值得借鉴，大致有几点。

（1）协会宗旨清晰明确

协会的宗旨是推动环保教育和公众对南极科学事业的支持，协会全权代表南极条约缔约国、国际保护区和公共区域旅游的南极旅游经营者，提倡和推动对南极环境负责的户外科考和南极之旅。

（2）会员管理制

该协会采用的是会员管理制，将会员分为会员、准会员、委员会会员、委员会准会员和委员会附属会员，协会对不同的类型的会员做出不同的权利和义务的规定。

（3）管理机构科学有效

协会每年都会举行选举会议，信誉良好的会员将有资格参选委员会的职位并获得相应的权利。每个合格的会员都有投票权，投票选举出委员会主席，其中包括会员、外勤、海事、鉴定和财务的各委员会主席，都由会员投票选举产生。

（4）安全、环保要求全面

在南极地区的活动，包括户外探险、科考、旅游，都应遵守《南极条约》及其有关条约和规定。1991 年签订的“环保议定书”将南极及其生态系统设定为一个自然保护区，各缔约国同意按照各国的法律体系，自觉遵守和维护议定书的相关规定。

2.180° 探险旅游俱乐部

国外有众多知名户外运动俱乐部，它们大都成立时间较早，发展时间长，已经具有相对成熟的运营经验，180° 探险旅游俱乐部就是其中具有代表性的一家。它成立于 2000 年 8 月，以南非为主要基地，辐射非洲撒哈拉地区，是主营户外探险旅游的专业公司。其宗旨是专注于美丽壮阔的非洲野外，为户外运动探险者提供独一无二的探险旅游经历和体验。180° 探险旅游俱乐部拥有一批具有丰富户外探险经验和技术的从业人员，公司组织架构健全，管理完善，在户外探险旅游领域中以高质量的服务和独特的体验赢得良好的口碑。其公司运营的成功之处在于以下几点：

（1）专业的管理理念

该公司的创立者布拉德·皮尔斯和埃克斯维尔·斯吉普都是专业的户外探险运动员，曾多次参与户外运动比赛并获得不少奖项。在公司的经营上面，为了较快打开市场，他们雇佣有经验、有技术的专业人员来开展公司的户外探险业务。同时，他们也致力于开发成熟的探险路线，有针对性地开发一些特色的户外旅游产品。在管理上注重技术与安全，是俱乐部早期成功经营的关键，也为其以后的发展奠基了基础。

（2）体验产品多元化

180° 探险俱乐部起初在纳塔尔省获得成功，之后便进行区域性扩展，把业务延伸到更有市场潜力的约翰内斯堡和普乐多利亚等地区。同时，在南非一些地方建立连锁零售店。俱乐部为了适应市场需求，把产品从纯粹的户外探险旅游市场扩张到户外运动竞赛市场和户外用品市场。2001 年，俱乐部开始实行国际化经营，将 50% 的股份卖给英国翠鸟饭店集团，并利用该饭店提供的资源，提供更深层次的户外探险体验产品。此外，俱乐部在南非建立了六个大型户外探险旅游中心和俱乐部零售连锁店，进行户外探险旅游业务的发展、推广和拓展，同时经营户外探险设备器材的租售和教育培训等项目。

（3）独特的组织管理架构

180° 俱乐部形成了“一车五马六轮”的独特组织管理架构，“一车”是指由俱乐部和翠鸟集团组成的最高经营决策层。“五马”即是 180° 俱乐部旗下的五个探险俱乐部团队。“六轮”是俱乐部六个探险旅游分销连锁中心，分别是约翰内斯堡、豪登省、德尔班、纳塔尔、开普敦、西部省份，主要负责户外探险业务的运营与拓展。

（4）国际知名户外运动品牌探究

在户外运动用品市场上，国外众多品牌特别是欧美的户外运动品牌占据了中高端市场。这些国外著名户外用品品牌凭借其雄厚的资金、研发、设计和营销实力，纷纷开拓世界市场，成为户外用品市场的领导者。户外用品市场在未来若干年还会是增量市场，人们的消费需求会越来越大，中低端产品虽然会迅速抢占市场份额，但不可避免地被高端产品品牌渗透。在中国的户外用品市场上，形成了一个品牌金字塔型，高端户外用品全部被国外一线品牌垄断，如始祖鸟、乐斯菲斯等，而中高端品牌则是在国外二三线品牌中形成。中国的户外用品市场只是世界户外用品市场的一个缩影，一些高端品牌因为做工精湛、历史悠久、口碑良好，获得了广大户外运动爱好者的青睐，因而占据了极大的市场份额。

第二节 我国户外运动产业发展分析

户外运动于20世纪80年代中期传入我国，从纯官方化转向社会化和民间化则是在90年代中后期。1998年初，户外运动在北京、上海、广州、昆明等地悄然兴起，电视、报纸、杂志和互联网媒体掀起了户外运动报道的热潮，户外运动逐渐进入人们的视野，并日益成为人们追逐的新时尚。通过媒体的大肆报道，户外运动很快发展到其他各大城市，户外社团也如雨后春笋般兴起。2000年以后，户外运动在我国得到了前所未有的发展，带动了户外用品商店、户外运动俱乐部两个新的市场。迄今为止，我国户外运动参与人数超过5 000万人，正式注册登记的以登山、攀岩、野外生存、徒步穿行等为主要活动形式的民间俱乐部达到800余家。户外运动呈现出多元化、规模化的发展态势。中国户外运动发展起步较晚，但发展势头迅猛。据统计，2013年，我国户外市场零售总额180.5亿。同比增长24.3%，户外市场已进入稳定增长期，具有广广阔的市场前景。

一、我国户外运动产业的发展现状

1. 户外运动产业链的初步形成

户外运动的发展直接刺激了相关产业的发展。据经济观察家预测，21世纪7个最佳的投资方向，其中之一是“休闲运动将大行其道，成为人们生活的重要内容”。根据2015年的数字，全球体育产业的年产值高达4 980多亿美元，是汽车产业的2倍，影视产业的7倍。截至2014年，美国体育产业年产值4 410亿美元，约占GDP的3%；而中国为3 136亿元，占GDP的0.6%。户外运动开展的最初阶段，我国的户外运动产业还是以装备店为主，主要代理国外的一些品牌装备。这些户外店面大都由户外爱好者从爱好出发自办，而不是从商业投资的角度形成，其面对的消费者群体注定是比较狭窄的，运营手段也比较单一。而随着户外运动的发展，目前国内从事户外运动产品生产的企业已多达700余家，世界各知名户外用品品牌进入我国或扩大了在我国市场的销售计划，一些著名的装备品牌陆续进驻大中商场，纷纷抢滩中国。由于产业规模的扩大，户外用品连锁经营已经成了气候。比如，国内著名的户外用品连锁店“探路者”目前已在全国90多个大中城市开设了350个店面，销售业绩连年以超过50%的速度增长。虽然在经济快速发展的中国，户外运动刚刚兴起，它将逐步形成产业规模，带动无限商机。户外运动已经形成了一条非常完整的产业链，从培训到俱乐部组织活动，从提供设备到传播媒体。仅以户外运动品牌为例，在美国有400多个品牌，欧洲也有200多个品牌。面料提供商美国戈尔公司

(GORE-TEX) 的合作伙伴就达到了 2 000 多家，参照户外运动的专业程度，这个数字非常惊人。而在传媒方面，欧美户外运动的专业杂志和电视达到 20 多家。户外运动相关行业的利润同样可观。以攀岩板为例，销售价格能够达到 1 300 元 / 平方米，但是成本仅仅需要 300 元 / 平方米。所以无论从哪个角度来看，户外运动都是一块诱人的大蛋糕。

2. 户外运动市场的发展模式

户外运动市场主要包括两部分：第一，户外运动用品销售市场；第二，户外运动服务市场。处于初期发展阶段的中国户外市场，服务市场通常依附与销售市场，通常出现一个户外店后面有一个俱乐部的情况，靠俱乐部组织活动为店面做市场推广，带动店面的销售。另外，户外运动的品牌代理与产品的零售也往往没有分开，大多数户外品牌代理商也同时处于零售商的角色。例如，雪上飞既是 ROSSIGNOL 品牌在中国的总代理，但是又经营着十几家雪具零售店。虽然很多户外企业还在遵照这种中国特色的发展模式在发展，但是，随着户外运动企业的发展日渐成熟，户外用品销售市场与服务市场的分开的趋势日渐明显。一方面，一个俱乐部的成员往往满足不了日益扩大的店面销售需求，零售店必须通过其他途径来增加自己的客流量和销售量，如媒体宣传、赞助户外活动等形式。另一方面，随着户外人群的扩大，户外活动方式的日渐多样化，俱乐部的活动方式也不再仅仅局限于网友之间的活动组织，许多俱乐部开始尝试一些新的服务产品，如企业拓展以及其他类似的户外专业活动，逐渐从活动、企业合作等多方面寻求发展。国内户外运动俱乐部正在逐渐成熟和独立。另外，户外产品代理商和零售商也开始分开。从销售渠道看，产品总代和零售商是两个完全不同的市场角色，需要承担的责任和面对的用户群体也大有区别。一个针对经销商，需要建设渠道，推广品牌；一个针对最终消费者，负责产品的具体销售。因此，“雪上飞”正在计划要在统一店面形象的同时，把代理商和零售商的身份分开，代理商以拓展产品销售渠道，推广产品形象为主，而零售店面则继续扩张自己的覆盖范围，吸引更多的滑雪爱好者。而“风雨雪”，则更是在尝试了多种经营方式之后，早早地把自己明确定位于产品代理商的位置，为下游经销商搭建良好的渠道环境。

3. 户外运动与旅游市场的融合

由美国运通公司赞助的世界旅游旅行理事会，近日对中国旅游事业发展所做的研究报告中称，中国会在 2020 年之前成为世界第四大游客输出国，旅游需求将在未来十年中以每年 8.5% 的增长速度发展。随着人们对更健康，更自然，更个性化的生活方式的追求，户外运动和自助旅游必将逐步发展成为旅游的主体方式之一，占据旅游市场的显著份额，丰富的旅游资源，为户外运动发展奠定了绝佳的先天基础。当然，从某一方面来讲，户外运动发展很有可能对旅游市场形成冲击，它的日益普及将会改变很多人出游的形式。随着户外运动的发展，人们出去旅游可能不是去看人文景点，而是去体验自然风光、去攀登、去漂流、去钓鱼等等。在我国，体育旅游虽然还处在起步阶段但也正在以 30% 至 40% 的速度快速发展。随着北京 2008 年奥运会的成功举办，为发展体育旅游产业提供了一个极佳的契机。据保守估测，在筹备奥运会的 7 年中，来北京的游客每年将增加 20%，到 2008 年奥运会期间，将可增加 40 余万外国游客，加上港澳台游客，将可能突破 60 万人次。

（数据来源：中国体育报）这就要求户外俱乐部扩展服务范围，要求旅游行业拓展经营意识。把服务做好了，潜在市场才可能变成现实的市场。

二、中国户外运动产业存在的问题

1. 市场有效供给不足

中国户外运动市场因为发展快，时间短，产业链的形成和发展自然也相对滞后，户外运动市场最早的消费群体定位以及户外产品供应都比较狭窄。

（1）市场总体规模过小。户外产业的发展，与我国总体经济的规模而言还是偏小。市场潜力还远远没有被开发出来，同时，俱乐部的散兵游勇状况还难以形成合力，培育市场和保护市场健康发展的机制和规则还不完善。

（2）产品品种少，质量低。户外体育产业产品呈现为趋同化，产品品种少、质量差问题普遍存在，缺乏创新和对产品的深度开发。尤其是围绕着登山、野营和漂流穿越等项目，对消费该服务的文化内涵和技术知识的挖掘还在摸索阶段，从而抑制了该产业的继续发展。

（3）难以满足需求的迅速增长。国内户外运动市场还没有形成足够的规模，国内厂商目前所能提供的产品和服务相当初级，领导性的企业和知名品牌产品严重匮乏，而国外同类公司和品牌产品进入很少，已经进入中国市场的国外产品也只是小规模试销，没有正式投入资金人力去开拓市场。随着需求的迅速增长，国内的户外运动市场明显表现为有效供给不足。目前市场上存在的产品销售和组织服务企业几乎都是小作坊式的合伙企业，资金力量小，管理水平底，服务能力差。有效供给不足的状况在北京以外的其他地区表现得更为突出。

2. 市场体系的不规范

随着经济的持续增长，从事户外运动的人口会呈几何倍数增长，户外运动市场规模正日益扩大。但是，和任何一个新生行业一样，户外运动产业也有诸多不成熟的地方，尤其是市场不规范给户外用品店的经营带来了障碍。

（1）户外产品价格体系的混乱

目前国内的户外用品店都有自己固定销售的品牌，而且大多从厂家直接进货，基本上不会在两家店内看见同样的品牌产品。这些户外用品店对外销售的价格和给其俱乐部会员的价格往往相差很大，每个俱乐部除在活动创新方面拉拢人气，更在户外用品上大打价格战来争夺客户，虽然各用品店与俱乐部间有了基本的销售默契，以固定的折扣对外销售产品，但是这些自定的价格都没有经过相关部门的核准，让购买者无法得到消费权益的保证。

（2）仿冒品充斥户外产品市场

有业内人士称，在户外用品市场上伪货和仿冒品在大多数专营店里仍占据至少 50%以上的份额，这为品牌和经销商运作市场带来了很大的困难。应该说，假冒户外运动用品是国内的一大特点，许多户外商品店则以卖水货、次货、假货、B品货、库存货来谋暴利，买卖欺骗性，老驴骗新驴和引诱出行（驴：是人们对自助游人士的一种称呼）等现象也很多。

（3）高端产品市场的畸形发展

另外，消费者对国际品牌缺乏了解，有一些消费者盲目追求名牌，使得一些商家迎合人们这种消费心理，抬高名牌户外产品的价格，而同时却将国内属于高档的商品当作低端商品来销售，或者挂羊头卖狗肉。另有相当数量的人为了虚荣心追求假名牌，使得户外运动的第一道“保护屏障”形同虚设，国际户外运动品牌在我国消费领域也遇到了前所未有的“难题”。

（4）户外运动服务市场的不规范性

户外运动俱乐部，作为营利性机构，应该首先到工商部门注册，申请《工商营业执照》，然后由相关的体育部门管理，对俱乐部人员进行资质认证，而申请的条件有两点：第一个条件是必须具备一名以上合格的技术人员。一般，户外运动俱乐部是由中国登山协会管理，技术人员的考核，也必须通过中国登山协会。专业的技术人员，必须通过中国登山协会的培训，并取得培训合格的相关证书。第二个条件，就是技术器材要符合要求。技术器材要通过质量检验所的检验，质量没问题并必须达到规定要求。但是目前最大的问题是，有关方面无法管理网上自发组织的户外运动俱乐部。另外，即使是通过正当渠道开办的户外运动俱乐部，其自身仍存在一些问题。据登山协会资料表明，2005 年通过中国登山协会资质认证及年审俱乐部及相关从业机构只有 33 个（资料来源，中国登山协会官方网站）。许多户外运动俱乐部都是在未得到登山协会的认证情况下经营的。我们调查中也发现，户外运动俱乐部组织松散是当前普遍存在的问题，比如不同的户外运动俱乐部领队水平相差很大，很多俱乐部组织活动的规划和设计非常粗糙，俱乐部之间活动的价格也相差明显等等。

综上所述，如果乐观地看，姑且可以这样认为，户外现在虽然处于混乱无序状态，但户外产业已具备其发展的基础条件。那么，接下来考验我们的是如何从玩家向市场意识转换，如何引导大众户外意识的提升，如何靠自己来规范市场的游戏规则。目前户外的行政管理机构只有国家登山协会地位最高，登协似乎非常谨慎，更多的还是靠业内自身的约束。这些都影响和制约着国内户外运动与产业的快速健康发展，可以看出国家行政的支持和有意识地培育，对产业的发展是非常重要的。因此，行政管理部门应该加大管理力度，对市场进行规范化管理。

3. 户外运动俱乐部经营的困惑

当前户外俱乐部的经营模式主要有三类：第一类是以活动带动户外运动装备销售的俱乐部形式，这也是相对数量较多的一类。这些俱乐部通过吸收会员增加其装备的销售，俱乐部会不定期组织集体野外露营等活动，不过活动本身并不营利；第二类是有户外运动用品专卖店的户外运动俱乐部，这类俱乐部主要应一些会员的要求，组织户外活动制造俱乐部的人气；第三类是为那些喜欢野外旅行的人们提供聚会场所，这类俱乐部主要以活动营利为主。拿北京来说，以组织活动带动户外运动装备销售的俱乐部数量较多，这些户外俱乐部通过吸收会员增加其装备的销售，而他们却很少有过硬的产品，只有少数品牌的产品质量较好，但价格较高，不适合普通消费者。

目前为止，户外运动俱乐部由于受到免费 AA 自助活动的冲击，大部分俱乐部会员活动制基本都是名存实亡，为了增加俱乐部的人气，俱乐部只有采用民间流行的纯AA制，有的则在AA制的基础上加收一定的组织费用的方式，来吸引更多的会员参与户外活动，以达到让更多的人消费户外产品的目的，增加装备的销量。目前为止，虽然全国户外俱乐部已有近千家，但由于刚刚起步，再加上免费AA自助游活动的冲击，许多户外俱乐部面临生存压力，许多俱乐部转向为企业做员工拓展训练来获取利润。

4. 户外运动培训市场的不足

通过我们对参与者的调查发现，调查者参与体育培训的活动非常少，大部分参与者都几乎没有参与过任何户外培训，包括参加户外运动多年的参与者。管理部门每年都会组织一些正规的户外运动培训活动，这类培训比较正规和专业，但是收费一般都比较贵，而且集训点比较少，主要是面向一些专业爱好者或从业人员。俱乐部组织的培训班一般是面向当地会员或客户群，但是，在我们调查的北京地区俱乐部中，大多数俱乐部都很少组织会员学习培训班，只有几家大型俱乐部每年组织过两三次户外培训班，内容主要包括急救培训和一些户外项目的技能培训，从培训班报名的人数来看，都不太理想，这也是俱乐部为什么很少组织培训班的重要原因。俱乐部苦于难以组织户外培训班，主要是因为参加俱乐部组织活动的参与者一般都有一定的依赖心理，认为俱乐部组织的活动都有领队和指导者，有问题可以直接找领队和组织者，比较安全，因此不需要什么额外的培训。而其他更多的自发组织的参与者，大都是抱着玩的心态去进行户外运动，一般认为通过网络了解一些基础知识就可以了，另一些对户外运动比较热爱希望通过培训进行一定提高的参与者，则很难找到培训的地方。户外运动事实上是一项有一定专业要求的运动，但是，目前户外运动企业经营者出于自身的利益，为了吸引更多的人参与，降低户外运动的参与门槛，甚至为零门槛。参与就意味着更多的人购买装备，就意味着利益，户外运动俱乐部更多处于户外产品的推销者的角色，经营者并不注重提供给客户的体验服务水平如何。从短期利益出发，这种做法无疑是对户外经营者非常有利的。但是，长此以往，国内户外运动的整体发展水平难以得到更好的提高。目前为止，国内户外运动参与者的技能水平普遍比较低，而且参与内容越来越泛化。因此，户外运动培训市场需要引起一定的重视，需要通过培训让更多的人更加深入的了解户外运动，提高户外运动的意识水平，这对于整个户外运动的长远发展是有利的。

三、我国户外运动发展的研究现状

1. 我国户外运动教学的研究现状

2002年7月，国家教育部把户外运动归入全国高校大学生的课程，并提出开展全国教育科学“十五”规划国家级研究课题——“大学生野外生存生活训练”的研究。此项研究的开展，取得了一些重要的研究成果。该研究结果表明，在高校开展户外运动相关课程、进行野外生存生活训练具有重要的理论价值和实践意义。通过接触大自然，使学生对大自然和社会有更深的了解和认识，从而转变学习理念和学习态度，提高自身认知能力，促进个人的全面发展。在课程构建方面，高校根据教育部颁发的《全国普通高等学校体育课程教育指导纲要》来设置户外运行的相关课程。中国地质大学的杨汉老师在《高校开展户外运动课程意义的研究》一文中指出，在高校开展户外运动相关课程，突破了传统体育课堂的束缚，是对现有体育教育的一种挑战和突破，学生通过参与户外，走进大自然，感受和体验大自然，由此获得更深层次的启发和震撼，这对学生综合素质的培养具有重要的意义，同时此举也符合我国一直以来深化推广素质教育的主题。2007 年 5 月，国务院颁布了《关于加强青少年体质的意见》。文中提到：增强青少年体质，是关系国家和民族未来的大事。文中还指出，要注重发展学生体育运动的爱好和特长，以北京奥运会为契机，大力推动我国青少年体育事业的发展。此后，以“每天锻炼一小时，健康工作五十年，幸福生活一辈子”为口号的阳光体育运动在全国展开，我国体育运动的发展有了新的发展。

2. 我国户外运动俱乐部的研究现状

户外运动俱乐部是户外运动产业链中的一个重要组成部分，随着户外运动在我国的飞速发展，户外运动俱乐部也加快了发展的步伐。户外运动俱乐部是以提供户外运动为主的群体组织，会员在自愿、互助、互惠的基础上参加，并享有相应的权利和义务，其主要目的是锻炼会员身体，提高会员身体质量和生活享受，在参与的过程中，拉近人与人之间的距离。我国户外运动俱乐部的起源要追溯到 20 世纪 50 年代中国登山协会的成立，虽然登山协会还不是严格意义上的户外运动俱乐部，更多的是为行政服务，但其组织了多项具有重大意义的高山探险活动，为后来户外运动大规模的兴起提供了契机。1989 年，北京大学组织成立了中国第一支大学生登山队——北大山鹰社，从此，户外运动开始走向大众，被大家慢慢了解和熟悉，并逐渐融入人们的日常生活中，成为人们喜爱的运动。20 世纪 90 年代以后，户外运动在我国蓬勃发展，户外运动俱乐部也如雨后春笋般纷纷成立。1990 年，昆明市登山探险协会成立，其抛开了政治的外衣，是中国最早的商业化户外运动俱乐部。1998 年北京三夫户外运动俱乐部的成立标志着中国户外运动组织形式由官方组织形式向民间组织形式的过渡。1998 年以后，我国户外运动开始出现大规模发展。目前，我国户外运动俱乐部多采用“三位一体”的经营模式，即“专营店＋俱乐部＋网站”的模式。俱乐部不仅提供户外运动产品，还组织专门的户外活动和比赛，网站的运营又加大了资讯的流通，大大提高了俱乐部的服务效率及企业利润。户外运动爱好者，无论是通过专营店、网站还是论坛都可以满足自己对户外的需求，如购买户外装备、获取最新户外资讯以及参加俱乐部的活动。专营店、俱乐部、网站三者之间相互依存又互为补充，专营店是俱乐部业务的主体和核心利润的来源，会员俱乐部和网站是俱乐部发展业务时进行市场推广、聚集人气的重要管理手段。网站的建立和运营，不仅为会员之间交流信息、相互学习、探讨户外体验和感受提供了平台，同时也成为一个良好的销售渠道，推动了户外用品零售业线上业务的发展。虽然我国户外运动俱乐部有了很大的发展，但现阶段仍有不少问题亟待解决，如行业管理不规范，资质认证缺乏统一标准；一些俱乐部定位不明确，只以盈利为目的，管理混乱，安全意识淡薄，聘请的户外从业人员大多半路出家，并非专业人士，安全状况堪忧。

3. 户外用品市场

（1）户外用品市场发展原因

我国户外用品市场的发展也是依托户外运动的发展而迅速成长起来的，发展起步晚，历史短，目前整体市场容量有限，但发展势头迅猛，前景广阔。统计数据显示，2013 年，我国户外用品零售额为 180.5 亿元，同比增长 24.3%。自 2005 到 2013 年以来，户外用品零售额一直都处于稳定增长的态势。这些年户外用品行业发展迅速，归其原因，有以下几点：第一，国民收入的增长。以 2013 年为例，2013 年我国城镇居民人均可支配收入达 26 955 元，比上年增长 9.7%，扣除价格因素，实际增长 7%，城镇居民人均可支配收入中位数达 24 200，增长 10.1%。收入增长后，人们就有更多的资金投入到户外休闲运动中来，刺激了消费的增长；第二，假期延长。1949—1995 年，我国实行的是每周工作 48 小时、单休工作制，而 1995 年以来，我国将原来的单休工作制改为双休制，法定休假日从原来的 52 天变为 104 天，假期的增长，使得人们有更多的时间参与户外运动，从而刺激了消费；第三，消费习惯的变化。起初，人们认为只有参加户外运动才需购买户外用品，但随着户外这种健康的生活方式日益被大众接受，人们在生活中也会选择户外用品。这大大提高了户外用品的受众人群，扩大了户外用品市场。

（2）我国户外用品市场竞争格局

目前，我国户外用品市场上充斥着国内外众多品牌，据统计，2012 年，我国户外用品市场共有品牌 823 个，比上年增长了 17.4%，且有持续快速增长的趋势。在 823 个品牌中，国外品牌共有 418 个，国内品牌 405 个，就单纯的数据来分析，国产品牌发展速度惊人。但不难发现，我国户外市场上，高端户外用品市场几乎被欧美一线户外品牌垄断，国产品牌占据着中低端市场。国产品牌同质化问题突出，质量良莠不齐，大多数企业都是贴牌生产，产品质量难以保证。在品牌推广方面又投入不足，难以打开知名度，扩大市场份额。因此，国产品牌如何在户外用品市场上与国外品牌抗衡还有很长的路要走。

(3) 销售渠道和销售结构

现阶段中国户外销售渠道的分布中，商超占了 65%，街边店占 28%，网络占 7%。目前，商超渠道一统天下，终端数量上占有绝对优势，符合中国当前的发展状况。未来一段时间内，商超仍然会是主要的销售渠道，但从发展前景来看，专业的销售渠道将是不可避免的趋势。此外，网络销售也会越来越普及，成为新的销售渠道，发展前景不容小觑。销售结构方面，当前我国户外运动用品市场上，服装销售占的比重最大，其次是户外休闲鞋类，再次是背包类。这三类户外用品的销售额占全行业销售额的近 90%。

四、我国户外运动产业区域发展状况

1. 我国户外资源分布规律

（1）自然资源主要分布在中国三大地形阶梯的过渡地区和沿海地区

在第一阶梯和第二阶梯的交替区域，主要的国家风景名胜有敦煌石窟、九寨沟、剑门蜀道、都江堰、玉龙雪山、三江并流区、西双版纳等著名景区；在第二阶梯和第三阶梯的过渡区，主要分布着五大连池、八达岭、恒山、嵩山、武当山、长江三峡、神农架、漓江等景区；而在第三阶梯向沿海过渡区，主要有松花江、鸭绿江、泰山、黄山、胶东半岛海滨、武夷山、千岛湖等景区，我国的海滨和海岛旅游资源主要分布在海岸线及其附近海域。

（2）三大纬向构造带是户外自然资源的富集区

我国由北向南，三大纬向地形大约每隔 8 个纬度就分布着丰富的自然资源。北边的有天山天池、吐鲁番、长城、北戴河，居中的主要景区包括昆仑山、祁连山、华山、武当山，居南的是南岭，著名的景区如丹霞山。而国家级的自然保护区、森林公园、风景名胜区等更是多分布在三大纬向构造带，如吉林的长白山、浙江的天目山、四川的九寨沟等等。

（3）自然资源丰富区多为贫困人口区

我国东中西部都存在贫困人口，东部地区主要集中在低山丘陵地带，这些地方普遍交通不便，耕地稀少，如福建、江西一带。中部地区是高原向平原的过渡区，这里的贫困人口分布较为集中，位于陕、豫、川、鄂四省交界处的秦巴山地区，交通闭塞，人口贫困，这里的贫困县有 50 多个。我国西北地区地处亚欧大陆腹地，降水稀少，黄土高原、塔克拉玛干沙漠、柴达木盆地、河西走廊都聚集于此，由于西北地区降水稀少，环境恶劣，导致人们生活条件恶化，生活贫困。

2. 我国户外运动产业区域发展情况分析

我国户外运动产业发展面临资源分布和市场发展不平衡的现状，主要表现在东部沿海及经济发达地区有市场缺资源，中西部经济落后地区有资源缺市场。

(1) 东部经济发达地区

东部经济发达地区，如长三角、珠三角及其他经济发达城市，参与户外的人数远远高于中西部经济欠发达地区。户外运动爱好者具有高收入高学历年轻化的趋势。据调查，在经常参加户外运动的人群中，27% 的户外爱好者具有大学以上学历，60% 的人拥有大学或同等学力，由此可见，经常参加户外运动且具有高学历的人占了几乎 90%。我国东部经济发达地区，教育资源优越，拥有众多高校，科学教育水平高，高学历人才云集，这正好符合了户外爱好者高学历化的特点；收入方面，以 5 000 元作为分界线，经常参与户外运动的人群中，月收入高于 5 000 元的人群占了将近 6 成，据最新调查数据显示，2014 年全国各省人均可支配收入排行前十名的绝大部分是东部省份，其中上海以 47 710 元排名在首位，东部地区人均可支配收入较高，从经济上保证了人们有更多的资金投入到户外运动中。众所周知，户外运动需要大量的金钱投入，所以相对于低收入人群，高收入者更倾向于参加户外运动。东部经济发达地区汇聚了众多高学历高收入的年轻人群，而快节奏的城市生活，使得都市白领更希望逃离喧嚣浮躁的大都市，走进大自然，释放压力，挑战自我。因地，东部经济发达地区是我国户外运动爱好者的主要聚集地，拥有广阔的市场。我国东部地区以平原和丘陵为主，而户外运动爱好者所向往的雄伟壮丽的高山，波澜壮阔的河流，广袤无垠的沙漠等等都集中在中西部地区，东部沿海地区主要是水上运动的发展区域。东部地区户外资源相对于中西部地区还是相当匮乏的。

(2) 中西部经济欠发达地区

我国中西部地区经济发展相对滞后，但自然资源丰富，尤其是西部地区。西部地区包括西北、西南和青藏地区。西北地区有大漠孤烟、冰川雪原、河西走廊、丝绸之路等丰富的户外资源，西南地区集中了民族风情、山水风光、岩融等自然风光。仅以“天府之国”四川省为例，四川省地处长江上游，汇集了汉、彝、藏、苗、回等不同民族，山地和高原占其总面积的 78.82%，川西为高原，其余为四川盆地，川西高原的气候垂直分布现象明显，被称为“十里不同天”，其旅游资源、山水名胜、文物古迹、民族风情兼备，著名的户外资源和景观有峨眉山、乐山、九寨沟黄龙、康定、海螺沟、都江堰等等。四川是众多户外爱好者所向往的地方。青藏地区汇聚了藏传佛教、高原雪域、草原风光等具有户外探险价值的资源。这些地区集中了大量丰富的自然资源，具有无限的户外运动和户外探险价值，是热门的户外运动目的地。爱好户外的年轻人，通常喜欢在假期背上行囊，到这些地方参与户外，享受征服大自然的乐趣。由于中西部地区，经济发展相对滞后，与其丰富的自然资源拥有量相比，该地区参加户外的人数要明显少于东部经济发达地区，呈现出有资源缺市场的特点。

五、我国户外机构与企业管理案例探究

1. 中国登山协会

中国登山协会是中华人民共和国组织、管理和推进登山运动的唯一的全国性机构，自其成立以来组织过数十次在国内外有重大影响的高山探险活动，是目前国内最大的户外运动协会。近几年来，中国登山协会十分重视群众登山运动的开展，先后组织了多次国际及国内大型活动，如“泰山国际登山节”、“元旦八达岭登长城活动”、“莫干山登山节”，这些活动的开展，对中国登山运动的发展、促进全面健身计划的实施、增进国际登山界的交流都起到了积极的作用。中国登山协会是具有一定行政能力的行政部门，有专门的部门对户外运动进行管理。根据《中国登山协会登山户外运动俱乐部管理办法》规定，中国登山协会和各俱乐部之间是业务指导关系，因此，中国登山协会对整个户外行业的发展、俱乐部的运营、户外活动的规范都具有重要的指导作用。目前，我国山地户外社会机构共分为三个层级，基数最大的是各地户外运动俱乐部、开展户外运动的大中专院校以及其他各类户外营利性企业，中国登山协会与各地登山协会、户外运动俱乐部之间是服务、引导与规范的作用。但登山协会成员张志坚博士认为，目前登山协会对俱乐部只有指导作用，并没有形成一种法律的约束，不具备强制性。这在一定程度上说明了，我国对户外运动的监管力度还很不足。

2. 三夫户外运动俱乐部

（1）成立背景

1997 年张恒创立了北京三夫旅游制品中心，1998 年注册成立了三夫户外运动俱乐部。三夫俱乐部的成立标志了我国户外组织从官方到民间的过渡。三夫俱乐部总部设于北京，在北京，上海，深圳，南京，杭州，沈阳，长春等核心城市拥有 30 余家一流水准的户外

专营店，代理经营国内外200多个专业户外运动品牌，单品5 000多种的户外用品。1999年，三夫户外运动网站（www.sanfo.com.cn）开通，从最初只有简单的产品介绍，发展为集电子商务、户外运动、教育培训、论坛社区、户外知识和户外产品等为一体的综合性网站，颇受大众欢迎，成为国内人气最旺的户外网站之一。2008年初，三夫户外获得几家国内知名投资公司上千万元的投资，前冬奥会短道速滑冠军大杨扬也成为三夫户外的个人股东之一。"三夫户外"品牌从最初只有30平方米的小店发展到现在的规模，用了只有十多年的时间，在这期间，三夫户外连续多年被中国登山协会授予"全国十佳户外运动俱乐部"的称号，被中纺协评为"中国名店"。

（2）经营模式

三夫户外开创了"专营店+俱乐部+网站"三位一体的商业模式，实践证明，这是颇为成功的经营模式，深受业界同行好评，这也成为目前户外行业普遍适用的模式。户外用品连锁专营店是三夫户外的核心业务和主要收入来源，欧美户外运动发展的经验表明，连锁专营店是户外用品最适合的销售渠道，而三夫户外在连锁专营店的经营中也是颇为成功。三夫先后与韩国的TRANGO、美国的REL、COLEMNA、法国的FREETIME等知名国际户外品牌连锁店合作，使奥卡索、始祖鸟、乐斯菲斯、狼爪等一系列国际一线品牌进入三夫户外连锁专营店，同时，也与国内知名品牌合作，如探路者、龙鸟、天石等也纷纷进驻三夫专营店，三夫经营的户外用品品牌200多个，户外用品单品5 000多种，为消费者提供了广阔的选择空间，上至国际高端品牌，下至国内中低端的户外品牌，消费者总能从中选择到适合自己的产品，三夫也因此成为真正意义上专业的户外用品专营店。会员俱乐部是三夫开展活动、聚集人气、推广品牌的重要管理手段。三夫经常推出登山、攀岩、定向越野、自行车、溯溪、徒步、露营、篝火晚会、抢滩登陆等等各具特色的户外活动，这些户外运动爱好者因俱乐部集结，在专业领队的带领下，走进大自然，体验户外运动的惊险与刺激，共同探讨和交流户外体验与感受，这也和三夫俱乐部注重体验管理和体验营销的理念相吻合。俱乐部还会定期组织户外知识、技能的教育培训，通过聘请户外专家达到专业的培训效果。此外，俱乐部为了给消费者提供便利，提供户外设备租赁服务。三夫户外网站的主要服务是网上商城、产品信息发布、活动通告、论坛。三夫不仅专注于户外实体专营店，还努力尝试新的销售方式，通过时下流行的网络营销，拓宽销售渠道。虽然从目前的数据来看，在线销售所占的比例占了不到5%，但是随着人们消费观念的改变和网络购物的普及，网上商城必定具有广阔的前景。户外运动爱好者通过浏览网站的产品信息发布，活动通告等，全面及时地了解户外相关信息，同时，人们还可以通过论坛的方式在线交流，分享心得，畅聊感受。

第三节　国内外户外产业对比分析总结

一、政策条件比较

从国内外政策条件上来说，各国政府对本国的户外运动产业都是扶持的，并且制定了有关政策法规促进户外运动的发展，将户外运动产业列为最具发展潜力的行业之一。西方一些发达国家，如美国，在户外运动发展的各个方面都制定了相应的政策规范。2010 年，奥巴马发布了《21 世纪美国伟大户外运动战略》，从战略高度的层面，支持本国人民发展户外运动；教育方面，美国将户外运动归为学生的必修课之一，与环境教育、社会教育并重，将开展户外运动视为环境保护的重要手段，为此在 20 世纪 70 年代颁布了《环境教育法》，并在学校实施《环境经验学习计划》；在户外应急救援方面，有 1992 年颁布的《美国联邦紧急救助法》、2004 年的《国家应急反应计划》等等。总的来说，西方发达国家在法律法规和政策规范方面比较健全。我国政府在 2014 年，出台了“关于加快发展体育产业，促进体育消费的若干意见”的文件，这是在整体上将户外运动提升到国家战略的高度，政府支持户外运动的发展，也看到了户外运动行业的发展前景，但是就目前而言，我国户外运动方面的法律法规还不健全，在这方面与西方发达国家存在一定的差距。

二、社会条件比较

1. 户外运动普及程度

从户外运动的普及程度来看，据统计，西方发达国家旅游行业的 70% 都来自户外旅游，这里的户外旅游指的是以参加户外运动为主的户外休闲活动。在欧美国家，户外运动广泛而普及，2012 年，美国参与户外运动的总人数达到 1.419 亿，占美国总人数的近一半；法国参加户外运动的人数达到 3 400 万，超过法国人口总数的一半以上；德国有 58% 的户外运动爱好者，每年都会参加各种形式的户外休闲活动。由此可以看出，国外发达国家户外运动已成为大众化的运动。我国户外运动虽然发展迅速，但目前仍然属于小众化的选择，高学历高收入的年轻都市白领占了绝大部分。有资料显示，2000 年，我国 16 岁以上城乡居民中有 35% 参加过 1 次或以上户外运动，而在 1998 年，美国的这一比例已高达 89.86%。在户外运动的普及程度上看，我国和欧美发达国家还有明显的差距。

2.NGO 组织

从 NGO 组织来看，欧美各个国家都有大大小小不同类型的行业组织，有的 NGO 组织甚至跨越国界，由多个国家共同发起，其主要目的都是为了规范和促进户外运动产业的发展。以下是众多 NGO 组织中，比较具有代表性的组织：成立于 1950 年的美国高山救援协会，是全国性的救援组织，救援指挥系统完备，协会在各州都有分会，同时设有多个救援中心，该协会完全由登山专家志愿者组成，致力于高山救援和安全教育，一旦发生风险和意外，协会就会立即启动应急预案，第一时间参与救援；而在法国，有一所特殊的学校——法国国家登山滑雪学校，学校由法国体育部直接管辖，具有完备而成熟的教育体系，培养出了众多国际优秀的向导和登山家，在法国户外登山活动中，高山向导对顾客承担法律责任，他们以其丰富的经验、超高的技术享誉世界，1948 年，法国同奥地利、德国、瑞士等国家成立了国际高山救援组织，这是世界性的合作组织，主要任务是增强各个国家之间的户外合作，为紧急情况下的登山者提供有效援助；2003 年由 19 家国际知名户外公司共同发起成立了欧洲户外联合会，该组织是当前国际户外行业影响力最大的组织，代表整个欧洲户外市场的共同利益，目前，协会成员已超过 70 个。我国的 NGO 组织主要有中国登山协会和中国科学探险协会以及其他的民间组织团体。通过了解中国登山协会的组织结构和作用，可以看出登山协会是我国推进和管理登山运动的唯一全国性机构，对我国登山运动的发展起到了积极的促进作用。中国科学探险协会成立于 1989 年，是由从事和热爱科学探险事业的科技工作者及关心、支持科学探险事业的有关人士自愿组成的全国性、学术性、非营利性组织，支持和鼓励青少年投入大自然、认识大自然，不断普及认识自然、享受自然、尊重自然的户外活动观念，中国探险协会积极推动民间俱乐部的合作发展，从战略上规范俱乐部的经营，为提高全民户外活动素质创造良好氛围。蓝天救援队是有一批热心公益的户外运动爱好者发起成立的，旨在推动户外遇险救援，在全国各地都有分站，其专业的培训体系为我国户外运动培养了合格的户外救援人才，为户外运动的健康发展提供了救援保障。

随着我国户外运动的快速发展，NGO 组织会越来越多，作用也会越来越强大，但目前来看，我国 NGO 组织与欧美发达国家相比还存在一定的差距。我国 NGO 组织成立时间晚，对户外行业的约束力和影响力还比较小，对户外行业的规范和管理还没有达到最佳效果，我国户外企业缺乏监管、资质认证混乱、户外事故频发等问题依旧存在，从这方面来看，我国 NGO 组织的发展还需不断借鉴欧美发达国家的经验。

三、资源条件比较

1. 自然资源

欧美自然资源丰富，风景秀丽，拥有众多户外运动爱好者向往的探险胜地，其中以阿尔卑斯山脉最为著名。阿尔卑斯山是欧洲最高大也是最雄伟的山，从亚热带地中海海岸法国的尼斯附近向北延伸至日内瓦湖，然后再向东—东北伸展至多瑙河上的维也纳，覆盖了法国、意大利、瑞士、德国、奥地利和斯洛文尼亚 6 个国家的部分地区，平均海拔 3 000 米，最高峰勃朗峰海拔 4 810 米。阿尔卑斯山山势雄伟，风景绮丽，许多高峰终年积雪，晶莹的雪峰、茂密的树林和清澈的山间细流共同组成了迷人的风光，是欧洲户外运动的发源地，同时也成为众多登山爱好者的向往之地。此外，欧洲还有喀尔巴阡山、比利牛斯山脉、亚平宁山脉、斯堪的纳维亚山脉等众多风景幽美的山脉。地中海、黑海、波罗的海、挪威海、比斯开湾等众多水上资源，为户外运动水上项目的开展提供了得天独厚的条件。欧洲的森林面积达 8.74 亿公顷，占世界森林总面积的 23%，草原面积约占世界草原总面积的 15%。由此可见，欧洲丰富的自然资源为其户外运动的发展提供了先天的有利条件。美国大平原西部则有高耸的落基山脉，落基山脉以西有一个大盆地，该地带有大量的高山、盐带平原和山谷，期间的沙漠被称为大盆地沙漠，是北美最大的沙漠。美国地形多样，自然资源丰富，是适合户外运动开展的国度。而在自然资源方面，我国拥有诸多世界之最，其中就有被称为“世界之巅”的珠穆朗玛峰。我国自然资源丰富，山多、水多、沙漠多、峡谷多，荒漠多，奇特多姿的地质面貌、复杂多样的气候类型，举世罕见的自然奇观，都是发展户外运动强有力的资源优势。从自然资源的角度来说，我国与欧美发达国家一样，自然资源优势明显。

2. 人文资源

人文资源包括历史文化古迹、古建筑、现代建设新成就、民俗风情等。欧美一些国家盛行宗教，有很多宗教文化资源，如神、庙、寺、观以及带有一些性格色彩的大型塑像。历史文化名城、古建筑也是数量众多。欧美国家对人文资源尤为重视和保护，如巴黎的埃菲尔铁搭、凯旋门，意大利的古罗马竞技场、比萨斜塔、庞贝古城等等，都具有重要的人文历史价值。我国的人文资源也颇为丰富，如丝绸之路、河西走廊、藏传佛教都具有很强的代表性。在人文资源方面，我国与国外发达国家相比，各具特色。

四、市场发展情况与人才培养比较

1. 市场发展情况比较

欧美户外运动的发展已有上百年的历史，至今已有非常广阔的市场，其中，欧洲的市场容量最大，美国紧随其后，在亚洲，中国韩国日本成为户外运动的主要消费国，拿 2012 年户外用品市场零售总额举例，欧美户外运动市场容量巨大，户外用品市场发展成熟。亚洲户外用品市场也有了一定规模的市场容量，但与欧美国家相比，还存在不小的差距。我国户外产业发展迅速，在亚洲已跻身户外运动大国的行列，户外用品市场规模有了较快的增长，甚至超过了日本，仅次于韩国。我国与欧美国家仍然有很大的差距，短时间内无法超越，但是我国人口众多，市场潜力巨大，户外运动产业有着广阔的发展前景。

2. 人才培养情况比较

世界发达国家的户外运动发展经验表明：专业人员的培养是户外运动产业发展的先导。欧美国家在人才培养的机制方面已经比较成熟，有完备的人才培养体系，严苛的培养细则。例如在法国，登山、攀岩、滑雪、漂流等户外运动专业的学生不但都需要救护人员的文凭，还需要掌握完备的户外知识，并要求参与户外运动的次数不少于 65 次，其中，高山滑雪史 15 次、漂流史 10 次、同时要求有良好的技术、心理和生理素质。对学生的课程设置和考核要求也很严格，对学生的年龄也有具体的规定。学生的年龄一般在 17 到 25 岁之间，在基础培训课程完成后，需要有长达两年的实习经历，考查合格后。才可获得相关证书和文凭。欧美国家注重对高校户外运动人才的培养，不仅如此，对小学生和中学生的户外运动能力的培养也颇为重视，设置与户外运动相关的课程，使其与文化教育课并重。除此以外，欧美国家还开办了大量的培训机构，对从事该行业的人员进行专业培训，培训合格后才可以从事户外行业。目前，我国还没有建立起一个科学、合理的教育培训体系，培养机制还很不健全，社会合格的培训机构也很少，户外运动专业人才缺乏，一般的户外运动参与者更是缺少专业的户外素养。因此，在人才培养方面，我国与欧美发达国家还有很大的差距。

第四节　国外户外运动产业发展对我国的启示

一、加强社会引导

户外运动是具有前景的朝阳产业，我国应加强社会引导，倡导合理的户外运动观念，培育大众户外运动的意识。在我国户外运动兴起的早期，有两种明显的色彩，一种是探险色彩，人们普遍认为户外运动是一种“挑战自然，挑战生命”的极限运动，这种观点至今仍然存在；第二种色彩是奢侈消费的色彩，户外运动早期被认为是贵族运动，具有一定金钱和地位的人才会经常参与户外运动。直到现在，户外运动的参与人群仍然具有高学历高收入的趋势，是一种小众化的运动。这两种观念的存在，对户外运动的推广和普及，户外运动用品市场的发展等等有在无形之中有一定的影响。

随着户外运动的不断发展，参与户外运动的人数越来越多，其影响力也逐渐变大，人们对户外运动的认识也开始发生变化，在这个过程中，就有人提出“大户外”“泛户外”“科学户外”等概念，将“户外”描述为一种与城市生活相对立的生活状态，而不仅仅是一种挑战和刺激，倡导人们积极参与户外，远离城市的喧嚣，投身于大自然，释放压力，排解心情，体验户外。“大户外”概念的提出和推广，有利于更多的人尝试和体验户外运动。在户外运动的普及过程中，政府管理部门应该承担相应责任，制定相关的措施，加强对户外运动发展的引导，鼓励人们转变观念，积极参与户外运动，培育科学的生活理念。与欧美发达国家相比，我国户外运动的发展时间还不长，因此媒体的宣传对户外运动的开展尤为重要。这几年，我国相继举办了各种大大小小的户外大赛，媒体的报道起到了很好的宣传作用。但是户外运动的项目比较多，常见的项目有登山、徒步、攀岩等，但还有更多的项目并不为大家所熟知，如穿越、溯溪、山地速降、公路竞赛等，媒体应加强对这些项目的宣传，政府也应给予一定的扶持和赞助。总之，在户外运动发展的过程中，无论是政府还是媒体都应加强对社会的引导作用，培育大众科学的户外理念。

二、构建完善的制度体系

1. 市场准入制度的建立

目前，我国户外运动还处于初级发展阶段，体制建设还很不完善，因此，建立严格的市场准入制度，对规范户外行业的经营具有重要意义。市场准入制度是指国家对市场主体资格的确立、审核和确认的法律制度，包括市场主体资格的实体条件和取得主体资格的程序条件，其表现是国家通过立法，规定市场主体资格的条件及取得程序，并通过审批和登记程序执行。而户外市场准入制度是指为了户外运动的安全和规范，具备规定条件的生产者才允许进行生产经营活动，具备规定条件的户外运动企业才允许经营的监管制度，户外行业的市场准入制度主要针对的是俱乐部的经营。

我国户外运动俱乐部已经有数百家，但行业准入还不够规范，俱乐部管理混乱，无证经营，资质无权威认证等现状依然存在，因此，要建立严格的户外行业准入制度，加强对俱乐部的管理和监督，对俱乐部进行常规年检，对俱乐部从业人员的资格证书、俱乐部的经营业务、资产状况等各方面进行严格审查。对于一些不符合要求的俱乐部，要求其按规定整改，整改合格后才可重新经营，如果整改依然达不到标准，可吊销俱乐部经营许可证，收缴《企业法人营业执照》。只有严格规范俱乐部的经营，建立严格的市场准入制度，才能引导户外运动行业朝着健康有序的方向发展。

2. 健全法律法规

我国户外行业的法律法规还不健全，在法律法规的制定方面相对滞后，相关管理部门要尽快制定相应的法律法规以适应户外运动快速发展的需要。对原有的法规法律条文加以细化，研究出完备的法律体系。行政部门要加强法律法规的执行和监督力度，坚决取缔违反法律法规的企业。随着户外运动的发展普及，户外运动消费者越来越多，进入户外行业的商家也越来越多，无论是参与俱乐部的活动，还是购买户外用品，都涉及消费者的切身权益，所以在户外运动的立法上面，要出台保护消费者合法权益的法律，这样才能促进户外运动健康良性的发展。此外，还要建立户外运动的纠纷及纠纷解决机制。户外运动开展的过程中，难免会产生纠纷，但目前解决户外运动纠纷还没有可靠的法律依据，发生问题时通常难辞其咎，情况堪忧。因此要健全相关法律法规，在处理户外运动纠纷时做到有法可依，避免出现权责不明、推脱责任的情况。法律法规的建立健全是我国户外运动产业健康发展的关键，国家的相关部门和每一个户外运动参与者都应该积极推动户外运动的法制建设，从而推动户外运动健康、合理、科学地发展。

三、健全安全保障体系

1. 户外保险系统

户外运动是具有高风险的运动，在户外运动的过程中发生意外也是在所难免，因此购买保险对于户外运动参与者来说有着重要的作用。目前我国针对户外运动的商业保险并不丰富，人们对保险的认识还没有足够的重视，因此政府应对保险制度的完善做好政策导向，可以从以下几个方面考虑：第一，完善相关的人身意外险，特别是完善户外运动的保险制度。鼓励保险公司针对不同类型的户外运动，开发与之相对应的保险险种，适当提高保费来扩大保险范围。对不同户外运动的风险等级进行科学分类，从而为投保提供方便；第二，俱乐部和保险公司建立长效的合作机制。鼓励保险公司和俱乐部或者其他户外正规企业开展联合营销，对户外出行路线进行整合包装，推行“一站式”活动；第三，与国外保险公司合作。要加强与国外保险公司的合作，学习其已有的成功经验，积极引进国外保险企业的户外运动个人专项保险险种、保险救援医疗等一体化保险。

2. 构建户外救援体系

国外的救援体系比较成熟，一般由政府和民间两种形式组成。如成立于 1948 年的美国“高山救援协会”是有一批致力于高山救援的登山专家志愿者组成的全国性组织，迄今为止，已经参与了大量救援活动，其经费主要来自政府拨款和社会捐助。当前，我国在户外救援方面的发展还处于起步阶段，缺乏专业的救援队伍，救援设备简单落后，发生风险时，由于各部门权责不明，相互推脱责任，往往耽误了救援的最佳时机，这些都是亟待解决的问题。我国已开始筹备户外救援体系的建立工作。在这方面，应学习国外的成熟经验，制定联动救援规划，构建由政府部门主管，社会力量积极参与、户外企业完善安保的联动救援机制。要加强应急救援队伍的培训，平时注重救援队伍的演习训练，确保救援队伍的专业性。同时，可以建立国际救援合作，开展联合救援演习，加强相互合作，交流经验。关于我国户外救援体系的建立，登山协会户外部主任李舒平曾透露：“条件成熟时，先在登山户外运动比较集中、条件较好的地区，由当地政府有关部门牵头，俱乐部及有一定技能的志愿者参与，形成自救和互救组织，并逐步建立地区性乃至全国性救援网络，以降低风险。此外，还要继续通过模范赛事的示范作用，带动民间活动，建立中国特色的登山救援体系。”

四、加强专业人才培养

专业户外人才的培养是户外行业发展的命脉，由于户外运动具有较大的风险性，大多数的运动都是在高山、河流、野外等未知的地方进行，对于户外运动的从业人员，尤其是领队或者教练，具有很高的要求，他们不仅需要充足的理论知识，更需要丰富的实践经验，因此对户外运动从业人员进行资格考核和资质审查意义重大。针对我国户外行业的发展现状，可以从两个方面加强对专业人才的培养：第一，注重大中专院校人才培养，可以在大中专院校开设户外运动专业，合理培养本科生、专科生、高职、中专等各层次人才，满足社会需要，政府要加大对户外运动的教育投入，鼓励学生参与户外运动并从事专业化的发展道路；第二，强化户外运动培训工作。我国户外运动俱乐部的教练和领队，需经过专门的培训，取得专业的资格证书才可上岗，例如户外领队需经过中国登山协会的专业培训，培训合格后取得登山协会颁发的“户外领队从业资格证书”，才能正式带领队伍参与户外运动。

五、加快户外运动用品市场的发展

面对国际品牌在品牌文化、技术、研发等方面的优势，我国本土户外运动品牌要想在短时间内超越是很困难的。如何在现有的情况下，弥补本土品牌和国际品牌的差距，加快我国户外运动品牌的发展？

1. 通过价值链管理继续保持价格优势

我国户外产品要在保证质量的前提下，加强供应商、经销商之间的合作，实施价值链平滑管理，从而通过降低生产成本、管理成本、流通成本，保持价格上的竞争优势。

2. 增强研发设计能力

国外很多户外品牌都加大了技术研发力度，应用了最新的科技来设计户外用品，如美国科罗拉多州名为Voormi的户外公司正在出售一种利用单层材料即可产生防水透气材质的科技，它可能是自20世纪70年代第一款带有防水透气膜的GORE-TEX夹克问世以来，户外服装的重大发展。而这只是利用高科技设计户外产品的冰山一角，在不久的将来，一定会有更多高科技户外产品问世。我国户外产品目前仍然以价格优势来吸引消费者，但这只能在短期内见效，随着我国户外运动的发展，人们生活水平的提高，未来消费者对户外运动用品的要求也势必会不断提高，因此我国户外企业必须加大科技投入，才能满足市场的长远需求。

3. 加快品牌建设与推广

品牌是一种无形资产，具有凝聚力和扩散力，是企业发展的重要动力，也是提高产品竞争力的重要工具。品牌文化对品牌的发展具有持久的支撑力，户外运动品牌的营销策略要在文化理念上予以加强。如果消费者接受了品牌的文化理念，必然会接受该品牌所倡导的生活方式，从而接受其营销理念。国外很多户外品牌都注重品牌文化的打造，人们也乐于接受该品牌所倡导的户外理念，消费者在选择户外用品时对品牌也有较强的依赖心理。国外对品牌在发展和演变的过程中所积累的经验，是中国户外用品发展品牌的过程中需要学习的内容。

4. 严格控制产品质量

产品质量是一个品牌的立足之本，尤其是户外用品行业，产品质量更是重中之重。户外运动是专业性强、风险性高的运动，关系到参与者的生命安全，因此户外运动用品的产品质量认证是户外运动产业发展的必然趋势，质量不符合要求的产品在未来的市场竞争中肯定会被淘汰。目前我国户外运动用品市场上，品牌众多，产品质量良莠不齐，但一些国外的中高端品牌质量优良，得到了众多户外运动爱好者的青睐，而我国的部分中低端品牌，为了保持低价优势，质量并不过关，在市场竞争的过程中逐渐被淘汰，所以要长期立足户外运动用品市场，必须从质量上严格把关。

5. 采用网络营销和俱乐部的宣传推广策略

随着人们步入信息时代，网络越来越强烈地介入我们的生活，网络营销是当前重要的营销方式之一，如果利用得好，将会产生良好的宣传效果。网络营销成本低、受众面广，对品牌的推广有着重要的影响力。而俱乐部是我国户外运动发展的主力军，是户外运动品牌宣传推广、互动营销的重要载体。加强俱乐部对户外品牌的宣传和推广，可以提升户外品牌的知名度。俱乐部通过开展一系列的活动，达到宣传产品品牌，促进销售的目的。

6. 整合优势资源，加强区域合作

户外运动俱乐部之间应统一认识，加强交流与合作，共享优势资源，避免各自孤军奋战。俱乐部之间可以搭建合作平台，以联盟化、共享化、协作化助推商业一体化；俱乐部也可以加强与户外目的地之间的合作，从而更好地安排活动行程；俱乐部通过加强与旅行社的合作，将常规旅游路线和户外运动路线相结合，使参与者获得更丰富的户外体验。此外，要加强区域合作，我国东部经济发达地区有市场缺资源，而中西部经济落后地区有资源缺市场的现状长期存在，如果把东部地区的市场优势及中西部地区的自然资源优势进行整合，将会达到双赢的结果。

第七章　山地户外运动的发展前景分析

第一节　我国户外运动产业的发展趋势及展望

一、发展阶段

根据张志坚博士在《中国户外运动正式发展十年记》中的观点，结合欧美发达国家户外运动发展过程中的经验以及我国户外运动的发展现状，可以将我国户外运动发展分为以下几个阶段。2005 年以前为第一阶段，即我国户外运动的萌芽期，其典型特征是民间性、草根性、自发性成长，2005 年 4 月 26 日，国家体育总局将山地户外运动设立为我国正式开展的体育项目，此后，我国户外运动进入了快速发展期。2005-2014 这十年，户外热悄然兴起，参与户外运动的人数、户外俱乐部的数量、户外用品品牌的种类等都出现了前所未有的增长，我国户外运动进入了快速发展期。2014 年，国务院出台了“关于加快发展体育产业，促进体育消费的若干意见”的文件，将发展体育产业上升为国家战略，这意味着包括户外运动产业在内的体育产业步入了政府领导和干预下的发展期，是户外运动发展的重要转折点。2015 年以后，户外运动将会保持持续稳定的增长速度。根据国务院 46 号文件提出的目标：争取到 2025 年，体育产业总规模达到 5 万亿元，经常参加体育锻炼人口达到 5 亿人。因此，2015—2025 这十年，将会是政府主导下的户外运动稳定发展期。2025 年，户外运动的发展若达到国务院文件的预期，将会步入户外运动的成熟发展期。2025 年以后，政府将会逐步退出户外运动的干预，私人投资和经营户外设施与服务的热情高涨，全民参与户外运动的热潮涌现，“泛户外”时代到来，我国重新回到社会主导的户外运动发展局面，进入户外运动发展的成熟期。

二、行业发展预测

1. 区域合作加强

通过了解我国户外运动区域发展的情况可以看出，东部经济发达地区有市场缺资源，中西部经济落后地区有资源缺市场。而加强区域之间的合作，就能整合各方面资源，达到双赢的效果。东部地区的俱乐部会员比较多，他们通常都把目光瞄准外省市的路线和风景，但陌生路线的开发需要投入高昂的成本，一般的俱乐部难以承受，这时便可以通过和外省当地的俱乐部合作，共同组织户外活动。这样，一方面保证了参与户外运动人数的来源，另一方面由于每个地方的俱乐部对当地的路线都是较为熟知的，因此对行程的安排也会更加全面和到位。加强俱乐部之间的联系，扩大区域合作，共享资源，打造俱乐部的品牌效应势必会成为俱乐部的发展趋势。

2. 网络媒体力量凸显

当今世界，互联网的力量已经无处不在，各行各业都受其影响，户外运动产业也不例外。目前，户外方面专业的线下杂志有《山野》、《户外探险》、《驴友家族》、《户外生活》等等，这些在一定程度上对户外运动的发展起到了推动的作用，但时下人们更喜欢通过网络获取资讯，因此，一系列的户外网站应运而生，户外资料网、绿野、户外时代等专业网站以及各种以户外为主题的论坛、贴吧、qq 群都呈现出爆炸式增长，互联网将进一步影响户外运动产业发展的方方面面。

3. 户外拓展成为重要盈利模式

户外拓展是近几年来户外行业新的盈利模式。拓展培训是在户外进行的以磨炼意志、激发潜能、完善人格、熔炼团队为主要目的活动，面对的是企业客户，由于企业客户与个人客户不一样，他们对价格并不是很敏感，更看重培训的效果。目前，这种新兴的培训模式颇受企业青睐，具有广阔的市场前景。

4. 汽车露营和房车渐行其道

随着我国私家车的普及，汽车和户外的结合更加紧密，有车一族把车开到野外，然后背包徒步或者参加其他的户外项目，将成为一大趋势。汽车露营也成为目前人们首选的度假方式。汽车大大增加了出行的灵活性，人们将汽车和户外有机结合，参与户外变得更为方便。此外，在美国户外行业比较热门的房车，在中国也将迎来解冻期，具有一定的发展前景。

5. 户外运动由小众变大众

户外运动具有锻炼身体、缓解压力、愉悦心情、扩大视野的功能，越来越成为人们日常生活中不可缺少的一部分，很多人开始把户外运动当成自己的爱好。而蓬勃发展的户外俱乐部又为户外运动爱好者提供了可以依附的组织，户外运动用品市场的发展，为人们的消费提供了更多更好的选择，户外运动正由小众的爱好变成大众的选择。

三、户外运动休闲产业化的商业发展模式

作为一种生活休闲方式的户外运动休闲，能否从小众比赛与活动，转化为大众化的消费活动，并以一定的规模形成产业，已经成为旅游业界关注的焦点。

1. 从户外运动比赛到户外休闲产业

（1）几个概念的比较分析

从户外运动到户外休闲产业，形成了户外运动、户外运动比赛、户外运动休闲、泛户

外运动休闲、户外休闲产业等等不同的相关概念。户外运动，是以自然环境为场地，带有探险性质或体验探险性质的体育活动项目群。早期的户外运动实质上是一种生存手段。二战期间，英国特种部队开始利用自然屏障和绳网进行障碍训练，其目的是为了提高野外作战能力和团队合作能力。二战后，户外运动成为人类娱乐、休闲和提升生活质量的一种新的生活方式。今天的户外运动，是有组织地进行的活动，因为其无一例外地具有不同程度的挑战性和探险性，对身体、意志有较高的要求，因此，户外活动仍然是一个小众化的团体活动。

户外运动比赛，是竞技层面的有效提升，富有了示范性和观赏性，这使得户外运动通过媒体传播吸引观众，大众通过观赏与娱乐，参与到比赛中来。户外运动休闲，指以户外运动为基础开展的休闲活动，其目标为大众群体，因此，其运动的内容相对技术要求较低、体能考验不严、运动量不过大、探险性与挑战性不高，一般通过组织形成团队性活动。这个层面的体育属性模糊，旅游休闲属性更明确。泛户外运动休闲，我们把相对脱离技术要求限制的户外运动、户外活动，以及由此形成的户外休闲的多种方式，称为泛户外运动，也因为泛户外运动休闲的发展，户外休闲已经成为一种时尚的生活方式。户外休闲的高速发展，已经形成了产业，即户外休闲产业。我们从三个角度来分类这一产业：第一，从社会“时尚”领域的角度来看，诸如耐克、李宁等运动休闲服装产业，是休闲装备产业的外延化产业，由于它的外延化形成了服装、运动装备等产业；第二，从体育人士的角度来看，户外运动产业是体育产业，该产业以媒体传播形成观赏效应，由赞助商支撑，比如户外运动比赛，登山比赛，探险挑战极限的活动等等；第三，以户外运动休闲方式形成的旅游休闲产业，这一产业是以旅游的模式进行运营的，包括滑雪、滑草、溜索、漂流等等。

（2）户外休闲的大众化过程

传统的基于挑战性和探险性的户外运动是少数人才能参加的活动，因为活动的难度与强度，在年龄和心理上对参与者有特殊的要求。参与者须具备健壮的身体、健康的心理素质，这就无形之中为户外运动大众化设了一道门槛，造成户外运动大众化产品具有一定难度。而泛户外运动是大众都能参与的活动，需要为大众提供参与的平台，与传统的户外运动相比就要求在运动项目的难度和强度上要适当地降低，来达到对大众的吸引力和安全性的要求。户外运动休闲产业化的六条基本要求：适度运动、宽谱年龄、娱乐游乐性强、中等群体组织性、安全性高、相当舒适度。

2. 案例研究：漂流旅游已经进入“大众时代”

在中国，漂流运动最早发生在 20 世纪 80 年代初期，长江、黄河的挑战性漂流，带有极强的民族情绪。随着民族挑战的漂流时代过去，自然流域激流回旋皮划艇运动项目进入了国家体育运动范围。漂流作为大众运动休闲的商业化，还是近十年来的事情。目前的漂流旅游已经进入“大众时代”。据悉，国内已有各类从事或包含漂流项目的景区 400 余家，当前的漂流水准也已经得到较大幅度的提升，从 10 岁儿童到 60 岁的老人均可以参与，而且安全系数高。这是致使景区漂流年游客量大幅提升，以至达到年 10—30 万人次的主要原因，旺季时可达到长队排队等候的壮观场景。漂流项目之所以如此火爆，究其原因主要有两方面：其一是“亲水”的独特魅力，其二是漂流的游乐“刺激”。亲水运动项目是夏季旅游的最大卖点，可以达到凉爽、舒适的效果，而漂流的刺激性强度适中，迎合了大众化消费口味。

那么，如何设计大众漂流项目，实现漂流产业化升级呢？

案例一：桂林“五排河漂流部落”

（1）漂流项目向漂流景区转化，是漂流旅游规模化发展的重要方向

我们认为，不能只“漂好一条线”，而要“漂好一大片”，必须突破单一漂流项目“收票放船”的运作模式，将周边村落纳入到整个漂流旅游开发的整体构架中来，形成漂流项目向漂流景区转化，打造五排河旅游区。

（2）漂流部落的生活方式，是漂流运动与文化休闲结合的创新

将五排河沿线五个村寨，包装打造成为漂野部落、漂瓶部落、漂木部落、漂苗部落和漂瑶部落等承载不同漂流文化特色及民俗特色的五大漂流部落，解决了旅游区接待容量小，游客停留时间短和漂流外消费少等一系列问题，成为了五排河进一步完善以漂流文化为核心，以漂流生活方式为卖点，以发展大众漂流旅游为目标的核心吸引力形成的有效支撑。

（3）延伸漂流链，打造适应广谱游客需求的“三段漂流结构”

五排河漂流河道长达12公里，因此，我们将漂流产品进行细分，形成了三大段落的三种产品，即“五排河激情勇士漂”“五排河浪漫奇石漂”“五排河自助休闲漂”；三种漂流，分别以激流刺激、奇石观赏、亲水悠游为卖点，形成了多样化产品，满足了不同人群的需求。

案例二：宜昌秭归九畹溪漂流

（1）大众化漂流旅游时代已经到来。宜昌秭归九畹溪漂流项目，2003年三峡旅游公司投资该项目时，可行性研究报告预测，最大容量为15万人次，并需要多年以后才可能达到；然而2006年游客流量就达到了15万人次，这是一个超出所有相关人士预测的结果。这代表了中国漂流旅游发展的趋势，即，大众化的漂流旅游时代已经到来。

（2）为漂流大众化发展提供的综合配套及社会管理存在严重滞后问题

如此大的人流量，致使每周周末秭归县宾馆爆满，每周末在九畹溪景区外排队等候漂流的自驾车及旅行车长达10公里，严重影响了交通及周边居民的生活，并造成拥堵车辆间的矛盾、游客与管理局的矛盾等。

（3）漂流作为户外运动休闲产业的综合配套解决方案

我们研究了游客构成及组织方式，提出了一套完整的综合配套解决方案：第一，通过对游客结构以及漂流产品的比较分析，设计专用软件，推出计算机预订系统，保证任何漂流游客必须按照预定的时间进入景区的有序化结构；第二，实行差异化价格政策，进行游客群体的有效分流。周末提价与非周末降价，并实施计算机撮合竞价方式，形成旅行社对游客的劝导与价格导向作用，形成对周末的有效分流；第三，实施大景区管理结构，在秭归县城建立游客中心和停车服务，由景区公交车代替自驾车，实现交通管理新格局。

（4）以户外运动休闲的创新理念，打造漂流者的生活方式

营地模式：创新与漂流者相适的生活方式——营聚生活方式。在泗溪公园创建可容纳500—1 000人的营帐，将营帐生活与漂流相结合，不仅扩大了住所容量，增加了住所收入，

而且形成了新的收益。

3. 户外运动休闲的产业化发展模式

（1）模式探讨

探索户外运动的休闲产业发展模式，可以从两方面着手：其一是从户外休闲装备出发形成时尚休闲产品与产业化；其二是从户外运动场所的角度形成休闲旅游项目与产业化。围绕户外装备形成的时尚休闲产品与产业化发展模式。从某种角度讲，户外装备诸如运动鞋、防水衣、遮阳帽、GPS、指南针及其他更专业的各种仪器等均是少数人所拥有的，但若是在少数人的精装基础上延伸到大众化的休闲产品并形成产业，便在户外休闲的基础上又延伸了一定深度。围绕户外运动场所形成的休闲旅游项目与产业化发展模式。户外运动场所形成的休闲旅游项目包括多种类型的产品，主要有四种，工具租赁型、时段消费型、门票型、带动消费型，不同类型产品其收益方式的偏重点不同，不同的旅游休闲场所采取不同的产品设计方式。而户外运动休闲产业化则分三个方面：由内到外，由小到大，从道具到休闲整合，由此形成的产业化方向不同。道具产业化形成了户外运动装备与服装产业的主流；户外运动休闲项目景区化发展，形成旅游休闲产业化模式；户外运动休闲的系统整合，形成了户外休闲生活方式。

（2）户外运动休闲项目的设计

户外运动休闲达到产业化目标，需要从产品的具体角度出发进行设计，这包括游憩方式设计、收入模式设计、运营模式设计三个方面。

游憩方式的设计包括场地设计、道具工具设计、环境设计、刺激点与卖点设计这四个方面；收入模式设计包括消费设计与收入方式设计；运营模式设计包括营销设计、管理设计、战略发展设计。

4. 从旅游解读体育运动

按照运动休闲在旅游开发和运营中的作用，我们初步分四类进行讨论：支撑类、提升类、营销类、服务类。

（1）支撑类

可独立支撑运动休闲区或旅游区的运动休闲项目，如海滨浴场、滑雪场、高尔夫球场、自然流域漂流、游泳馆、射击场、野战阵地、溜冰场、滑沙场、滑草场、山地自行车、跑马场、骑术俱乐部、游艇俱乐部、滑翔伞俱乐部、山野运动基地等，形成了休闲运动中的“大四项”“六基地”“中七项”“城市八馆”。

“大四项”指：海滨浴场、滑雪、漂流、高尔夫球。

海（湖河）滨浴场是最大型最重要的休闲运动场所，包含了游泳、水上运动、沙滩运动等多种运动。同时，自然（沙滩）浴场是滨水度假的核心项目。

滑雪作为最重要的冬季休闲运动形式，已经开始呈现出巨大的影响力，尤其是近年来，滑雪场如雨后春笋一般在全国各地出现，滑雪市场一片火热。以滑雪为支撑，很多滑雪场以及其所在的城市，已经成为周边区域的冬季旅游目的地。

漂流正在由小众向大众转变，是当前增长速度最快的休闲运动项目。

高尔夫球场占地大、投资高、配套要求高，正在成为高端休闲的代表。

“六基地”指骑术俱乐部、游艇俱乐部、海钓俱乐部、滑翔伞俱乐部、飞行俱乐部、山野运动俱乐部等等，是高端运动项目的民间组织方式，其运动基地已经成为重要的旅游项目，成为休闲区开发的重要配置。

“中七项”指滑沙场、滑草场、野战阵地、山地自行车、跑马场、钓鱼场、拓展营，是大众型山野休闲运动项目的主体。

“城市八馆”指游泳馆、保龄球馆、健身馆、羽毛球馆、网球馆、乒乓球馆、台球馆、溜（旱）冰场等，是城市休闲运动的主要方式。

（2）提升类

能够大幅度提升旅游区或者旅游区域的运动休闲内容，往往是一系列同类型或互相呼应的项目总和。如各类户外运动对山野景区的提升；各种水上游乐运动对滨水景区的提升；康体娱乐中心对酒店度假村的促进；高尔夫练习场等高档运动场所对高档旅游地产项目的提升等。在考虑该类内容的时候，需要把着眼点放在休闲和服务上。

（3）营销类

通过该类运动休闲内容，可大幅度提升旅游区和旅游区域的知名度和美誉度，最终吸引庞大的客源。长期、稳定的营销活动本身也是一种有效的旅游盈利模式。如大型赛事的自主策划和承办、体育节庆类活动的策划等。奥运会、世界杯、NBA、F1 赛车、环球帆船赛等世界知名的比赛，每次都能让举办地和比赛沿途赚得盆满钵满，甚至留下的一些遗存也会成为后人的游览点。国内也不鲜见，通过自主策划大型赛事和体育节庆活动而提升景区的例子，比如重庆武隆，每年举办户外越野挑战赛，以其为外景地的《满城尽带黄金甲》播出后，片中出现的溜索场景让人印象深刻，也使得武隆的旅游呈现出前所未有的发展势态。

（4）服务类

主要指满足游客和居民运动休闲需要，以服务性为主的运动休闲内容，如目前国内常见的小区健身运动器械区；公园和城市绿地的健身场所和活动组织等。

5. 特定区域的运动休闲项目开发

草原地区：适宜开展赛马及马术等相关活动，摔跤、射箭等蒙古、哈萨克等马背民族相关运动，那达幕等蒙古传统民俗体育节庆，以及滑草、草地摩托、草地滚球、高尔夫等现代时尚运动。

森林地带：适宜开展森林野战、森林氧吧氧浴、森林探险、越野滑雪、丛林穿越、丛林溯溪、露营、骑马等运动休闲项目。

沙漠戈壁：适宜开展徒步、滑沙、沙漠探险、沙漠摩托、沙漠赛车、沙浴、骑骆驼等相关运动休闲项目。

海岸地区：适宜开展游泳、游艇、潜水、水上摩托艇、滑水、赛艇、帆船、帆板冲浪、皮划艇、滑沙入海、沙滩排球、深海潜水、帆伞、浮潜、水球、水上自行车等游乐性运动，出海打鱼、航海等体验类游玩运动，水上运动节、大型水上运动类赛事等赛事节庆活动，以及和当地民俗结合的民俗类水上运动和节庆。

湖泊河流：和海岸地区类似，可以开展各类水上游乐和体育赛事、节庆类活动。此外，由于体量较少，且可以和周围环境互动，还可开展漂流、溜索过河、溯溪、溪降等水上运动，以及赛龙舟、放竹筏等民俗运动和相关的节庆活动。

峡谷岩洞：适宜开展探洞、峡谷探幽、徒步、攀岩，速降，定向越野等运动休闲项目。

山川：适宜开展爬山、攀岩、定向越野、攀冰、滑雪等休闲运动项目。

湿地地带：适宜开展观鸟、生态湿地观赏、划船、叉鱼、摸鱼等休闲运动项目。

田野乡村：适宜开展农业采摘、高尔夫、露营等休闲运动项目，以及一些民俗类的运动项目和节庆活动，如跳竹杠等。此外，都市运动项目在乡村田野开展，增加休闲化和生态化内容，也有很强的市场前景。

城市公园：适宜开展健身锻炼、太极拳等武术运动、球类活动、公园定向、滚轴、滑板、人工攀岩等运动休闲项目。

室内：包括城市内和郊野的酒店度假村的室内，适宜开展台球、保龄球、沙狐球、壁球等室内球类运动，SPA、按摩操、瑜伽等有氧健身和无氧运动，太极等养生运动，以及室内攀岩、滚轴等极限运动。

第二节 户外运动产品的技术创新与发展趋势

近些年随着国内运动健康理念的流行，户外运动的概念越来越为大众所关注和接受。户外运动发展史最早可追溯至18世纪欧美早期的传教、探险和科学考察活动。当时的登山者，为了克服终年积雪的冰岩地形，进而发展出一整套技能，只是此时无论在技术上还是装备上都还相当简陋。一直到第二次世界大战前后，为了符合特种地形作战上的需求，军队开始发展了这些技术，攀岩和野营才逐渐形成雏形。20世纪70年代以后，分类的体育项目才真正形成。这些项目的历史虽然很短，但在后几十年中已经成为发达国家普及的运动，同时野外露营更是成为大众十分喜爱的活动。中国的户外运动可以追溯到400年前的徐霞客时代，但那时还没有概念，也没有大规模的发展。上世纪末开始有户外运动爱好者积极倡导户外运动，同时国内的户外品牌也逐渐发展起来，户外俱乐部和网站组织快速成长，渐渐形成了登山、徒步、露营、旅行等几个大类的户外活动形式。随着大众的参与，一些小的项目也越来越普及，如滑雪、钓鱼、骑行、自驾、溯溪、越野、探洞、攀岩、抱石、潜水等等，而且对应的户外产品如户外服装、鞋品、装备的需求也越来越高，越来越多样化。

随着国内经济和服装行业的蓬勃发展，户外运动品牌如雨后春笋般涌现。然而，随着市场竞争的深入，很多品牌缺乏核心竞争力的问题开始显现，导致产品逐渐走向同质化，使得竞争环境日趋恶化，品牌利润随之降低。如何实现品牌的差异化，提升品牌的价值与附加值，成为很多国内服装品牌面临的现实问题。

在诸多决定品牌成败的因素中，产品本身无疑是最为关键的。相比于一般的服装类产品，户外用品更强调功能性与实用性，因此户外运动产品更需要加强对产品研发与技术创新的重视。

一、户外运动产品的创新研发类型

户外运动产品结合了最新的功能性产品特征与最为传统的纺织服装行业特征，所以其科技创新的模式在不同的企业和不同的时间呈现出不同的形式。

1. 专业研发型

一般集中在大型制造企业，企业内部具有强大的研发能力，有明确的长、中、短期的研发目标，华为、格力、海尔都是家喻户晓的优秀代表；在纺织服装行业中，“南有溢达、北有鲁泰”也是行业内的佳话。这类企业是国家科技发展最基本、最重要的力量，但具有这样能力的企业毕竟有限。

2. 自主创新型

一般是以技术创新进行创业的创新型企业，在户外品牌刚刚兴起时，大多数户外品牌企业都属于这一类企业。这类企业规模并不是很大，如苏州金辉、丹东优耐特等，有一批专业人士在从事创新研发，多数是专注一个领域，探路者也曾经是这些企业中的一员。

3. 合作平台型

大多数成长起来的国内品牌企业都属于这种形式，有一定的自主研发能力，但多数还是依靠与其他单位合作。李宁公司是这一类企业的代表，研发机制相对传统。

4. 客户导向综合型

这是对户外运动产品企业——探路者的研发体系的定义，此类研发是基于上述自主创新型和合作平台型研发的创新和发展。其更关注消费者和客户的需求，具有自主创新的能力，同时以多种形式与合作单位合作，推动科技研发的发展。此类研发最大的优势是具有自主科技研发能力，并可最大程度整合行业资源，符合“互联网 +”时代的研发需求。

二、户外运动产品的技术创新要求与技术方向

1. 户外运动产品的技术创新要求

经过长期在技术创新研发模式方面的研究，可以看出户外行业的特征：就是以应对全天候的环境，而产出满足消费者需求的功能性产品。所以，明确技术创新的目标和要求非常关键，也是创新研发取得成绩并得到消费者认可的重要因素。探路者在产品研发方面，要求符合以下 4 个目标，即产品的科技属性。

首先，物有所值就是产品一定要符合品牌定位与市场需求，有很好的性价比，让消费者可以体验到的技术才是优秀的技术；其次是具有差异性，差异化是创新中不变的话题，产品要具备市场竞争力；第三是具有吸引力，科技要可视、可感受，要使终端用户能够实际感知到产品的特点和优势；最后，最重要的是继承性，要将一个项目作为一个可持续拓展的研发方向，保持长久战略，才能深入人心并重点突破，这也是探路者品牌重要的基因

之一。

2. 户外运动产品的技术创新总体方向

（1）以市场需求、消费者诉求为导向

一个产品的成功，源于对市场需求的满足，只有深入挖掘和了解用户实际需求，将问题的解决方案融入产品设计中，才有可能成功。

对于市场需求，可以采取多种渠道获取信息。首先，与国内外优秀的行业领袖合作，由其根据自身的经历与经验，提出对产品的设想，同时根据其在专业运动中实际使用产品的情况，提出专业的改进建议。例如探路者与中国南北极考察队以及新西兰著名登山家 Russell Brice 的合作，便对完善自身产品起到了重要作用。其次，通过组织和参加系列户外运动团体的活动，深入了解和掌握用户的第一手资料，同时利用线上论坛、微信等全新互联网形式，对用户反馈的意见和建议进行快速收集与整理，探路者旗下的“绿野户外网”“野玩儿”“户外科技”公众号便是其中的代表。第三种方式为主动出击，通过门店调研、参加国内外展会和会议等方式了解市场动向。通过这 3 个渠道，便可以汇集到比较详尽的市场需求信息。之后，探路者研发部门会同设计策划部门一起，通过头脑风暴的形式，对信息进行筛选和整理，最后形成未来的产品规划。

（2）确认总体创新方向，做好根基，以软硬件实力为支撑

基于科技属性的 4 个目标和对消费者的研究，为了更好地做出有科技含量的产品，探路者提出了 4 个创新的方向，以有效地打好根基：建设横向研发平台，积极联合业界、大学及技术供货商共同开展科研项目；发展应用科研以及户外产品科技，形成专有技术；发展内部科技支持平台，完善测试系统及实验室体系，提供技术支援；制订相关产品的企业标准，并促进引导行业标准、国家标准的制订。早在 2008 年，探路者便提出“发展内部科技支持平台，完善测试系统及实验室体系，为各事业部提供技术支援”的发展方向。以实验室为例，探路者将“持续打造户外行业顶级实验室”作为目标，在 2008—2012 年 4 年间，实验室先后进行了 3 次升级，面积从 $28m^2$ 扩充到 $310m^2$；各类检测设备也扩充至近 80 台，可进行拉伸断裂强力、拉链负荷拉次、透湿性、抗起毛起球性、耐磨性、防钻绒性、表面抗湿性、耐摩擦色牢度、耐低温测试等 100 余项检测；尤其是 -70℃低温模拟人体实验室，可模拟南北极等极端环境，以进行睡袋、羽绒服、耐寒鞋等专业户外用品测试。除了硬件设施的提升外，探路者还积极参与相关国家、行业标准制修订工作，引领行业向前发展的同时，增强企业的软实力。多年来，探路者参与制修订了包括《户外运动服装冲锋衣》《针织摇粒绒》《野营帐篷》《针织专业运动服装通用技术要求》《针织复合服用面料》等在内的 27 项国家及行业标准。

探路者除了自身注重产品研发外，还广泛寻求与其他单位、科研机构等的合作，建设横向研发平台，积极联合业界、大学及技术供货商共同开展科研项目。

（3）创新“极地仿生科技”平台，发展核心科技

科技研发的核心应既能体现企业科技的发展方向，又能深入消费者体现消费需求。户外运动本身是一项贴近自然的运动，同时又是一项具有挑战的运动。因此，探路者以自然、环保为核心科技，推出了“极地仿生科技”。

“极地仿生科技”由 TiEF 功能面料科技和 SAFree 功能鞋底科技组成，以“取之自然、用之自然”为仿生灵感，汲取自然生物在形态、结构、特质、功能等方面优异的进化特征，结合产品概念进行研发与设计创新，并运用高科技仿生技术，为户外运动提供安全、舒适的体验。

实际上，即便对于同一产品，面对不同市场时，由于用户使用习惯与环境的不同，对产品本身的要求也会大相径庭，这会对研发方向产生直接影响，因此需要在前期需求调研时尽可能地深入和全面。

以防水面料为例，国外传统的户外防水面料一般采用烘干测试方法，这与国外洗衣烘干的习惯相符，但亚洲人一般采用机洗晾干的方式，如果采用传统工艺进行面料制造，则晾干后防水效果衰减严重。针对这个问题，在进行产品开发时，利用汉麻仿生技术研发出属于亚洲人的防水科技——TiEF PRO 防水面料，取得了很好的市场反馈。而 TiEF Dry 采用蜂巢仿生科技，利用差动毛细效应和微型窗技术，通过利用差别化纤维的芯吸作用和印花获得的蜂巢单向导湿锁水结构，设计出具有优异单向导湿功能的针织面料，比普通吸湿速干面料干燥速度快 5 倍。该面料在户外具有非常好的优势，特别是夏季山下和山顶温差大，而登山过程中又会大量出汗，普通面料到山顶后湿冷明显，轻的容易导致感冒，而重的可能就会导致“失温”而有生命危险，TiEF Dry 面料则可始终保持贴身干爽的效果。基于此结构，结合丙纶材料，可开发出适合冬季，既有单向导湿又有保暖效果的功能 TiEF 产品。

三、户外运动产品的创新发展趋势

由户外运动产品的创新目标、方向以及创新实例可知，无论户外运动产品和技术如何发展，其满足消费者需求、以客户为导向进行综合性研发的宗旨是不变的。做到以安全为基础的舒适性、以顶尖科技创新为载体的专业性、符合美学趋势的时尚性，做到追求科技领先，为勇敢进取的人提供安全舒适的户外装备，将一直是户外运动产品创新研发的本质工作。基于户外产品和消费者生活习惯的变化，户外运动产品的发展趋势将主要体现在以下 4 个方面。

1. 高端产品更加专业化

各运动分类更加清晰，因此高端客户更加需要基于运动和不同场景的专业化产品。

2. 功能产品更加时尚化

也可以理解为时尚产品的功能化，2 个方向，同样的趋势，均属于跨界的延伸。

3. 冬奥经济，滑雪产品现活力

随着冬奥会的临近，滑雪运动越来越受到青睐，滑雪产品也出现了上升的势头，预计到 2018 年将出现明显的上升，因此布局滑雪产业，将是户外运动产品的又一发展趋势。

4. 跑步产品火热

随着马拉松、越野跑越来越热，基于这项运动的配套专业产品将成为各个品牌布局的一个重要方面。

衣食住行是民生之本，科技研发是社会发展必由之路。户外运动产品承载了传统服装和功能产品的创新，是一个朝阳行业，前景广阔。只有不断深入探讨户外产品技术创新的方式方法，研发出更适合消费者需求的产品，才能让中国制造向中国智造发展，让民族品牌可以成为世界品牌。

参考文献

[1] 中共中央，国务院 . 关于深化教育改革、全面推进素质教育的决定 [Z].1999-6-13.

[2] 国家教委 . 普通高等学校体育教学指导纲要 [Z].2002.

[3] 全国普通高等学校体育教育专业本科专业课程试行方案 [Z].2003.

[4] 户外运动的基本概定 [OL]. 百度网 .

[5] 李致新 . 户外运动的健身意义及其规范化研究报告 [R]. 国家体育总局课题，2003.

[6] 王子朴，李晓天 . 我国学校体育实行生命安全教育的发展研究 [J]. 广州体育学院学报，2012（1）：110-114.

[7] 胡秉娇，晁岳钢，等 . 中美大学生户外运动的调查和比较研究 [J]. 山东体育学院学报，2008（12）：84-85.

[8] 梁海燕，陈华 . 美国户外运动的发展及其对我国的启示 [J]. 首都体育学院学报，2012（1）：64-67.

[9] 杨汉，董范，等 . 高校体育课程：户外运动教学体系的研究 [J]. 北京体育大学学报，2005（6）：789-791.

[10] 杨汉，等 . 高校体育课程——户外运动教学体系的研究 [J]. 北京体育大学学报，2005（6）.

[11] 门传胜 . 沈阳市户外运动俱乐部发展现状的调查研究 [J]. 沈阳体育学院学报，2006（3）.

[12] 韩冰路紫 . 户外运动网站论坛功能评估及其互动作用对个人出行行为的导引 [J]. 人文地理，2007（1）.

[13] 李丁，姜桂琴 . 高校开展登山运动的实践与研究 [J]. 兰州大学学报（社会科学版），2000（8）.

[14] 石台县旅游网 [EB/OL].http：//www.stta.gov.cn/index.asp.

[15] 章锦河，赵勇 . 皖南旅游资源空间结构分析 [J]. 地理与地理信息科学，2004，20（1）：103.

[16] 郭进辉 . 我国户外运动旅游产业发展评述 [J]. 北京第二外国语学院学报，2008，157（5）：55，57.

[17] 金世胜 . 皖南旅游资源开发战略研究 [J]. 桂林旅游高等专科学校学报，2005，16（2）：28.

[18] 王景波，肖星 . 区域旅游开发整合的影响因素 [J]. 临沂师范学院学报，2006，28（6）：

84.

[19] 王洁 . 利用井冈山红色旅游资源开展户外运动的策略研究 [J]. 中国商贸，2011.36.

[20] 唐兴国 . 加快贵州体育旅游特色发展的策略 [J]. 体育成人教育学刊，2007(05).

[21] 钟金贵，杨娟，余昊，等 . 遵义红色旅游转型的研究 [J]. 东方企业文化，2012.10.

[22] 胥思省，龙茂兴 . 贵州省红色旅游发展的 SWOT 分析及对策研究 [J]. 安徽农业科学，2012.24.

[23] 秦志浩 . 打造贵州户外运动品牌赛事宣传“多彩贵州”，促进经济社会发展的思考 [J]. 贵州体育科技，2008(03).

[24] 熊宗仁 . 关于发展贵州红色旅游的思考 [J]. 贵州社会科学，2006(9).

[25] 邹统钎，高舜礼 . 探险旅游发展与管理 [M]. 北京：旅游教育出版社，2010：163.

[26] 邹统钎，高舜礼 . 探险旅游发展与管理 [M]. 北京：旅游教育出版社，2010：166.

[27] 邹统钎，高舜礼 . 探险旅游发展与管理 [M]. 北京：旅游教育出版社，2010：168.

[28] 李胜席 . 上海高校户外运动的开展现状与对策研究 [D]，硕士毕业论文，上海：上海体育学 院，2009.

[29] 杨汉 . 高校开设户外运动课程意义的研究 [J]. 湖北高教研究，2004.6.

[30] 新时期我国青少年户外运动的发展研究 [DB/OL]，http：//www.docin.com/p-697209852.html.

[31] 王金池 . 俱乐部营销纲论 [J]. 营销与市场，2000.7.

[32] 丁媛 . 上海户外运动俱乐部研究 [D]，硕士毕业论文，上海：华东师范大学，2011.

[33] 李洪波，张尊 . 中国户外运动发展与展望 .2010 年中国休闲发展报告 [M]，北京：南社会科 学文献出版社，2010：116.

[34] 裴瑜 . 三夫户外与行业一起成长 [J]. 中国电子商务，2008：52-550.

[35] 徐广海，倪怡亚 . 探险旅游的风险及风险管理 [J]. 首都体育学院学报，2008.3.

[36] 张传统 . 探险旅游安全风险管理研究 . 商场现代化，2008，14.

[37] 邹统钎，高舜礼 . 探险旅游发展与管理 [M]. 北京：旅游教育出版社，2010：105.

[38] 鄢永强 . 四川户外运动旅游的消费需求特征分析 [J]，中外企业家，2013.6.